Hanns-Josef Ortheil

Paris, links der Seine

Mit Fotografien von Lukas Ortheil

Insel Verlag

2. Auflage 2023

Erste Auflage 2019
insel taschenbuch 4709

Vertrieb durch den Suhrkamp Taschenbuch Verlag
Umschlaggestaltung: hißmann, heilmann, hamburg
Umschlagfoto: Lukas Ortheil, Stuttgart
Stadtplan: Peter Palm, Berlin
Satz: Greiner & Reichel, Köln
Druck: Beltz Grafische Betriebe, Bad Langensalza
Printed in Germany
ISBN 978-3-458-36409-2

www.insel-verlag.de

Paris, links der Seine

Höhenblick und Vogelschau

Alles beginnt auf der *Île de la Cité*, vor *Notre-Dame*. Ich stelle mich in einer langen Schlange an und warte darauf, die Türme der alten Kathedrale besteigen zu können. Man steht eine Zeitlang links der Fassade, in einer von Touristen-Cafés gesäumten Straße, und man muss viel Geduld aufbringen, weil in unregelmäßigen Abständen nur jeweils eine kleine Gruppe durchgewinkt wird. Dann wartet man noch eine Weile in einem Vorhof zum Eingang, bis man endlich zur Kasse darf, um ein Ticket zu kaufen.

Zwanzig, höchstens dreißig Personen gehen den Aufstieg an, mehrere hundert Stufen, bis man schließlich die erste Aussichtsplattform zwischen den beiden Türmen erreicht. Die Älteren müssen sich setzen und durchschnaufen, die Jungen machen sich gleich ans Fotografieren: Paris liegt einem zu Füßen, in nicht allzu weiter Ferne, in seinen Details gut erkennbar, wie ein dramatisches Ensemble ganz unterschiedlicher Zonen, deren Verschiedenheit man bald genauer erkennt.

Dieser Blick auf die Unterschiede der Bezirke lohnt den Aufstieg, denn, aus der Höhe betrachtet, bietet die Stadt plötzlich nicht mehr ein relativ einheitliches Bild gleich großer Häuser in Hellgrau, sondern setzt sich aus kleinen, in sich geschlossenen, historisch gewachsenen Terrains zusammen. Der Fußgänger nimmt die Grenzen und Übergänge zwischen ihnen nicht wahr, denn er ist zu sehr mit der unmittelbaren Umgebung beschäftigt. Der Blick aus Weite und Ferne dagegen sondiert größere Flächen, Farbe und Anlage der Häuser, ihre Ähnlichkeiten und dazwischen die dunklen, trennenden Linien der breiteren Straßen.

Victor Hugo hat diesem Blick von der Höhe der *Notre-Dame*-Türme auf die Stadt in seinem 1831 erschienenen Roman *Notre-Dame de Paris* ein eigenes Kapitel (*Paris aus der Vogelschau*) gewidmet. Der Roman spielt im Spätmittelalter, als die drei damals bedeutendsten städtischen Zonen noch deutlich erkennbar waren: *Im fünfzehnten Jahrhundert war Paris noch in drei unabhängige und deutlich voneinander getrennte Städte geteilt, von denen jede ihr Gesicht, ihre Eigentümlichkeit, ihre Sitten und Bräuche, ihre Vorrechte und ihre eigene Geschichte hatte: die Altstadt, die Universitätsstadt und die Neustadt. Die Altstadt, die die Seine-Insel einnahm, war die älteste und geringste, zugleich aber die Mutter der beiden andern, zwischen diesen eingepfercht, wie ein altes Hutzelweib – wenn der Vergleich gestattet ist – zwischen seinen beiden schönen erwachsenen Töchtern. Die Universitätsstadt erstreckte sich auf dem linken Seine-Ufer ... Die Neustadt ... lag auf dem rechten Ufer.* (Victor Hugo: *Der Glöckner von Notre-Dame*, S. 171/172)

In groben Zügen sind diese Unterscheidungen auch heute noch gut erkennbar. Die *Île de la Cité* ist das alte, historische Zentrum von Paris. Sie war (von den Kelten und danach von den Römern) am frühesten besiedelt und wurde später zum Bindeglied zwischen linkem (*Rive gauche*) und rechtem (*Rive droite*) Seineufer. Ihre bedeutende Rolle in der Geschichte der Stadt als erster Königs- und Herrschaftssitz hat deutliche Spuren hinterlassen. Wie ein schwerer Riegel erstreckt sich der Justizpalast (die frühere Königsresidenz mit der Palastkapelle, der gotischen *Sainte Chapelle*) von einem Ufer zum andern und wirkt erheblich zu groß für das eigentlich schmale Inselterrain.

Er blockiert das Umherschweifen, denn er muss betreten oder umrundet werden, so dass die Besucher vor allem auf dem großen Platz vor *Notre-Dame* zusammenströmen und ihn als das einzige freie, weite und hellere Gelände für einen Aufenthalt auf der Insel erleben. *Notre-Dame*, *Sainte Chapelle* und eventuell noch die alte *Conciergerie* (im späten achtzehnten und neunzehnten Jahrhundert ein gefürchtetes Gefängnis) werden vielleicht noch aufgesucht und bestaunt, danach aber fliehen die meisten Spaziergänger wieder zurück in lebendigere Zonen auf beiden Ufern, hin zu Cafés, Bistros, Restaurants und Hotels, von denen man auf der Seineinsel nur sehr wenige findet.

Setzt man die heutige Vogelschau von einem der beiden Türme nach links blickend fort, so erkennt man, dass das Gelände von der Seine aus allmählich ansteigt. Es handelt sich um die *Montagne Sainte-Geneviève*, auf dessen höchster Erhebung die große Kuppel des *Pantheons* gut zu erkennen ist. Der Hügel, der den Namen der Stadtheiligen von Paris (der heiligen Genoveva) trägt, ist der Raum der alten römischen Siedlung *Lutetia*, die sich von der Seine aus den ganzen Hang hinauf bis zu seiner höchsten Erhebung erstreckte.

Von dieser römisch-lateinischen Frühzeit hat das heutige *Quartier* seinen Namen: *Quartier Latin*. Es ist jenes *Quartier*, das Victor Hugo die Universitätsstadt nennt, weil es nach der römischen Besiedlung die alte Universität (die heutige *Sorbonne*) sowie all die vielen Kollegien beherbergte, die im Mittelalter den Ruhm der Stadt Paris als eines Zentrums der neusten theologischen und philosophischen Debatten (mit so bedeutenden Lehrern wie Albertus Magnus und Thomas von Aquin) begründeten. Von den gegenwärtig zwanzig Pariser Stadtbezirken (*Arrondissements*) ist es das fünfte, ruhmreich seit vielen Jahrhunderten wie kaum ein anderes und noch heute das Zentrum der Gelehrsamkeit und der Wissenschaften.

Blickt man am linken Seineufer weiter entlang, so tauchen neben den dicht gedrängten Bauten des fünften *Arrondissements* die des sechsten auf. Das *Quartier Latin* geht allmählich über in das nicht weniger bekannte *Quartier Saint-Germain-des-Prés*, benannt nach der großen frühmittelalterlichen Benediktinerabtei, von der heute vor allem noch die legendäre Kirche gleichen Namens vorhanden ist. Von *Notre-Dame* aus erkennt man ihren spitzen, einsamen Turm und etwas weiter zur Linken die Zwillingstürme der Kirche *Saint-Sulpice.* Sie liegt ganz in der Nähe des *Jardin du Luxembourg*, in dem seit dem achtzehnten Jahrhundert Generationen von Pariser Bürgern die halbe Kindheit verbrachten und viele Literaten der Stadt einsame Runden drehten.

Links der Seine, dicht entlang ihrem Ufer, verläuft die noble Phalanx der fünf- oder sogar sechsstöckigen Häuser mit Blick auf den Fluss. Viele besitzen im obersten Stock besonders hoch gezogene Fenster und gläserne Aussichtsinseln, die für starken Lichteinfall sorgen. Seit der Mitte des neunzehnten Jahrhunderts wurden sie von Zeichnern, Bildhauern und Malern (wie etwa von Pablo Picasso) als Ateliers genutzt, das *Quartier Saint-Germain-des-Prés* beherbergt bis heute sehr viele von ihnen.

Daher haben sich in diesem *Quartier* auch zahlreiche Galerien niedergelassen, besonders in der Umgebung der *École des Beaux Arts*, der großen staatlichen Kunstakademie, die ebenfalls am linken Seineufer liegt, befindet sich eine Galerie neben der anderen. Direkt vor der *École* trifft man auf das *Institut de France*, dessen teilweise vergoldete Kuppel mit der ebenfalls vergoldeten Laterne gut sichtbar ist. In ihm sind die bedeutendsten Akademien des Landes wie die *Académie française*, die *Académie des Beaux-Arts* oder die *Académie des sciences* untergebracht.

TAM

Gegenüber, am rechten Ufer der Seine, erkennt man die lang gestreckten Bauten des *Louvre*, der seit den Zeiten der Französischen Revolution für Besucher öffentlich zugänglich ist. Seine Größe verleiht dem rechten Ufer etwas Monotones, so dass dessen Fassaden mit den Bildern der großzügig angelegten Wohnungen und Häuser am linken Seineufer nicht konkurrieren können.

Glücklich aber fügt es sich, dass der Fluss sich hier teilt und die zentrale Insel an beiden Seiten umschlingt. Die ruhig und oft unmerklich dahinfließende Seine lockt zu den wärmeren Jahreszeiten kaum noch übersehbare Scharen von Einheimischen und Besuchern an. Sie lagern bis tief in die Nacht an ihren Ufern und genießen das Leuchten zu beiden Seiten des Flusses und eine Atmosphäre von Entspanntheit und Lebensfreude, wie sie kaum eine andere Stadt zu bieten vermag.

Die *Île de la Cité* und die Seine zu beiden Seiten – sie sind ein Urbild der Stadt Paris, das man in seiner ganzen Schönheit nur von den Türmen von *Notre-Dame* aus wahrnimmt. Noch in einem lateinischen Epos aus dem späten neunten Jahrhundert, *Bella Parisiacae urbis*, erscheint es gleich zu Beginn, in einer hymnischen Passage über die Schönheit der Stadt (die jetzt nicht mehr *Lutetia*, sondern *Paris* heißt), in all seiner Klarheit und Einfachheit.

Ein Mönch der Abtei *Saint-Germain-des-Prés* (Abbo von Saint-Germain-des-Prés) hat dieses Epos in seinen jungen Jahren verfasst und Paris so gepriesen: *Denn inmitten der Seine und des blühenden Reiches der Franken ruhend, ragst du empor und singst: ›Ich bin eine Stadt, die wie eine Königin heller als andere Städte erstrahlt.‹ Es ziert dich ein Hafen, stattlicher als alle anderen, und wer die Macht und den Glanz der Franken zu schauen begehrt, verehrt dich. Eine Insel erfreut sich deiner; ein Fluss legt seine Arme um dich und streichelt ringsum deine Mauern. Über deinen rechten und linken Flussarmen liegen Brücken als Sperren. Hüben und drüben – diesseits der Stadt und jenseits des Flusses – sind Türme zu sehen, welche die Brücken beschützen.* (Anton Pauels: *Abbo von Saint-Germain-des-Prés, Bella Parisiacae urbis*, S. 25)

Das Urbild – die zentrale Insel und die beiden so unterschiedlichen städtischen Terrains »hüben und drüben« – war zunächst also ein römisches Bild, bis es die Merowinger und danach die Franken konturierten und weiter an ihm arbeiteten. Betrachtet man Pläne des alten Paris (Pierre Pinon/Bertrand Le Boudec: *Les plans de Paris*), so erkennt man genau, wie die drei Regionen, eng miteinander verbunden, stetig wachsen und durch eine gemeinsame, alle drei Gebiete durchlaufende Straße zusammengehalten werden. Auf dem linken Seineufer ist es die *Rue Saint-Jacques*, die sich auf der *Île de la Cité* in die *Rue de la Cité* verwandelt, bis sie auf dem rechten Seineufer zur *Rue Saint-Martin* wird.

Im späten fünfzehnten Jahrhundert, in dem Victor Hugos Roman spielt, sind die beiden Flussseiten längst bedeutender als die Insel, die vorher jahrhundertelang Regierungszentrum gewesen war. Doch auch Victor Hugo rekurriert noch einmal auf das Urbild und grundiert es mit Hilfe einer schönen Metapher: *Paris ist bekanntlich auf der* Île de la Cité *entstanden, die die Form einer Wiege hat. Das Gestade dieser Insel bildete seine erste Ringmauer, die Seine seinen ersten Wallgraben. Während mehrerer Jahrhunderte blieb Paris auf diese Insel beschränkt und hatte zwei Brücken, eine im Norden und eine im Süden, sowie zwei Brückenköpfe, die zugleich seine Tore und Festungen waren.* (Victor Hugo: *Der Glöckner von Notre-Dame*, S. 169)

Der Blick des Betrachters verliert sich dann aber in der Fülle der städtischen Details, die man auch heute noch in unmittelbarer Umgebung der beiden Seineufer wahrnimmt. Hugos Beschreibung trifft dabei noch immer den überwältigenden Reichtum der vielen Bilder, wie etwa die sprunghaften Veränderungen der Dachkonstruktionen im Verlauf einer Straße, die hohen Fenster der Stockwerke, die versteckten, kleineren Fensterfluchten direkt unter den verzinkten Mansardendächern, die unzählbar vielen schmalen Kamine, die Türme und die hohen Mauern, die sich oft abgrenzend und drohend zwischen manchen Häuserblöcken erheben: *Alles drängte sich ihm gleichzeitig ins Blickfeld, behauene Giebel, steile Dächer, leicht aufsitzende Ecktürmchen, steinerne Pyramiden des elften und schiefergedeckte Prismen des fünfzehnten Jahrhunderts, ein runder, nackter Bergfried, ein viereckiger, verschnörkelter Kirchturm, Großes, Kleines, Lastendes und Luftiges.* (Victor Hugo: *Der Glöckner von Notre-Dame*, S. 176)

Genau dieser Rausch des Sehens erfasst einen noch heute, wenn man die nahen Zonen rund um *Notre-Dame* aus der Höhe studiert. All die Details, die Victor Hugo aufzählt, sind noch da und keineswegs von neuerer Architektur beiseitegedrängt. Man blickt auf einen verwirrend detailreichen, ungeordneten und gerade deshalb so animierenden Kosmos. Beinahe jedem Haus sind seine Entstehungszeit und seine Geschichte noch anzusehen, und die unterschiedlichen Zonen erscheinen aus der Höhe so eng zusammengewachsen, dass man den zwischen ihnen fließenden Verkehr kaum wahrnimmt.

Die Verlockung, die durch solche Blicke entsteht, ist eine einzige, heftige: sich sofort in diese städtischen Terrains und Ländereien zu stürzen und sie langsam, Straße für Straße, zu sondieren und zu durchleben. Es ist die Verlockung, die aus vielen Spaziergängern und Flaneuren Spurensucher und Zeichendeuter gemacht hat. In Paris sind das großstädtische Schauen und der Detailblick für die Wunder der alltäglichen, unmittelbaren Umgebung (im achtzehnten und neunzehnten Jahrhundert) entstanden und später durch Fotografie und Film (beides typische Pariser Künste, die hier auch ihren Ursprung haben) weiter entwickelt und geformt worden.

Da dieses Schauen, Wahrnehmen und Vergleichen viel Zeit braucht und geduldiger ist als das hastige, auf rasche Eroberung der Umgebung setzende touristische Schauen, ist es klug, sich auf bestimmte Terrains der Stadt zu konzentrieren und in ihnen lange Zeit hochgradig aufmerksam und mit viel Empathie unterwegs zu sein. Die ältesten Terrains, das *Quartier Latin* und das *Quartier Saint-Germain-des-Prés*, bieten sich dafür besonders an. In ihrer Zusammengehörigkeit bilden diese beiden alten *Quartiers* zusammen mit der Seineinsel das Herz von Paris.

In ihm ist noch immer jenes enorm vitale und anregende kulturelle Leben vorhanden, das seit den Zeiten der ältesten Kaffeehäuser (Ende des siebzehnten Jahrhunderts) aus ganz besonderen Ingredienzien besteht. Es ist ein Leben, in dem das Private mit dem Öffentlichen eng verbunden ist und beide Momente sich in der Form vieler (meist auch festlicher) Rituale durchdringen. In den ungezählten Cafés und Bistros, den Bars und Restaurants findet diese Durchdringung an jedem Tag wieder neu statt, und nachts kommen noch die Clubs und Kellerlokale dazu, in denen (früher mehr noch als heute) die Nächte verbracht werden.

Beinahe alle Künste sind in diesen beiden *Quartiers* vertreten: die Malerei, die Skulptur, die Architektur, die Musik, Theater, Fotografie und Film. Es gibt aber eine Kunst, die all die anderen miteinander verbindet, von ihnen erzählt und ihre Atmo-

sphären reflektiert – diese Kunst des Brückenschlagens, der Beschreibung und Deutung ist die Literatur. Das *Quartier Latin* und das *Quartier Saint-Germain-des-Prés* sind von ihr besonders stark geprägt. Die bedeutendsten Verlagshäuser des Landes und eine unüberschaubare Fülle von Buchhandlungen und Bibliotheken befinden sich hier.

Schon zu den Zeiten der Aufklärung waren beide *Quartiers* mit ihren Salons und Cafés die zentralen Brutstätten der literarischen Moderne Europas. Diderot, Voltaire und Rousseau haben sich in ihnen aufgehalten und bereits im achtzehnten Jahrhundert dazu beigetragen, dass die spezifisch französischen Formen der Konversation ein stark reflektierendes philosophisches Moment erhielten.

Im neunzehnten Jahrhundert haben Romanciers wie Honoré de Balzac, Gustave Flaubert und Émile Zola die großräumigen Geschichten der Entstehung und des Wachstums einer Weltstadt entworfen, und Lyriker wie Charles Baudelaire, Arthur Rimbaud, Stéphane Mallarmé und Guillaume Apollinaire haben die Bilder, Metaphern und Klänge dazu komponiert, bis in den Jahrzehnten zwischen den Weltkriegen vor allem amerikanische Schriftsteller (wie Ernest Hemingway, Scott Fitzgerald und Ezra Pound) nach Paris kamen, um im Salon der Gertrude Stein in Kontakt mit den Malern und Bildhauern ihrer Zeit zu treten.

Nach dem Zweiten Weltkrieg schließlich wurden das *Quartier Latin* und das *Quartier Saint-Germain* in den Jahren von 1945-1960 zu einem mythischen Raum, in dem sich jene wiederum spezifisch französische Philosophie des Existentialismus entwickelte, die nicht nur philosophische Theorie, sondern mehr noch eine besondere Lebensform war, wie sie etwa von Simone de Beauvoir, Jean-Paul Sartre oder Albert Camus gelebt wurde (Sarah Bakewell: *Das Café der Existenzialisten*).

Beim Abstieg von den Türmen der Kathedrale *Notre-Dame* ist eine starke Unruhe da. Ich kenne sie gut, sie ist typisch pariserisch. Hat man sich mit den Bildern und Details der Stadt aus der Höhe vollgesogen, entzünden diese Zeichen eine besondere Anziehungskraft. Sie wollen ganz aus der Nähe betrachtet, durchlaufen, begangen, berührt und auf intensive Weise erlebt werden.

So entwickelt sich während des Abschieds bereits die Idee eines Vorhabens: Ich möchte das Herz von Paris und seine beiden *Quartiers* noch einmal durchstreifen. Noch vor wenigen Jahrzehnten wurden sie von ihren Bewohnern so beschrieben, als handelte es sich um kleine, für sich existierende Dörfer mitten in einer Weltstadt. Das großstädtische Leben der Boulevards oder des Hügels von Montmartre färbte nicht auf sie ab, so dass sie lange Zeit noch den romantischen Traum kultivierten, Inseln des alten Paris aus Zeiten vor dem Wandel zur »Hauptstadt des neunzehnten Jahrhunderts« (Walter Benjamin) zu sein.

Ihre in die Jahre gekommenen Häuser, die schmalen Gassen, die seltenen Plätze und die eher beengten Durchblicke verstärkten den Eindruck, dass sich in ihnen nur sehr langsam etwas veränderte. Trotzig und immun gegenüber den modischen Trends schienen diese beiden *Quartiers* an einem Leben festzuhalten, das von der Beständigkeit seiner Bewohner mehr geprägt wurde als von allen Importen der Industriekultur.

Wie aber steht es heute damit? Welche vergangenen Bilder tauchen noch auf? Und wie lässt sich von den großen Dramen und Geschichten hinter diesen Bildern erzählen?

Sie aufzufinden und mit den gegenwärtigen Bildern zu vergleichen oder zu kontrastieren ist eine besondere Freude. Denn ohne diese Erzählungen bleibt das Gelände der beiden alten *Quartiers* nichts anderes als eine tote Gegend mit lauter Gassen und Straßen, in denen sich eben nicht die bekannten »Sehenswürdigkeiten« aufdrängen.

Hier gibt es weder einen Eiffelturm noch einen Louvre noch eine Sacré-Cœur auf der Höhe eines Hügels, der täglich von Tausenden von Touristen gestürmt wird. Auf den ersten Blick hat das Herz von Paris solche weltbekannten Prunkstücke nicht zu bieten. Und doch lebt und inszeniert sich in ihm wie nirgendwo anders in dieser Stadt ein immenser geistiger Reichtum, der sich auf das vergangene große Erbe bezieht, es umspielt und mit Hilfe dieses fortlaufenden Dialogs die Zukunft entwirft.

Wie aber soll ich vorgehen? Soll ich einige Spaziergänge entwerfen, die durch das Terrain führen? Soll ich hier und da vor einem Gebäude stehen bleiben und darauf hinweisen, dass in ihm Jean-Paul Sartre, Henry Miller oder Marguerite Duras gewohnt haben? Nichts wäre langweiliger und nichtssagender als ein derartiges Vorgehen. Es würde dem Leser viele Namen präsentieren, ohne ihm etwas von den Stimmungen und Atmosphären zu vermitteln, die das Herz von Paris zu einem so besonderen Terrain machen.

Ich werde also das Vergangene nicht nur benennen und mit dem Finger kurz auf es zeigen, sondern ich werde es zu Wort kommen lassen und von ihm erzählen. Gleichzeitig aber werde ich auch in die gegenwärtigen Szenen direkt über oder neben diesem Vergangenen eintauchen und die heutigen starken Bilder beschreiben. Was war und was ist? – das ist die doppelte Frage meiner Wege.

Sollen es aber wahrhaftig kurze Wege oder Spaziergänge sein? Ist es dem Herz von Paris angemessen, kleine Strecken zurückzulegen, von ihren Geschichten und Aktualitäten zu erzählen, um sich im nächsten Kapitel auf andere, ebenso begrenzte Wegstrecken zu begeben?

Ich möchte weder ein nostalgischer Spaziergänger noch ein pedantischer Wanderer oder ein selbstverliebter Flaneur sein. Was aber dann? Was ich suche, ist das ununterbrochene Gehen und Schauen, der Rausch einer *Grand Tour*, die keine erneuten Anfänge, Unterbrechungen und kein Innehalten kennt. Das Herz von Paris soll nicht in kleine Partien und Besichtigungshäppchen zerstückelt, sondern, als lebte ich in einer nicht endenwollenden Liaison mit all seinen Szenen, in einem Zug durchlaufen werden.

Und was folgt aus diesem Plan? Dass die Strecken und Wege meiner *Grand Tour* sich kontinuierlich fortsetzen, als legte ein einzelner Besucher es darauf an, tage- und nächtelang ohne Unterbrechung unterwegs zu sein. Ich glaube, dass eine solche Verausgabung so sehr zu Paris gehört wie zu kaum einer anderen Stadt. Als ich mich in den siebziger Jahren immer wieder und auch länger in ihr aufhielt, gehörten diese ununterbrochenen Touren (ohne Metro, ohne Auto) ganz selbstverständlich zum Pariser Leben. Emphatisch gesprochen, erlaubt eine Stadt wie Paris keine Pausen, Unterbrechungen und Rückzüge. Sie fordert unaufhörliche Präsenz: hochaktiv, mit unendlich vielen Antennen für die unterschiedlichsten Details (der Literatur, der Kunst, der Musik, der Mode, der Gastronomie).

Der surrealistische Dichter Louis Aragon (1897-1982) hat sich in seinem bereits 1926 erschienenen Buch *Le Paysan de Paris* dem Detailfetischismus des genauen Blicks ganz aus der Nähe hingegeben. Nur jeweils sehr kleine und begrenzte Terrains von Paris hat er beinahe Haus für Haus durchstreift, mit ihren

Bewohnern gesprochen und die Geschichte der Häuser und Menschen erzählt.

Zu Beginn seines Buches erinnert er sich an den Initiationsmoment dieser Suche. Es war der Moment eines Überfalls: Etwas nicht genau zu Bestimmendes geschah, ganz unerwartet. Etwas öffnete sich, und die Sinne spielten plötzlich verrückt. Was tun? Sich beruhigen? Abwarten? Versuchen, auf andere Gedanken zu kommen? Aragon hat dafür nur ein Lachen übrig, denn er weiß längst, dass ihm keine Wahl bleibt. Er muss losgehen, alles riskieren, er setzt alles auf Rot: *Es war eines Abends, gegen fünf Uhr, an einem Samstag: Auf einmal ist alles verändert, die Dinge baden in einem anderen Licht, und doch ist es noch recht kalt, man könnte nicht sagen, was geschehen ist. Jedenfalls vermögen sich die Gedanken nicht mehr in derselben Richtung zu bewegen; sie folgen ziellos einer unwiderstehlichen inneren Unruhe. Der Deckel der Schachtel ist geöffnet. Ich bin nicht mehr Herr meiner selbst, dermaßen erlebe ich meine Freiheit. Es hat keinen Sinn, irgend etwas zu unternehmen. Ich werde Begonnenes nicht mehr weiterführen, solange dieses paradiesische Wetter anhält. Ich bin der Spielball meiner Sinne und des Zufalls. Ich bin wie ein Spieler am Roulettetisch, sagen Sie ihm ja nicht, er solle sein Geld in Erdölaktien anlegen, er würde Ihnen ins Gesicht lachen. Ich sitze am Roulette meines Körpers und setze auf Rot.* (Louis Aragon: *Der Pariser Bauer*, S. 9)

Bug und Spitze des Inselschiffs

Auf dem weiten, rechteckigen Platz vor der Kathedrale *Notre-Dame* drängen und stauen sich die Besucher. Sie stehen an für einen Gang in die Kirche, sie spielen mit ihren Kindern, sie fotografieren, und sie wirken bei alledem etwas hilflos, weil man sich auf diesem Platz nirgends länger niederlassen kann. Er ist kein Raum der Unterhaltung oder gar des Amüsements, sondern ein Ort des Innenhaltens und Staunens. Die alte Kathedrale dominiert ihn ganz und gar, und wenn man ihr meditativ entsprechen wollte, müsste man sich einen kleinen Sitzplatz suchen und nach dem Studium der schönen Fassade den Roman Victor Hugos aufschlagen und zu lesen beginnen: *Es sind heute dreihundertachtundvierzig Jahre, sechs Monate und neunzehn Tage her, seitdem die Pariser einst über dem Vollgeläute der Glocken erwachten, das durch die Altstadt, die Universitätsstadt und die Neustadt hallte …* (Victor Hugo: *Der Glöckner von Notre-Dame*, S. 17)

Hugos so plastisch und detailreich erzählter Roman beginnt genau hier, auf dem Platz vor *Notre-Dame*, und er erzählt dann von einem Fest, das in den Mauern des Justizpalastes stattfinden wird. Ich aber lasse die heutigen Besucherscharen hinter mir und gehe am Seineufer entlang, ich erreiche den *Quai des Orfèvres*, und ich erinnere mich plötzlich daran, dass dies die Adresse von Kommissar Maigrets Arbeitsplatz war. Zu meiner Rechten befindet sich auch heute noch der zentrale Sitz der Pariser Kriminalpolizei, hier soll Maigret seine berüchtigten Untersuchungen durchgeführt und geplant haben.

Der Schriftsteller Georges Simenon (1903-1989) hat ihn in den späten zwanziger Jahren als einen besonnenen, nachdenklichen, mit Melone und Pfeife ausgestatteten Kommissar erfunden und in über siebzig Romanen auftreten lassen. Von seinem Fenster am *Quai des Orfèvres* sah er auf die Seine und erkannte in all den Jahren immer dasselbe Bild: *Bei offenem Fenster sah er seine Post durch und rief dann den jungen Lapointe, um ihm Instruktionen zu geben. In fünfundzwanzig Jahren hatte die Seine sich nicht verändert. Auch die Schiffe nicht, die vorbeifuhren, und ebensowenig die Angler, die man immer an den gleichen Plätzen sah, als hätten sie sich nie von der Stelle gerührt.* (Georges Simenon: *Maigrets Frankreich*, S. 14)

Maigret ist aber nicht nur ein pflichtbewusster, genauer Beobachter, sondern auch genussfreudiger Mensch, der während der Arbeit nicht vergisst, sich kleiner, leiblicher Freuden zu versichern. Oft geht er daher am Mittag allein oder auch in Begleitung in eine nah gelegene Brasserie, die sich früher am äußersten, rechten Eck der *Rue de Harlay* befand: *Es war Viertel nach zwölf, als Maigret durch die stets kühle Toreinfahrt schritt, deren Portal zwei uniformierte Polizisten flankierten, die dicht an der Mauer standen, um ein wenig von dem Schatten zu erhaschen. Er grüßte sie mit der Hand, blieb einen Augenblick unentschlossen stehen, blickte in den Hof zurück, dann zur Place Dauphine und erneut in den Hof …*

Eigentlich hätte er links den Quai zum Pont Saint-Michel hinuntergehen müssen, um dort einen Autobus oder ein Taxi zu nehmen. Der Hof blieb leer. Niemand gesellte sich zu ihm.

Darauf wendete er sich mit einem leichten Schulterzucken dennoch nach rechts und erreichte die Place Dauphine, die er schräg überquerte. Als er sein Büro verließ, hatte er plötzlich Lust verspürt, in die Brasserie Dauphine zu gehen und einen Aperitif zu trinken, obwohl ihm sein Freund Pardon, der Arzt aus der Rue Picpus, stets davon abriet.

Seit Wochen schon war er vernünftig, beschränkte sich auf ein Glas Wein zu den Mahlzeiten und trank nur gelegentlich, wenn sie abends ausgingen, ein Glas Bier zusammen mit seiner Frau.

Der Geruch des Bistros an der Place Dauphine, der Anisgeschmack der Aperitifs, der so gut zu der Atmosphäre dieses Tages paßte, fehlten ihm auf einmal. Vergeblich hatte er gehofft, jemandem zu begegnen, der ihn verführt hätte, und er hatte ein schlechtes Gewissen, als er die drei Stufen zu der Brasserie hinaufstieg, vor der ein langes, niedriges rotes Auto parkte, das er neugierig musterte. (Georges Simenon: *Maigret gerät in Wut*, S.9-11)

Im nichtfiktiven, realen Leben handelte es sich um das *Café Restaurant Au Trois Marches*, das Simenon in seinen Romanen *Brasserie Dauphine* nannte. Es gibt ältere Fotos, die den Autor am Eingang dieses Restaurants zeigen, Simenon hat es also ebenso besucht wie Maigret, leider existiert es heute nicht mehr, nur die drei Stufen, die ihm einmal seinen Namen gegeben haben, sind noch vorhanden.

Ich vergesse den Kommissar nicht, aber ich befinde mich jetzt in der Mitte der *Rue de Harlay* und schaue auf die *Place Dauphine*, die zunächst alle Aufmerksamkeit beansprucht. Es ist nicht zu fassen: Wenige hundert Meter entfernt stauen sich die Besuchermassen vor der alten Kathedrale, kaum ein Mensch aber hat sich hierher, auf einen der schönsten und intimsten Plätze der Stadt, verloren.

Was macht das Besondere dieses Platzes aus? Wieso taucht unmittelbar nach den herrisch strengen, gewaltigen Mauern des Justizpalastes ein Raum auf, der einer stillen, abgelegenen Oase gleicht, und das ausgerechnet auf der *Île de la Cité*?

Bis zum frühen siebzehnten Jahrhundert endete das Festland der *Île* genau dort, wo der heutige Justizpalast an die *Place Dauphine* angrenzt. Das Gelände der *Place* war bis dahin sumpfig und feucht und wurde erst trockengelegt und angehoben, als mit den Bauten des *Pont Neuf* begonnen wurde. Es war die erste Pariser Brücke, die das rechte Seineufer durchgehend mit dem linken verband. Dort, wo sie die neue, aus den Sümpfen geborene Spitze der *Île de la Cité* berührt, steht heute das Reiterstandbild des Königs Henri IV.

Er war es, der die *Place Dauphine* auf dem trockengelegten, freien Gelände anlegen und bauen ließ. Ältere Abbildungen aus der Mitte des siebzehnten Jahrhunderts zeigen den königlichen Platz, dessen Form sich dem Dreieck der Inselspitze anpassen musste, von gleichhohen, durchlaufenden, zweistöckigen Häusern bebaut. Seine Abgeschiedenheit und die symmetrische Anlage seiner Bauten machten den Eindruck eines geschlossenen Ensembles und wirkten wie ein repräsentativer Hof, auf dem, verstärkt seit dem achtzehnten Jahrhundert, große Feste gefeiert wurden. Maler wie François Boucher oder Pierre Cardin stellten hier ihre Bilder aus, und es fanden Ausstellungen statt, die vor allem die jungen Maler mit ihren Arbeiten präsentierten.

Heute gibt es diese Zweistöckigkeit nicht mehr, die alten Häuser sind drei- oder sogar vierstöckig, stehen aber noch immer dicht gedrängt nebeneinander, ohne eine Öffnung oder einen Durchschlupf an einer einzigen Stelle. So bildet der Platz weiterhin ein atmosphärisch homogenes Ensemble, aus dem jedes lautere Geräusch oder gar jeder Lärm verbannt sind.

Die *Place Dauphine* ist daher ein Raum gezielter Konzentration. An den Seiten verlaufen gepflasterte Straßen, die eigentlich keine Straßen für den Verkehr sind, und die dem Dreieck des Platzes angepasste Mitte erscheint wie festgestampfte Erde mit einem hellen Sandbelag, auf den man über zwei niedrige Stufen wie auf eine Bühne hinaufsteigen muss. Diese kleine Bühne, auf die alle Häuser zu den Seiten hinabschauen, ist mit Kastanienbäumen in Reih und Glied bepflanzt, und dazwischen befinden sich, verhältnismäßig weit voneinander entfernt, grüne Bänke, wie lose verteilt oder hingestreut. Was aber suggeriert dieses Miteinander von alten Häuserfronten, niedrigem Baumbestand und schmalen Bänken?

Die *Place Dauphine* kokettiert damit, ein Dorfplatz mitten auf der *Île de la Cité* zu sein. Sie ist das intime Gegenleben zum großen Platz vor *Notre-Dame* und mit ihren bewohnten schmalen Häusern der starke architektonische Kontrast zu einem so monströsen Bau wie dem Justizpalast. Hier erscheint plötzlich die Insel, das uralte Gelände: Boden, Sand, Bäume, gerahmt von ein wenig Pflaster, in Form eines Dreiecks, das wie ein Schiffsbug des alten Inselgeländes mitten im Fluss wirkt.

All das ist jedoch deutlich als Zitat zu erkennen: Die Gestalt der Insel wird ebenso zitiert wie die Dorfatmosphären, die häufig sogar noch von einigen Boule spielenden Bewohnern überinszeniert werden. Im dichten Zitat darf es keine peinlichen, ablenkenden Stellen geben. Daher findet man hier keinen einzigen Souvenir- oder Postkartenladen, wie überhaupt der Stellraum vor den wenigen Läden oder Cafés nicht besetzt ist. Die Besucher sollen diesen Raum nicht durch touristische Attacken erniedrigen, sie sollen sich auf den Bänken verteilen und durch die schmale Öffnung auf das mitten in dieser Öffnung auftauchende Reiterstandbild von Henri IV schauen, das einem vor dem dahinter sich auftuenden freien und helleren Luftraum wie eine Fata Morgana erscheint.

Dörflich und doch auch nobel wirkt dieser Platz, man könnte auf ihm Hof halten und würde unter vermögenden Bürgern wohnen. Kein Wunder, dass er viele dieser Bürger angelockt hat. Simone Signoret und Yves Montand ebenso wie die Dichter André Breton und Jacques Prévert.

Der frühe Morgen, die späten Nachmittags- und die frühen Abendstunden sind die Zeiten der *Place Dauphine.* An wärmeren Tagen sitzt man unvergleichlich platziert vor einem der recht guten Restaurants wie etwa dem *Paul*, in dem als *Entrée* ein Lachstartar mit einer Haube aus Avocadomousse und als Hauptgericht geräucherter Schellfisch mit Spinatsprossen in einer feinen, weißen Sauce und pochiertem Ei serviert wird, wonach man mit einer schlichten *Crème brûlée* abschließen könnte.

Nebenan, im *Le Caveau du palais*, gibt es zur Eröffnung etwa die von Feinschmeckern so geschätzten gerösteten Rinder-

markknochen (*Os à moelle rôti*) und danach Cannelloni, gefüllt mit Pilzen (*Cannelonis aux trompettes de la mort*). Enden könnte man hier mit einer *Tarte*, die mit einem Hauch aus heller Schokoladenmousse bedeckt ist (*Tarte au chocolat au lait*).

Ich verlasse die *Place Dauphine* durch den schmalen Ausgang, der auf den *Pont Neuf* führt. Gleich rechts befindet sich eine alte Weinstube, die *Taverne Henri IV*. Wenn ich nicht in einem der beiden Restaurants auf der *Place* essen mag, kehre ich zumindest hier ein. Und wenn ich in einem von beiden bereits gegessen habe, werde ich hier auf jeden Fall noch ein Glas Wein trinken.

Vor nun schon einigen Jahren gehörte die *Taverne* dem Weinkenner Robert Cointpas, der sich nicht als Wirt, sondern als Experte für französische Weine verstand. Bei ihm »bestellte« man nicht, sondern mit ihm unterhielt man sich zunächst darüber, welche Bestellung gerade, zu der jeweiligen Jahreszeit, im jeweiligen Jahr, passend wäre.

Robert Cointpas machte einige Vorschläge und kam danach mit mehreren Flaschen an einen der kleinen Tische. Er ließ einen probieren und wählen, und wenn man gewählt hatte, wurde das Begleitprogramm zum Wein verhandelt. Es wurden ausschließlich kalte Speisen serviert, Teller mit den exquisitesten Wurstsorten oder mit Käse, geröstete *Tartines* mit kräftigem Pastetenaufstrich, mit Sardinenfilets oder Gemüsepasten. Robert Cointpas ließ sich laufend etwas Neues einfallen, womit er seine Gäste überraschte.

Für einen Aufenthalt in dieser *Taverne* brauche ich Zeit. Und obwohl ich ihren früheren Besitzer sehr vermisse, kann ich mich noch immer über das große Weinangebot und die (leider eintöniger gewordenen) »Begleitprogramme« von Wurst oder

Käse freuen. Heute muss ich allerdings mit einigen üblen Stilbrüchen leben. Vor der *Taverne* steht eine Kreidetafel, die Touristen zu einem Café einlädt, gleich neben dem Eingang gibt es eine Truhe mit Eis, und auf der Theke befindet sich ein kleiner Kühlschrank mit dem übersüßten Getränkeallerlei unserer Tage. Der gegenwärtige, noch relativ junge Besitzer spricht von den Kompromissen, die er seinen Einnahmen zuliebe machen muss, ich aber höre nicht hin, sondern schaue nach, ob wenigstens das kleine Messingschild rechts vom Eingang, in der ersten Sitzecke, noch vorhanden ist.

Ja, wahrhaftig, ich entdecke es rasch. *Cette place est celle du Commissaire Principal Jules Maigret* … lese ich und erfahre weiter, dass Georges Simenons Kommissar Jules Maigret Ehrengast dieses Hauses mit den Präferenzen eines Gourmands war. Maigret ein Gourmand? Die Würste zum Wein hätten ihm gut geschmeckt, auch Sardellen oder Heringe hätte er immer wieder bestellt. Er war kein Liebhaber der extrem feinen, sondern jener Küche, die man als »deftig« bezeichnet (Robert J. Courtine: *Simenon und Maigret bitten zu Tisch*).

So liebte er Schnecken und kleine Speckkuchen, unter den Würsten aber besonders die *Andouillettes*, die aus dem Darm- und Magen-Gekröse von Kälbern und Schweinen bestehen. Sie werden langsam gegrillt, und man isst entweder frisch geschnittene Pommes frites oder auch ein leichtes Gemüse dazu. Maigret aß aber auch gern Fisch aller Art, vor allem Muscheln und Stockfisch, gegrillte Barben oder Seezunge, und beim Fleisch besonders gern Innereien wie Kutteln, Nieren, Kalbsbries oder Leber.

Hätte man ihn verführen können, in einem der beiden Restaurants auf der *Place Dauphine* zu speisen, so hätte er gewiss als eines seiner Lieblingsgerichte *Blanquette de veau* (Kalbsragout) bestellt. Die klein gewürfelten Kalbfleischstücke sollten sehr zart sein und von einer cremigen, mit Weißwein und Zitrone abgeschmeckten Sauce umhüllt. Eine »Beilage« dazu wäre eine Sünde, denn dazu sollte ausschließlich ein guter Weißwein serviert werden. Maigret hätte einen *Château Magence*, einen weißen *Graves* aus einem Anbaugebiet unweit von Bordeaux, oder einen frischen *Bourgueil* von der Loire dazu getrunken.

Beide Weine sind in der *Taverne Henri IV* natürlich im Angebot, man kann sie gleich kosten und sie auch ohne Kalbsragout mit einem Teller *Tartines* genießen.

Danach aber weiter, hinaus, ich überquere den *Pont Neuf* und werfe einen Blick auf das Reiterstandbild von Henri IV. Von der kleinen Ausbuchtung der Brücke, auf der es sich befindet, steige ich einige Treppen hinab auf das Niedrigniveau der *Île*. Zu meiner Rechten legen die Ausflugsschiffe für die Fahrten auf der Seine ab, ich befinde mich direkt am Fluss, und ich kann die Wege über die Insel nun krönen, indem ich weitergehe bis zu ihrer Spitze.

Es gibt bekannte ältere Fotografien von dem dreieckig zu dieser Spitze hin zulaufenden *Square du Vert-Galant*, dem kleinen, geschlossenen Gartengelände, das so etwas wie die grüne Antioase zur Wohnoase der *Place Dauphine* ist. Auf diesen Fotografien spielen kleine Kinder wahrhaftig im Sand mit ihren Förmchen, sie tanzen, singen und lachen, sie spielen Theater und werden von ihren Müttern oder Großmüttern begleitet.

Ganz vorn, an der Spitze der *Île*, wo die zuvor geteilte Seine sich wieder vereinigt und die Wasser zusammenfließen, ist das Kinderland zu Ende und das ultimative Terrain der Liebenden beginnt. Die jungen Paare sitzen ganz nah am Ufer, einige mit den Beinen im Wasser. Jene, die das Glück haben, die vordersten Plätze erwischt zu haben, fühlen sich so, als würden sie vom Bug eines Schiffes getragen oder gar auf ihm reiten.

Der Blick geht an den von Menschen überlagerten *Quais* der Seine entlang, die Ausflugsschiffe fahren dicht an einem vorbei und beweisen, dass dieser unglaublich in sich gekehrte, stille und noble Fluss (der Fluss der Maler und Dichter) hässliche Schiffe ignoriert. Zur Linken liegen zumindest einige alte Kähne am Ufer, die aussehen, als überwinterten sie seit Ewigkeiten hier. Zur Rechten scheint sich der am Abend erleuchtete Louvre dem Fluss zuzuneigen und um Vergebung für sein stures und monotones Aussehen zu bitten. Viele Brücken konturieren den panoramatischen Blick, der Fluss dehnt sich unmerklich in die Ferne, aber man möchte nicht dorthin, keineswegs, man möchte Teil dieses großen Bildes sein und bleiben.

Und als wäre das alles nicht genug, beschirmt eine große Trauerweide die Spitze der *Île*. Es ist ein einzelner, kräftig gewachsener Baum, der seine Äste wie ein schützendes Dach nach beiden Seiten ausbreitet. Das an der Inselspitze ansonsten fehlende Grün schwebt so über dem Pflaster wie eine impressionistische Skizze.

Dieser hinreißende Ort ist ein lyrischer Raum, er scheint von sich aus Vers um Vers abzurufen und zu erinnern. Und welchen habe ich am häufigsten im Sinn? Es sind Verse aus Guillaume Apollinaires Gedicht *Le Pont Mirabeau*: *Sous le pont Mirabeau coule la Seine / Et nos amours / Faut-il qu'il m'en souvienne / La joie venait toujours après la peine* ..., von Johannes Hübner und Lothar Klünner so übersetzt: *Unterm Pont Mirabeau fließt die Seine dahin / Unsre Liebe auch / Ist Erinnern Gewinn / Aus traurigem Sinn wird fröhlicher Sinn /*

Worauf der unwiderstehliche Refrain beginnt: *Vienne la nuit sonne l'heure / Les jours s'en vont je demeure … – Komm Dunkel, Stunde eile / Die Tage gehn, ich verweile …* (Guillaume Apollinaire: *Alkohol*, S. 22/23)

Hat ein Chansonnier und Interpret dieses Gedicht einmal so gesungen, dass die Verse nicht überdeckt werden von Musik, sondern Wort für Wort verständlich sind und ihre eigene Wortmusik entfalten? Ja, es gibt diesen Glücksfall. Und so könnte ich mein einsames Sitzen vorn an der Spitze der *Île* noch steigern, indem ich Serge Reggiani das Gedicht von Guillaume Apollinaire in einem geglückten Sprechgesang rezitieren höre: *Vienne la nuit sonne l'heure / Les jours s'en vont je demeure …*

Rue Dauphine

Die *Rue Dauphine* wurde zusammen mit dem Bau der *Pont Neuf* zu Beginn des siebzehnten Jahrhunderts angelegt. Damals war sie eine der wichtigsten Straßen des Terrains links der Seine, über die viele Warentransporte zum Fluss gelangten. Jahrzehnte später gilt sie mit einer (für diese Zeit) beachtlichen Breite von fast zehn Metern als besonders hell und lebendig, viele Hotels siedelten sich in der Straße an, und es gab sehr bald dann auch ein Café, in dem die Literaten (Rousseau, Voltaire und die Enzyklopädisten) verkehrten.

Dieses alte *Café Laurent* befindet sich noch heute im *Hôtel d'Aubusson* (*33 Rue Dauphine*), wo in den Jahren nach 1945 einer der bekanntesten nächtlichen Treffpunkte der jungen Nachtschwärmer entstand, das *Le Tabou*. Da die Bistros des *Quartiers* irgendwann in der Nacht schlossen, suchten die herumziehenden Gruppen nach einer Lokalität, die während der ganzen Nacht geöffnet hatte und eben nicht nur ein Café, eine Weinstube oder ein Restaurant, sondern eine völlig neuartige Vergnügungsstätte mit allen nur denkbaren Formen der Unterhaltung sein sollte.

Man entdeckte den Keller des alten, traditionsreichen Hauses, machte Musik, importierte den Jazz, spielte Theater und tanzte vor allem nächtelang. Hier blies der Schriftsteller Boris Vian auf seiner kleinen Trompete, und hier verkehrte Juliette Gréco (und machte genau hier die Bekanntschaft von Miles Davis, mit dem sie dann einige Zeit liiert war).

Das *Le Tabou* wurde zum bekanntesten der sogenannten Kellerlokale, in denen es um die neuen Ekstasen nächtlicher Zerstreuung ging. Dafür gab es weder Programme noch Vorbilder, jede Nacht kreierte aus sich heraus ihren eigenen Verlauf, der spontan entstand und sich den Stimmungen und Launen der Besucher von Minute zu Minute anpasste.

Zwar hatte das *Le Tabou* einen Patron, ein Foto aus dem Jahr 1949 zeigt Frédéric Chauvelot mit einem fast leeren Glas in der Rechten und mit schwarzer Krawatte und weißem Hemd, um Distinguiertheit bemüht – den einmaligen, besonderen Charakter dieses Etablissements aber prägte er nicht mehr ausschließlich. In den Zeiten nach dem Krieg war das vor allem die Sache der Besucher und Gäste, die sich im *Le Tabou* zu Hause fühlten und es in immer größerer Zahl Nacht für Nacht frequentierten.

Juliette *Gréco* hat in ihren Erinnerungen davon erzählt, wie dieses Kellerlokal rasch zu einem Mythos wurde und bald schon die internationale Weltpresse anzog. Für eine Weile, schreibt sie, sei das *Le Tabou* das Zentrum der künstlerischen und lite-

Le Select
54

rarischen Avantgarde nach dem Zweiten Weltkrieg gewesen, hier sei man jede Nacht interessanten Menschen begegnet, und es habe nicht nur einen lebendigen Austausch zwischen den Gästen gegeben, sondern es seien auch enge Freundschaften entstanden.

Die lebendige Unruhe der Jahre nach dem Krieg, das Lachen der Jugend, der Genuss der Freiheit – im *Le Tabou* habe das alles, unter der Erde, in einer dunklen Höhle, die genau passenden Räumlichkeiten und Atmosphären gefunden (Juliette Gréco: *Ich bin, die ich bin*).

So betrachtet, war das *Le Tabou* mehr als nur ein bekanntes Nacht- und Kellerlokal. Nach den Kriegsjahren war es ein für das *Quartier Saint-Germain-des-Prés* stilbildendes und prägendes Etablissement, das Gäste aus den verschiedensten Metiers (Musiker, Künstler, Literaten, Theaterleute, Fotografen, Filmregisseure, Journalisten, Philosophen) zusammenführte und einen modernen Typ von Salon kreierte.

In ihm gab es nicht mehr (wie in den klassischen Salonzeiten des achtzehnten oder neunzehnten Jahrhunderts) eine dominante Hausherrin, die ihre Gäste zusammenführte und zur Unterhaltung anregte. Und in ihm gab es eben auch keinen väterlichen Patron, der sich zu jeder Zeit, auch außerhalb der Öffnungszeiten, um seine Gäste kümmerte, ihre persönlichen Schicksale kannte und ihnen in Notfällen half.

Das geheime Zentrum des *Le Tabou* war vielmehr das gemischte Publikum, das sich selbst inszenierte und keiner Anregungen von außen bedurfte. Stichwortgeber und Moderatoren des Zusammenseins gab es nicht mehr, jeder Abend hatte seine eigenen Stars, die sich mit improvisierten Auftritten für einen kurzen Auftritt ins Licht wagten, um im nächsten Moment wieder im Dunkel zu verschwinden.

Das führte nicht nur weg von den klassischen Präsentationsformen der traditionellen Künste (wie dem Konzert, der Ausstellung, der Lesung oder dem Theaterabend), sondern verlangte von den Gästen auch ein neuartiges, nicht mehr spezialisiertes, sondern auf viele Kunstformen gleichzeitig bezogenes Interesse. Nach dem Krieg waren die Pariser Szenen viel zu unruhig, vital und experimentierfreudig, um sich in alte Korsetts pressen zu lassen. Das Publikum verlangte nach rascher Abwechslung, nach abrupten Stimmungswechseln und nach einer großen Palette von Temperamenten, die keinen traditionellen Mustern mehr folgten.

Ein so geartetes Begehren, das die traditionellen Kunstformen hinter sich ließ und mit ihren Aufführungsgesetzen rigoros brach, richtete sich auf Interpreten, Musiker und Dichter, die sich in den verschiedensten Künsten gleichzeitig versuchten. So wird verständlich, warum etwa der junge Jean-Paul Sartre nicht nur ein Philosoph oder ein Romancier oder ein Dramatiker, sondern eben auch Essayist, Biograph, Journalist, Drehbuchautor und Zeitschriftenherausgeber sein wollte. Während seiner Auftritte im *Le Tabou* soll Sartre sogar gesungen haben …

Vor allem *ein* Dichter von *Saint-Germain-des-Prés* kultivierte dieses neue Ideal eines »multiplen Autors«, das man nicht »Vielseitigkeit« nennen sollte, weil ein so müder Begriff nicht ausreicht, um die intensiven Spannungen und Überschneidungen zwischen den verschiedenen künstlerischen Anlagen eines einzelnen Menschen zu kennzeichnen. Ich meine Jacques Prévert (1900-1977), der übrigens eine Weile in der *Rue Dauphine* wohnte.

Er kam aus einer literarischen Familie und schloss sich in den zwanziger Jahren als junger Mann der Gruppe der Surrealisten um André Breton an, bei denen er es aber nicht lange aushielt. Stattdessen zog er mit seinen Freunden, der Prévert-Bande, durch die Lokale des *Quartiers*, schrieb Gedichte und Drehbücher und gehörte schon bald zu den bekanntesten Schriftstellern von Paris, der nicht nur in den literarischen Kreisen, sondern wegen seiner Gedichte und Chansons weit darüber hinaus beliebt war.

Prévert war es denn auch, der in seinen Liedern die ganze Leichtigkeit und Lockerheit der damaligen Szenen eingefangen hat: *Je suis comme je suis / Je suis faite comme ça / Quand j'ai envie de rire / Oui je ris aux éclats …* – solche unvergleichlichen Zeilen, von Juliette Gréco gesungen, waren ein Glaubensbekenntnis, das sich der Schönheit und Heftigkeit der gelebten Augenblicke verschrieb. Dafür durfte es weder Begründungen noch Rechtfertigungen geben. Was zählte, war das Einssein von Charakter und Stimmung, die Feier des Momentanen ohne jeden Rückblick oder längere Gedanken an die Zukunft.

In einem Gedicht wie *Rue de Seine dix heures et demie* (*Rue de Seine dix heures et demie / le soir / au coin d'une autre rue / un homme titube … un homme jeune / avec un chapeau / un imperméable / une femme le secoue …*, von Kurt Kusenberg so übersetzt: *Rue de Seine halb elf / abends / bei einer Straßenecke / schwankt ein Mann …ein junger Mann / mit einem Hut / einem Regenmantel / eine Frau rüttelt ihn …*, in: Jacques Prévert: *Gedichte und Chansons*, S. 26/27) folgt Prévert den nächtlichen Bewegungen eines jungen Paars in den Straßen. Seine Verse begleiten es, stocken, bleiben stehen, warten auf die Fortbewegung und passen sich ganz den einzigartigen Momenten der nächtlichen Auflösung an. Sie sind Szenenfolge, Anruf, sie horchen auf Antwort, ja, sie scheinen sogar gerade erst in den Momenten zu entstehen, in denen der Dichter das Paar beobachtet und seine Hilflosigkeit teilt.

Jacques Prévert war aber nicht nur der geniale, lyrische Stimmenimitator der damaligen Szenen, sondern eben auch ein gefeierter Drehbuchautor. Filme wie *Hafen im Nebel*, *Die Kinder des Olymp* oder *Glöckner von Notre-Dame* sind noch heute bekannt und werden häufig gezeigt. Daneben war er Erzähler, Romancier und Dramatiker und eine Zeitlang auch Filmproduzent.

Von mindestens ebenso großer Bedeutung wie all diese Tätigkeiten war seine persönliche Ausstrahlung. Prévert war eine typische Erscheinung von *Saint-Germain-des-Prés*, indem er als anregender Mittelpunkt eines künstlerischen Freundeskreises das *Quartier* durchstreifte und gut unterhielt (*Album Jacques Prévert*). Ähnlich wie er gründeten viele Schriftsteller eigene Zirkel und wurden zu Initiatoren spezieller Milieus, Simone de Beauvoir und Jean-Paul Sartre (Jean-Luc Moreau: *Le Paris de Jean-Paul Sartre et de Simone de Beauvoir*) ebenso wie Michel Leiris oder Boris Vian (Klaus Völker: *Boris Vian. Der Prinz von Saint-Germain*).

Vorläufig erzähle ich hier von der legendären *Rue Dauphine*, die ich in Wahrheit noch gar nicht betreten habe. Die Erinnerung an ihre Legenden stieg bei ihrem bloßen Anblick in mir hoch, ich weiß aber bereits jetzt, dass ich das heutige *Café Laurent* (Haus Nr. 33) nicht besuchen werde. Trotz all der nostalgischen Jazz-Sessions, die an das frühere *Le Tabou* erinnern sollen, ist mir das gegenwärtige noble Dekor fremd, und ich habe keinerlei Lust, es vielen heutigen Gästen gleichzutun, die mit einem Cocktail in der Hand breite Fauteuils füllen und dem Spiel eines alternden Jazzpianisten lauschen.

Mit diesem guten Vorsatz schleuse ich mich nach Überquerung des *Pont Neuf* endlich in das eher gegenwärtige Leben der *Rue Dauphine* ein und stoße gleich rechts, Haus Nr. 20, auf die Pâ-

Hotel
AUGUSTE COMTE
Fondateur du POSITIVISME
habita ici
de 1818 à 1822
Il y conçut la loi sociologique des
TROIS ETATS et formula le système
CLASSIFICATION des SCIENCES.

tisserie *Laouz*. Ihr Gründer erzählt davon, dass er diese *Pâtisserie* als ein nostalgisches Experiment verstehe. Viele Franzosen hätten nämlich Vorfahren aus Algerien, die sich an die spezifischen Rezepte orientalischer Konditoren noch gut erinnerten.

Im *Laouz* kommen diese alten Rezepte mit ihren algerischen und marokkanischen Wurzeln auf verschwenderische Weise zur Anwendung. Mandeln, Honig, Zimt und Orangenblüten bilden den traditionellen Grundstock der hinreißend bunten Kreationen, die so verlockende Namen wie *Baklawa amande*, *Kalb Elouz* oder *Mchawek Halva* tragen.

In der Auslage des *Laouz* liegen diese orientalischen Wunderspeisen in Zweierreihen nebeneinander und ergeben ein unwiderstehliches Bild, das einen sofort in den schmalen Raum hineinzieht. Im hinteren Teil stehen zum Glück einige Tische und Stühle, wo man die *Laouz*-Kreationen, die zu den besten von ganz Paris gehören, sofort zusammen mit einem Café, Tee oder auch nur mit einem Glas Wasser kosten kann.

Im *Laouz* gibt es ausschließlich Angebote aus eigener, kreativer und nirgends sonst erhältlicher Produktion. Der kleine Laden ist daher so etwas wie eine improvisierte Stätte der Präsentation und keineswegs eine des großen Verkaufs. Man könnte sagen: Das *Laouz* versteht sich als eine Art Kunstgalerie, in der wenige Werke eines gastronomischen Künstlers ausgestellt und dem breiten Publikum zur flüchtigen Betrachtung und für das erste, noch provisorische Kennenlernen zugänglich gemacht werden.

Der professionelle Austausch über die Werke, ihr Ankauf und ihre Weitervermittlung finden jedoch anderswo statt. So gibt es neben den kleinen Läden die Ateliers (der Herstellung) und die Büros (des Handels), die getrennt voneinander, und doch eng zusammenarbeitend, eine neue Marke kreieren. Hier hat man es nicht mehr mit unauffälligen Betrieben und Läden früherer Zeiten zu tun, die noch Familienbetriebe mit vielen Angestellten waren und ihre Laufkundschaft hatten.

Laouz ist vielmehr ein Betrieb jenes neuen Typs, von dem es im *Quartier Saint-Germain-des-Prés* inzwischen eine große Zahl gibt. Die meist demonstrativ simpel eingerichteten und auf keinen Luxus (außer dem der Waren) setzenden Präsentationsstätten sind ein Angebot für das erste Kosten und Kennenlernen. Man braucht sie, um sich vor Ort in Szene zu setzen, das eigentliche Einkommen beziehen diese Firmen jedoch durch Online-Bestellungen und durch Kontakte mit bekannten Restaurants und Hotels, in denen die Waren der *Pâtisserie Laouz* zum exquisiten Angebot für ihre Gäste gehören.

Die *Rue Dauphine* hat in Haus Nr. 25 eine direkte Konkurrenz zum *Laouz: Chocolats rive gauche.* Hier gibt es die klassischen Süßspeisen französischer Herkunft in unendlicher Verfeinerung: Kleine Pralinen mit konzentrierten Crèmes, von den verschiedensten Schokoladen überzogen, kompaktere mit Nuss-, Krokant-, Café- oder Karamellbesatz, winzige Kuben von Mandelcrème, von gerösteten Walnüssen gekrönt – und: schmale Riegel von bitterer *Mousse au chocolat*, mit feinstem Nussstaub bedeckt.

Direkt gegenüber den *Chocolats rive gauche* zweigt nach rechts die *Rue de Nesle* ab. In dieser auf den ersten Blick unauffälligen, schlichten Straße befinden sich einige kleinere Buchhandlungen und Verlage sowie vor allem Lager mit Büchern des modernen Antiquariats, die im gesamten *Quartier* verkauft werden. Die Türen dieser Lager stehen meist offen, man blickt auf hoch, bis zur Decke, ragende Gebirge von Büchern und Bücherstapeln, die sich dicht über den gesamten Boden verteilen.

Schmale Seitenstraßen wie die *Rue de Nesle* bilden in ihrer Stille und Abgeschiedenheit so etwas wie die geheime Rückseite des *Quartiers.* In ihnen entkommt man dem Treiben der breiteren Straßen und stößt auf unerwartete Szenen, die sich offensiver Präsentation entziehen. Hierher verlieren sich die Passanten, die für einige Zeit aussteigen, sich in ein Buch oder ein kleines Schaufenster vertiefen. Es handelt sich also um Straßen der Rekreation, in denen es kaum Verkehr oder sonstigen Lärm gibt.

Eine solche Insel der Stille ist noch viel mehr als die *Rue de Nesle* die schmalere *Passage Dauphine*, die kurz nach der *Rue de Nesle* ebenfalls nach rechts abzweigt. Sie verbindet die breite *Rue Dauphine* wie ein Schleichweg mit einer anderen Hauptstraße des *Quartiers*, der *Rue Mazarine.* Ich lasse mich darauf ein, in dieser Passage etwas zur Ruhe zu kommen, gehe dann aber doch wieder in die *Rue Dauphine* zurück und treffe in der Nr. 44 auf eine der besten Austernbars von Paris: *Opium*, *La Cabane.*

Ich gebe zu, dass ich den Austernbars von Paris verfallen bin. An kaum einer kann ich vorbeigehen, ohne zumindest zwei oder drei Austern zu kosten und ein Glas Wein dazu zu trinken. Die vor dem Verzehr noch geschlossene Auster ist eine auf kleinstem Raum konzentrierte Behausung des Meeres. Das gewaltige Meer ist ihr abhandengekommen, sie wurde ihm entnommen, birgt aber noch seine Szenen, Bilder und vor allem seinen Geruch. Öffnet man sie, quillt dieser ferne Atem aus ihr heraus, er füllt die Umgebung, es riecht nach Salz und kühler, wässriger Frische.

Geöffnet lagern die beiden Schalen dann auf etwas Eis und kommen im Licht des Tages (oder im Leuchten der Nacht) zu sich. Man muss sie einige Momente ruhen und durchatmen lassen, erst dann nähert man sich ihnen mit einer kleinen Gabel. Keine Zutaten, bloß nicht, kein Zitronensaft, keine Vinaigrette und (der Teufel hole alle, die diese Zutat verwenden!) kein Ketchup! Das Fleisch der Auster wird beim Verzehr durch nichts überdeckt, man trennt es mit der Gabel aus der Schale und lanciert es dann vorsichtig in den Mund.

Dort bewahrt man es auf der Zunge und trinkt dazu etwas vom Saft aus der Muschel. So begleitet das Meerwasser ihr Fleisch, so verbinden sich Flüssiges und Weiches und ergeben zusammen (bei geschlossenen Augen) die Erinnerung an die Weiten des Meeres. Man befindet sich nicht mehr in Paris, sondern an den Küsten des Atlantiks. Aber wo befindet man sich? Im Süden, in Bordeaux? In der Bretagne? Oder gar in der Normandie?

Hat man den Geschmack der Auster genossen, nimmt man einen kleinen Schluck Weißwein. Herber Champagner ist noch besser, weil er mit seinem Prickeln und seiner Unruhe dem schillernden Meerbild entspricht und es sogar noch intensiviert.

Es gibt eine hochpoetische Beschreibung des Wunders der Auster von Francis Ponge, einem meiner französischen Lieblingsdichter. Sie gehört an diese Stelle als ein Hymnus auch aufs *Opium*, *La Cabane* ...:

L'huître

L'huître, de la grosseur d'un galet moyen, est d'une apparence plus rugueuse, d'une couleur moins unie, brillamment blanchâtre. C'est un monde opiniâtrement clos. Pourtant on peut l'ouvrir: il faut alors la tenir au creux d' un torchon, se servir d'un couteau ébréché et peu franc, s'y reprendre à plusieurs fois. Les doigts curieux s'y coupent, s'y cassent les ongles: c'est un travail grossier. Les coups qu'on lui porte marquent son enveloppe de ronds blancs, d'une sorte de halos.

À l'intérieur l'on trouve tout un monde, à boire et à manger: sous un firmament (à proprement parler) de nacre, les cieux d'en dessous s'affaissent sur les cieux d'en dessous, pour ne plus former qu'une mare, un sachet visqueux et verdâtre, qui flue et refleu à l'odeur et à la vue, frangé d'une dentelle noirâtre sur les bords.

Parfois très rare une formule perle à leur gosier de nacre, d'ou l'on trouve aussitôt à s'orner.

Die Auster

Die Auster, von der Größe eines mittleren Kieselsteins, sieht runzliger aus, nicht so gleichmäßig gefärbt und schimmert weißlich. Sie ist eine hartnäckig verschlossene Welt. Dennoch kann man sie öffnen: dann muss man sie mit einem Lappen in der hohlen Hand halten, ein kurzes, schartiges Messer nehmen, wiederholte Male ansetzen. Die vorwitzigen Finger schneiden sich dabei ins Fleisch, die Nägel brechen: es ist eine grobe Arbeit. Die Wunden, die man ihr beibringt, zeichnen ihren Mantel mit runden, weißen Flecken, einer Art von Lichthöfen.

Drinnen findet man eine ganze Welt, zu essen und zu trinken: unter einem Firmament *(im eigentlichen Wortsinn) aus Perlmutt senken sich die Oberhimmel auf die Unterhimmel und bilden mit ihnen eine einzige Lache, einen grünlichen, klebrig-zähen Beutel, der für Geruchssinn und Auge schwillt und sinkt, am Ufersaum mit schwärzlichen Spitzen besetzt.*

Sehr selten manchmal perlt eine Formel aus ihrem Perlmuttschlund; mit ihr mag man sich alsbald schmücken.

(Francis Ponge: *Im Namen der Dinge*, S. 18/19)

Am frühen Mittag (ab 12 Uhr) oder am frühen Abend (etwa ab 19 Uhr) ist das *Opium*, *La Cabane* noch leer genug, um Austern und Wein in Ruhe zu genießen. Der Besitzer ist in Paris geboren, seine Vorfahren kommen aber aus der Normandie, und natürlich hält auch er sich immer wieder dort auf. Seine Austernleidenschaft ist also direkt am Meer entstanden, und genau das spürt man sofort, wenn er sein Angebot erklärt.

Es gibt fünf verschiedene Sorten, von den einfachen *Fines de claires* bis zu den Königinnen (*Gillardeau*). Sie kommen aus fünf verschiedenen Regionen, und es ist klar, dass Monsieur die aus der Normandie für die besten hält. Er bringt sie alle herbei und lässt sie strahlen, so dass man, um den Genuss komplett zu machen, von jeder Sorte zumindest eine bestellt.

Und der Wein? Monsieur rümpft die Nase und serviert jeweils einen Schluck *Entre-Deux-Mers* und *Sancerre*, um zu beweisen, dass beide Weißweine die wunderbaren Austern nur hilflos begleiten. Was also dann? Es gibt nur eine Lösung: einen *Chablis*! Wieder lässt Monsieur kosten und lächelt so intensiv bereits im Voraus, dass man danach nicht wagt, ihm zu widersprechen.

Man bestellt also die Austern und den *Chablis*, und Monsieur sagt, dass er sich freue, es mit einem Kenner und wahren Genießer zu tun zu haben. Bei diesen anerkennenden Worten wedelt er mit der kleinen Karte und behauptet, die Karte sei eigentlich nur für jene Gäste, die keine Austern mögen oder nichts von Austern verstehen. Monsieur serviert ihnen eine Fischsuppe oder Crevetten oder (am schlimmsten) *Bruschette*, also kleine, gegrillte Weißbrotscheiben mit frischen Tomatenstücken belegt und vorsichtig in Olivenöl getränkt (angeblich ist die Frau von Monsieur eine Italienerin), wie man sie auch Gott weiß wo essen könnte.

Um nicht von den Austern abzulenken, ist das *Opium*, *La Cabane*, wie Monsieur weiter klarstellt, geprägt von einem *style minimaliste-chic*, man sitzt auf schlichten Barhockern, die Tische sind schmal, und das gesamte Lokal (es ist eher eine Bar mit einem Tresen) kann kaum mehr als dreißig Gäste fassen. Längst hat sich aber herumgesprochen, dass Monsieur nicht nur ein fabelhafter Gastgeber, sondern eben auch ein begnadeter Interpret eines Austernessens ist. An jedem neu besetzten Tisch verweilt er lange und beginnt mit einer eruptiven Suada, die seine Gäste zunächst einmal sprachlos macht. Danach nimmt er die Bestellungen auf und schüttelt manchmal besorgt den Kopf, wenn sie nicht zu seiner Zufriedenheit ausfallen. Schließlich serviert er aber doch das Gewünschte, um sich wieder den sogenannten Kennern zuzuwenden, die seine Präsenz mehr verdienen als die Crevetten-Koster.

Das *Opium, La Cabane* vertritt also, obwohl es sich doch dem Luxus der Austern verschreibt, durchaus auch asketische Ideale. Wenn es nach dem Willen des Besitzers ginge, sollte man hier ausschließlich Austern essen und dazu Wein oder Champagner trinken. Selbst die üblichen Baguettescheiben im Korb werden nur mit hochgezogenen Augenbrauen serviert, als wären sie eine lästige Pflicht, die dem Tanz der edlen Austern nicht angemessen ist.

Die meisten Gäste erweisen sich zu meinem Erstaunen aber als durchaus Eingeweihte und befolgen die streng-asketischen Klosterregeln. Austernfreundinnen und Austernliebhaber kommen von überall her, und so begegnet man im *Opium, La Cabane* russischen Balletttänzerinnen ebenso wie spanischen Buchhändlern und tschechischen Konditoren.

Rue de l'Ancienne Comédie

Die *Rue Dauphine* mündet schließlich in einer Kreuzung, wo einige der ältesten Straßen des *Quartiers* aufeinander treffen: die *Rue Saint-André des Arts* (bereits im zwölften Jahrhundert angelegt), die *Rue de l'Ancienne Comédie* (aus dem sechzehnten Jahrhundert), die *Rue de Buci* (aus dem dreizehnten Jahrhundert) und die *Rue Mazarine* (aus dem frühen siebzehnten Jahrhundert). Dies ist der legendäre Binnenraum von *Saint-Germain-des-Prés*. Geht man diese vier Strophen langsam entlang, erfährt man en detail, welche Faktoren dazu beitrugen und welche Kräfte so zusammenspielten, dass sich ein in der Welt einzigartiger Kosmos entwickelte. Der Blick ist dann kein beliebiger, sondern einer, der die kulturellen Strategien entziffern will. Angesichts dieses Ensembles suche ich nach den verborgenen, früher aber umso mächtigeren Zentren eines Terrains, das uns heute längst wie ein mythischer Raum erscheint.

Ich überquere die Kreuzung und nähere mich in der *Rue de l'Ancienne Comédie* einem der ältesten Kaffeehäuser der Stadt, dem *Le Procope*. Im Jahr 1686 von Francesco Procopio dei Coltelli im Haus Nr. 13 gegründet, war es gleichsam die Geburtsstätte der philosophischen Kaffeehauskultur in Paris. Sein Gründer war von der Herkunft her Sizilianer und brachte aus seiner Heimat auch die Kunst, Speiseeis herzustellen, mit. Eine der Wurzeln des Kosmos von *Saint-Germain* liegt in einer für damalige Verhältnisse innovativen Gastronomie. Der Kaffeeausschank, das bisher unbekannte Eisangebot – sie brachten eine Nuance Süditalien nach Paris.

Kultiviert wurde diese Nuance zunächst von Literaten und in besonderem Maß auch von den Theaterleuten der damaligen *Comédie française*, deren Bühnenraum sich genau schräg gegenüber in Haus Nr. 14 befand. Literatur und Theater – die beiden Künste, die des Austauschs und gegenseitiger Anregungen so dringend bedurften, fanden in den neuen Räumlichkeiten des Kaffeehauses zusammen. Hier konnte man je nach Laune verweilen, und hier begegnete man Menschen aller sozialen Schichten.

Im achtzehnten Jahrhundert zog das *Le Procope* die Philosophen der Aufklärung wie Diderot, Voltaire oder Rousseau an. Sie waren regelmäßige Gäste, und am Ende des Jahrhunderts debattierten hier die Revolutionäre wie Danton oder Marat über die Ereignisse der Revolution. Auch im neunzehnten Jahrhundert blieb das *Le Procope* noch eine Zeitlang eine erste Adresse für Literaten wie Honoré de Balzac, Victor Hugo oder Paul Verlaine, danach war seine Zeit vorbei.

Heute ist es ein großzügig eingerichtetes Restaurant, das mit beinahe jedem Detail auf die alten Zeiten anspielt. Die Karte bietet Gerichte nach Rezepten von 1686 – zum Beispiel Kalbskopf – *Tête de veau en cocotte comme en 1686*, und das festliche Menu, das nur am Abend in drei Gängen serviert wird, heißt natürlich *Menu Philosophe.* Die Wände sind geschmückt mit Porträts der großen Gäste von einst. Das alles könnte einen befürchten lassen, als heutiger Gast in einem musealen Raum zu erstarren. Das ist aber keineswegs so. Nachdem man das *Le Procope* betreten hat, braucht man zwar einige Zeit, um sich an seinen geborgten und etwas künstlich wirkenden Glanz zu gewöhnen. Hat man sich aber erst einmal mit seiner Begleitung an einem der kleinen Zweiertische niedergelassen, so erlebt man einen munteren, gut gelaunten und sich unkompliziert gebenden Service, und es ist eine Freude, dort am Mittag oder am Abend zwei oder drei Stunden in der Illusion zu verbringen, eine der ältesten mythischen Stätten von *Saint-Germain* aufgesucht zu haben.

Innovative Gastronomen, temperamentvolle Schauspieler, analytisch denkende Philosophen sowie fabulierlustige Schriftsteller – alle zusammen bildeten das Personal, das den sozial stark gemischten, hochgradig lebendigen Raum der *Rue de l'Ancienne Comédie* kultivierte. Hier erhielten die öffentlichen Themen und Debatten in den Milieus einer unterhaltenden Geselligkeit einen völlig neuen Charakter.

Ein bedeutsamer Teil der Legenden von *Saint-Germain* entsteht auf diese Weise als ein großes, vom Publikum mitgestaltetes Schauspiel Pariser Lebens, das, fern vom königlichen Hof, aber auch fern von Kirche, Verwaltung und Ökonomie, seine eigenen, spontanen Feste erfindet. Das *Le Procope* ist seine gastronomische Anlaufstätte, wo die Philosophen die sich Tag für Tag anders und neu gestaltenden Szenen reflektieren, die Schriftsteller sie in Geschichten, Dramen und Gedichte verwandeln und die Schauspieler sie auf ihren Bühnen präsentieren.

Rue de Buci

Ich kehre zu der Kreuzung der vier alten Straßen zurück und biege ein in die *Rue de Buci.* Sie ist bis heute die belebteste Straße des *Quartiers,* was vor allem von den Cafés und Restaurants herrührt, die hier ihre Tische und Stühle im Freien aufstellen dürfen und so vor allem in den wärmeren Monaten Heerscharen von Besuchern bis tief in die Nacht anlocken.

In Nr. 4 trafen sich in den Jahren seit 1726 die Mitglieder der ersten Freimaurerloge von Paris, die sich als eine vor allem gastronomisch und literarisch interessierte Gesellschaft von Freunden verstand. Literaten wie Crébillon oder Philosophen wie Helvétius gehörten ihr ebenso an wie der Komponist Rameau, und die ausgedehnten Mahlzeiten des Clubs wurden von Chansonniers begleitet, die hier ihre neusten Lieder zur Unterhaltung der Runde vortrugen.

Zur selben Zeit zog die Truppe der *l'Opéra-Comique* in einen Theaterraum der Nr. 12, wo sich in der Nähe ein öffentlicher Markt niedergelassen hatte (der noch heute zur Linken, in der *Rue de Seine*, existiert), und in der Nr. 28 gab es ein Kaffeehaus, das fast zeitgleich mit dem *Le Procope* entstanden war und einem Armenier gehörte.

Literarisch-philosophische Gesellschaften, die durch volkstümliche Musik und Aufführungen der neusten Theaterstücke in einem gastronomisch lebendigen Milieu unterhalten wurden – sie begründeten auch den besonderen Ruf der *Rue de Buci*, die dadurch ebenfalls zu einer Hauptstraße des *Quartiers* wurde.

Heutzutage ist diese Straße eine touristische Attraktion, und viele Einheimische haben für die starke Koketterie, die von ihr angeblich ausgeht, nur noch herbe Kritik übrig. Sie inszeniere sich, heißt es, wie eine typische Dorfstraße mit lauter pittoresken Elementen für schnelle Fotos und Klicks, in Wahrheit aber sei sie nichts anderes als eine üble Täuschung. Früher habe es in ihr noch alte und sympathische Läden (Fleischer, Käse- und Milchläden, Bäckereien) gegeben, die inzwischen zugunsten der viel zu zahlreichen Cafés und Restaurants verschwunden seien. Die *Rue de Buci* sei einmal die Straße der Märkte gewesen, wo die Fischhändler ihre Waren neben den großen Gemüse- und Obstständen angeboten und die Fleischer ihre in den Morgenstunden gegrillten Würste und Fleischstücke bereits am späten Vormittag unter die Leute gebracht hätten. Jetzt aber könne man sie eigentlich nicht mehr betreten, sie habe sich in obszöner Weise dem Tourismus ausgeliefert und sei krank vor lauter gleichgeschalteten Angeboten.

Ich verstehe diese Kritik gut, aber ich kenne diese Straße seit Jahrzehnten und habe einmal ganz in ihrer Nähe gewohnt. Vielleicht nehme ich sie noch immer mit den Augen von früher wahr, mag sein, vielleicht gehe ich über ihren touristischen Schnickschnack aber auch zu kritiklos hinweg, weil ich innerlich noch an ihr hänge. Jedes Mal, wenn ich sie betrete, erinnere ich mich an einen Dichter, dessen Gedichte zu diesem Viertel gehören und der eine legendäre Gestalt seiner Szenen war.

Guillaume Apollinaire (1880-1918) war polnisch-italienischer Herkunft und wurde in Rom geboren. Erst als beinahe Zwanzigjähriger kam er mit seiner Mutter und einem Bruder nach Paris und lebte wenig später als Hauslehrer im Rheinland, längere Reisen führten ihn auch nach Berlin und Dresden. Wieder zurück in Paris, freundete er sich eng mit Pablo Picasso und anderen Malern an, schrieb Gedichte, kurze Erzählungen und Artikel für Zeitungen. Im Ersten Weltkrieg kämpfte er als Soldat an der Front und wurde schwer verletzt. In Paris schien er zunächst allmählich von seinen Verletzungen zu genesen, starb dann aber doch bereits 1918 an der Spanischen Grippe.

Apollinaire liebte die *Rue de Buci*, und er fühlte sich in dieser Liebe vielen anderen Dichtern seiner Generation verwandt. In Kellern und Innenhöfen bekam man Texte zu hören, die

nirgendwo aufgezeichnet waren und doch selbstverständliche Bestandteile der französischen Literatur waren. So erzählt Apollinaire, wie er in der *Rue de Buci* unerwartet Weihnachtslieder hörte und sie sofort aufzeichnete und mitschrieb: *Vor dem Krieg empfahl es sich, die bei den Dichtern meiner Generation so beliebte Rue de Buci in der Nacht vom 24. zum 25. Dezember aufzusuchen. Einmal schlemmten wir…Heiligabend dort in einer Kellerbar. Wir lauschten Weihnachtsliedern. Ich stenographierte die Texte aus verschiedenen Gegenden Frankreichs mit. Zählen Weihnachtslieder nicht zu den seltsamsten Monumenten unserer geistlichen und Volksdichtung? Jedenfalls sind sie es wohl, die am besten Seele und Sitten der Provinz, aus der sie stammten, widerspiegeln. Das erste Lied, das ich in der Kellerbar in der Rue de Buci festhielt, wurde von einem Friseurgehilfen aus Bourg-en-Bresse gesungen.* (Guillaume Apollinaire: *Flaneur in Paris*, S. 45)

Heutzutage ist eine Straße wie die *Rue de Buci* eine extreme Herausforderung. Es kommt mir aber zugute, dass ich von ihren besseren Tagen weiß und einige ihrer alten, sympathischen Elemente durchaus noch wiederfinde. Will ich es mit ihr aufnehmen, muss ich jedoch sondieren und die Details genau prüfen. Lässt sich in dieser Straße noch unterwegs sein? Und wie und wo sollte ich das tun?

Ich beginne vorn, an der Kreuzung. Gleich auf der rechten Seite befindet sich eine Buchhandlung, in der ausschließlich Bücher des Verlags *Taschen* ausgestellt sind. Es ist keine Buchhandlung in herkömmlichen Sinn, sondern (ähnlich wie die *Pâtisserie Laouz* oder die Austernbar *Opium*, *La Cabane*) ein Laden mit einem an den Praktiken einer Kunstgalerie orientierten Ausstellungskonzept. Der lang gestreckte Raum ist dunkel, die wichtigsten Bücher liegen auf breiten Holztischen und werden von kleinen Strahlern (wie Kunstwerke in einem Museum) ins rechte Licht gerückt. Die Regale an den Wänden sind nicht brechend voll, sondern lassen dem Bücherangebot Raum, und im Hintergrund läuft Musik, die man in einer Buchhandlung nicht erwartet.

Ich könnte mich für Stunden in ihr verlieren. Bücher des *Taschen*-Verlags sind schon von ihrer Aufmachung her Ausstellungsstücke, sie gehören zu den schönsten, die es gegenwärtig gibt (wie etwa die sieben Bände der Original-Drehbücher der ersten sieben Staffeln von *Mad Men*, ergänzt durch zwei Bände mit ausgewählten Filmstills und anderen Dokumenten). Inszeniert sich der *Taschen-Store* touristisch anbiedernd? Höchstens dadurch, dass er ältere und relativ preiswerte Titel auch draußen, auf popeligen Straßentischen, für den schnellen Verkauf anbietet. Drinnen aber ist er ein beinahe sakraler Raum purer Schaulust, der neue Maßstäbe für das Konzept von Verlagsbuchhandlungen setzt.

Vom *Taschen-Store* geht ein kurzer Blick nach links, in die *Rue Grégoire-de-Tours.* Gleich am Anfang, im Haus Nr. 4, befindet sich ein knallgelb leuchtender Schreibwaren- und Zeitschriftenladen mit einem illustren, großen Angebot. Bücher und Zeitungen (darunter viele aus dem Ausland) vertragen sich hier ausnahmsweise gut mit passablen Paris-Souvenirs, von denen viele für Kunden gedacht sind, die noch gerne mit der Hand schreiben. Abgestimmt auf die jeweilige Jahreszeit gibt es Briefkarten, Briefumschläge und Notizbücher und daneben Anleitungen für das kalligraphische Schreiben mitsamt dem handwerklichen Zubehör.

Touristisch?! Höchstens minimal, denn die touristischen Akzente erscheinen auf Themen (Schreiben, Lesen, Sich-Informieren) bezogen, und überhaupt hat man es im Laden der

Buci News mit einer Atmosphäre intensiver Leselust zu tun, die auf ihre Weise ebenso ansteckend wirkt wie die Dunkelzonen des *Taschen-Store.* Nicht zufällig finden sich viele Stammkunden ein, die hier »ihre« (an den Kiosken der Boulevards nicht zu bekommenden) Spezialzeitschriften kaufen, daneben aber auch Spaziergänger, die durch die Schaufenster des gelben Ladens (und die kommentierenden Texte des Besitzers) angezogen wurden.

Weiter, auf der rechten Seite der Straße, vorbei an ihren Restaurants und Cafés (in denen ich wegen ihrer in der Tat aufdringlichen touristischen Note niemals verweilen würde). Stattdessen suche ich ganz unbedingt den seit Jahrzehnten existierenden Feinkostladen *J. S. F. P Traiteur* im Haus Nr. 8 auf. Es handelt sich, wie man schon an seinen opulenten Auslagen erkennt, um einen kleinen Tempel, in dem es nicht nur Delikatessen gibt (wie unzählige ausgezeichnete *Pâtés*, selbst hergestellte und angemachte Salate oder kleine gefüllte Blätterteigpasteten), sondern auch einfachere, gute Speisen zum Mitnehmen (belegte Baguettes, warme Toasts mit Käse und Tomaten). Daneben trifft man auf ein großes Angebot an rohen Schinken und Würsten sowie ein reichhaltiges Sortiment an guten Käsesorten, vom Wein ganz zu schweigen.

Das *J. S. F. P Traiteur* ist eine der ersten Adressen für die Bewohner des Viertels, hier kaufen sie ein, wenn sie einmal nicht selbst kochen, sondern sich mit kulinarischen Besonderheiten verwöhnen wollen. Lässt man sich Zeit, diese Köstlichkeiten zu studieren, bekommt man die neusten Themen des Tages mit. Hierher geht niemand, um eilig »Streetfood« mitzunehmen, man tauscht sich vielmehr aus, diskutiert die Vorzüge bestimmter Salate (»gerade die richtige Menge Anchovis, und die kleinen, roten Zwiebeln dazu, mit etwas Essig, sind eine gute Idee«) und verlässt den Tempel mit einer in mehreren Anläufen gefüllten Tasche, die man triumphal (an den vielen Touristen vorbei) nach Hause trägt.

Diesem Beispiel könnte ich natürlich folgen und ebenfalls mit meinem Einkauf an einen kleinen Platz (die *Place de Furstemberg* gleich um die Ecke wäre dafür eine perfekte Adresse) verschwinden, um das Gekaufte dort im Freien und in aller Stille zu genießen. Ich frage mich aber auch, ob es auf der *Rue de Buci* nicht zumindest einen einzigen Ort gibt, an dem ich ein Glas Wein, ein Bier oder auch einen Kaffee trinken könnte, um das Straßenleben zu beobachten und mich an seinen bunten Bildern zu erfreuen. Mögen hier auch noch so viele Menschen unterwegs sein – an den Rändern und im Hintergrund erscheinen noch die Fragmente von früher, man spürt sie unmittelbar, denn es handelt sich noch immer um einen faszinierenden Raum mit einem geradezu filmreifen Ambiente. Wohin also? Wo lässt sich ein guter Beobachterplatz finden?

Ich setze mich nach draußen, unter die breite Markise der *Bar du Marché*, die sich an der Ecke zur *Rue de Seine* befindet. Es gibt die üblichen hellen Korbstühle und kreisrunden, kleinen Tische, man sitzt sehr dicht gedrängt und hat doch am äußersten rechten Rand einen Blick, wie ich ihn mir wünsche. Schaue ich nämlich geradeaus, die zum *Boulevard Saint-Germain* auslaufende *Rue de Seine* entlang, so erkenne ich rechts, gleich an der gegenüberliegenden Ecke, die Auslagen des Gemüse- und Obstmarktes. Auf der linken Seite befindet sich die *Boucherie* (und *Rotisserie*) *Le Foll* mit ihrem großen Käse-, Wurst- und Brotangebot sowie allerhand viel frisch Gegrilltem. Das hat nicht die hohe Qualität der Waren des *J. S. F. P Traiteur*, alles ist hier schlichter und roher, trifft aber eben dadurch die

BAGAGERIE

Erwartung, die sich mit einem Straßenmarkt und seinen kleinen Garküchen verbindet.

Was aber fehlt, sind die Fische. Große Fischhandlungen grenzten früher in der Tat an die heutigen Obst- und Gemüsestände, sie sind nur noch in Form einiger verblasster Firmenschilder über den Hauseingängen präsent. Die Schande des Verschwindens soll ein erst vor kurzem eröffnetes, elegantes *Bistro de la mer* (*Huguette, 81 Rue de Seine*) wettmachen, das mit seiner kühlen, an den klassischen Farben Weiß und Blau orientierten Inneneinrichtung an Bistros erinnern soll, wie man sie an den Stränden des Meeres findet. Das *Huguette* präsentiert denn auch ein großes Austernangebot und sehr gute kleinere Vorspeisen (*Rillettes de sardines à la Sicilienne*), mir erscheint es aber noch zu kühl, sachlich und stylish, als dass ich mich dort wohlfühlen würde. (Vielleicht braucht es auch nur etwas Zeit, einige Jahre mit viel Kundschaft, die es altern lassen …)

Schräg gegenüber, also wiederum auf der rechten Seite, erkenne ich den Eingang zum Hotel *La Louisiane*. Seinen Namen erhielt es von jener Gegend in den Vereinigten Staaten, in der ein Offizier Napoleons nach der Niederlage von Waterloo sein Geld gemacht hat. 1823 kehrte er nach Paris zurück und eröffnete in seiner alten Heimat dieses Hotel. Während des Zweiten Weltkriegs war es der Zufluchtsort vieler bekannter französischer Schriftsteller wie etwa Jean-Paul Sartre (der hier einen einfachen, asketisch eingerichteten Raum zum Schreiben, Zimmer Nr. 10, gemietet hatte).

Die Schriftstellerin Simone de Beauvoir (1908-1986) erzählt in einem ihrer Memoirenbände, wie sie in diesen Jahren zusammen mit Sartre in das *Hôtel La Louisiane* einzog: *Schon lange vor den Ferien war ich bei den Besitzern des Hôtels ›La Louisiane‹ in der Rue de Seine, wo die Stammgäste des ›Flore‹ wohnten, vorstellig geworden. Im Oktober zog ich ein. In meinem Zimmer standen ein Diwan, Bücherregale, ein großer, massiver Tisch; an der Wand hing ein Plakat, auf dem eine englische Horse-Guard abgebildet war. Am Tage meines Einzugs schüttete Sartre ein Tintenfaß über den Läufer, den die Patronne sofort entfernen ließ; aber das Parkett gefiel mir genauso gut wie ein Teppich. Ich verfügte über eine große Küche. Von meinem Fenster aus sah ich auf einen großen Dächerwald. Nie war eine Unterkunft meinen Träumen so nahegekommen. Ich hatte vor, hier bis an das Ende meiner Tage zu bleiben. Sartre bewohnte am anderen Ende des Ganges ein winziges Zimmer, dessen Kargheit seine Besucher mehr als einmal überraschte. Er besaß nicht einmal Bücher.* (Simone de Beauvoir: *In den besten Jahren*, S. 474)

In den großen Nachkriegsjahren von *Saint-Germain* folgten den beiden viele amerikanische Jazzmusiker (wie Miles Davis, John Coltrane, Bud Powell oder Charlie Parker), die während ihrer Auftritte in den nahen Jazzlokalen hier residierten. Juliette Gréco und Miles Davis sollen in einem (angeblich noch heute vorhandenen) runden Zimmer an der Ecke *Rue de Seine* und *Rue de Buci* gemeinsame Nächte verbracht haben, und nach den Jazzmusikern frequentierten in den achtziger und neunziger Jahren vor allem Filmregisseure wie Bertrand Tavernier und Quentin Tarantino dieses Hotel (Tarantino hat hier das Drehbuch zu *Pulp Fiction* geschrieben).

Dieses alte legendäre Hotel, die Überbleibsel der kleinen Märkte – sie lassen zumindest etwas von der besonderen Szenerie ahnen, die hier früher so ausgeprägt vorhanden war. Vor Jahrzehnten öffneten die illustren Gäste an wärmeren Tagen gern die Fenster ihrer Hotelzimmer und beobachteten das Leben auf den schmalen Straßen: die Anfahrt der Waren zum

Markt, die Marktverkäufer, die Scharen von Kunden aus der Umgebung, zu denen sich die Zeitungs- und Zigarettenverkäufer gesellten.

Die Straßen waren damals noch erheblich voller als heute, es waren die Zeiten der Fußgänger, die sich zu zweit unterhielten oder sich in Gruppen an den Straßenecken zusammenfanden. Verkäufer und Kunden mischten sich, so dass das Treiben auf den Straßen und Bürgersteigen wie das Fluten einer relativ homogenen Menge erschien, deren Teile sich in langsamem Tempo an bestimmten Knotenpunkten verdichteten und unvorhersehbar nach den Seiten abströmten, um in einiger Entfernung wieder neue Konstellationen einzugehen. Ein Foto von Robert Doisneau (*Angle de la rue de Seine et de la rue de buci*) von 1947 zeigt diese Szenen auf schöne Weise im Detail: Vor den Obst- und Gemüseständen in langen Schlangen anstehende Frauen, elegant gekleidete junge Mütter mit ihren Kindern an der Hand, herumstreunende jüngere Männer – die Straßen sind von ihnen besetzt, kein einziges Auto, dafür aber das helle Fluten des Lichts, das die stark in die Jahre gekommenen Gebäude ins Dunkel verweist und zurücktreten lässt (*Le Paris de Jean-Paul Sartre et de Simone de Beauvoir*, S. 87).

Dem gegenüber wirken die heutigen Szenerien regelrecht kontrolliert. Beinahe jedem auf der Kreuzung *Rue de Seine / Rue de Buci* eintreffenden Paar sieht man an, woher es kommt. Man hört die verschiedensten Sprachen, aber die Passanten mischen sich nicht. Die Verkäufer haben sich von der Straße in ihre Läden und Geschäfte zurückgezogen, und wenn ich das kleine Foyer des *Hôtels La Louisiane* betrete, kommt mir sofort ein beflissener Angestellter entgegen, der mir eine Preisliste offeriert.

Ich möchte Altes und Neues über das runde Zimmer erfahren. Es heißt heute *chambre mythique*, hat seine Geschichte vor Ort jedoch anscheinend verloren. So hat der freundliche Angestellte sich nicht einmal die Mühe gemacht, die Erinnerungen von Juliette Gréco an die Szenen der Umgebung zu lesen, er nennt zwar einige Namen und raunt sie lächelnd vor sich hin, verbindet mit ihnen aber nichts mehr, sondern betreibt nur noch ein routiniertes Namedropping.

Dabei hat Juliette Greco (geb. 1927) recht genau von den Nachkriegsjahren erzählt, als sie ins *Hôtel La Louisiane* einzog: *Von Hotel zu Hotel ziehend, landet sie schließlich im Louisiane in der Rue de Seine … Jeder in diesem Hotel hat Pläne, Schlafstörungen, manchmal auch Genie, doch niemals Geld. Der Maler Wols zetert in seinen vier Wänden, hinter denen er sich verbarrikadiert, und tyrannisiert alle Welt. Jean Rougeul hingegen schreibt, ohne Lärm zu machen. Der Besitzer, Monsieur Alazé, überwacht seine Mieter durch ein Guckloch, aus dem er das Treppenhaus übersieht und dem man nirgends entweichen kann. Im Laufe der Zeit hat sich nämlich zwar sein Keller gefüllt mit all den als Pfand zurückgelassenen Pappmachékoffern und Gegenständen unterschiedlichster Art, seine Kasse aber spürbar geleert. Das erklärt, warum der solcherart Genasführte so misstrauisch ist und seine Kunden höllisch viel Phantasie aufbringen müssen.* (Juliette Gréco: *Ich bin, die ich bin*, S. 91)

Rue de Seine / Rue des Beaux-Arts

Ich verlasse das legendäre Hotel bald wieder und gehe auf der rechten Seite der Rue de Seine Richtung Boulevard Saint-Germain. Auf diesem Weg entdecke ich das *Bellota (64 Rue de Seine)*. Es ist ein kleiner Feinkostladen mit vor allem spanischen Waren und Weinen, draußen stehen drei, vier Tische, ich nehme Platz und bestelle zunächst nur ein Glas Wein und etwas Wasser. Die Kellnerinnen legen einem zwar eine Karte vor, wollen einen aber viel lieber mündlich auf den richtigen Weg der Speisen führen. Im *Bellota*, behaupten sie, wird der beste Schinken serviert, den man in Paris kosten kann. Es handelt sich um Schinken vom Ibérico-Schwein, das sich im Süden oder Westen Spaniens vor allem von Eicheln ernährt.

Die hauchdünn geschnittenen Scheiben dieses Schinkens werden jedoch nicht auf einem profanen Teller, sondern auf einem runden, zur Mitte hin schräg ansteigenden Vulkan serviert. Die kleinen Löcher des weißen Porzellan-Berges lassen die Wärme durch, die ein Teelicht im Innern des Berges ausstrahlt. Dadurch schmeckt der Schinken leicht erwärmt, hochintensiv und in der Tat unvergleichlich. »Haben Sie schon einmal einen solchen Schinken gegessen?«, fragen einen die Kellnerinnen im Verlauf der Mahlzeit jedes Mal, wenn sie am Tisch vorbeigehen, sie sammeln Lob von allen Seiten und melden es drinnen im Laden, wo der Patron sich über die majestätische Schinkenkeule beugt und Tranche für Tranche abschneidet. Er selbst ist der Erfinder und Hersteller des weißen Porzellan-Vulkans, der den Ibérico-Schinken erst vollends zur Geltung bringt, sein *Bellota* versteht er als eine franco-iberische Koproduktion.

Höchstens ein wenig geröstetes Brot mag man zum gewärmten Schinken essen, selbst ein Salat wäre zu viel, dagegen passt zum stark nussigen Salzgeschmack ein trockener spanischer Weißwein, leicht gekühlt.

Ich gehe zurück, noch ein letztes Mal am *Hôtel La Louisiane* vorbei, überquere die Rue de Buci und setze meine Wege die Rue de Seine entlang fort. Mit jedem Meter gerate ich nun mehr in den Einzugsbereich der *École nationale supérieure des Beaux-Arts*, der bedeutendsten staatlichen Kunsthochschule Frankreichs, die bereits im späten achtzehnten Jahrhundert gegründet wurde. Eine Galerie neben der andern ist hier zu finden, aber kaum ein Besucher verliert sich in die meist dramaturgisch geschickt angestrahlten Räume. Weit hinten, vor der Wand, sitzt an einem kleinen Schreibtisch der Besitzer, blättert in einem Katalog oder telefoniert. Schaut man durch eine der breiten Glasfronten hinein, ignoriert er einen und telefoniert nur noch passionierter. Er hütet und verteidigt seine Schätze gegen die Banausen, die ihn nicht nerven sollen, deshalb blickt er durch die aufdringlichen Beobachter vor den Fensterfronten hindurch.

Zu den Zeiten Rainer Maria Rilkes (1875-1926) gab es noch viele Antiquare und Händler in der Rue de Seine, an deren Verhalten schon damals ein gewisses Desinteresse gegenüber möglichen Käufern auffiel. So wirkt Rilkes Beschreibung wie eine Bestätigung und gleichzeitig wie eine Vorwegnahme dessen, was man heute noch sieht: *Manchmal gehe ich an kleinen Läden vorbei in der rue de Seine etwa. Händler mit Altsachen oder kleine Buchantiquare oder Kupferstichverkäufer mit überfüllten Schaufenstern. Nie tritt jemand bei ihnen ein, sie machen offenbar keine Geschäfte. Sieht man aber hinein, so sitzen sie, sitzen und lesen, unbesorgt; sorgen nicht um morgen, ängstigen sich nicht um ein Gelingen, haben einen Hund, der vor ihnen sitzt, gut aufgelegt, oder eine Katze, die die Stille noch größer macht, indem sie die Bücherreihen entlang streicht, als wischte sie die Namen von den Rücken. Ach, wenn das genügte: ich wünschte manchmal, mir so ein volles Schaufenster zu kaufen und mich mit einem Hund dahinterzusetzen für zwanzig Jahre.* (Rainer Maria Rilke: *Die Aufzeichnungen des Malte Laurids Brigge*, S. 747)

Nicht nur die zahlreichen Galerien verweisen auf die nahe *École des Beaux-Arts*, auch manche Cafés zeigen sich davon geprägt. So sitzen im bekannten *La Palette* (*43 Rue de Seine*) draußen auf der Terrasse viele Gäste, die Galerienbesitzer, Kritiker oder Künstler sind und über Kunstthemen debattieren. Viel interessanter ist es aber drinnen, im hinteren Raum, wo man unerwartet auf einen dunklen Saal mit Keramiken aus den dreißiger und vierziger Jahren trifft. Über und neben ihnen hängen naive Bilder, und die breiten und hohen Spiegel verstärken und vergrößern den Raumeindruck. Die Gäste nehmen auf abgewetzten Holzstühlen Platz und schieben sie über das alte Parkett, die dunklen Brauntöne geben dem Raum einen Akzent von bohemehafter Gelassenheit, und die Kellner geben ihr Bestes, indem sie die Gäste so arrogant wie irgend möglich behandeln.

Die meisten Gäste scheinen denn auch zu wissen, wer bereits vor ihnen auf diesen unbequemen Stühlchen vor den runden Tischchen gesessen und ein kleines Bier getrunken hat: Albert Camus soll sich hierher verlaufen haben, Jim Morrison war Anfang der siebziger Jahre Gast, und auch Paul Auster hat es ins *La Palette* verschlagen, dem er in seinem Roman *Unsichtbar* sogar zu einem Auftritt verhalf. Viele Gäste gehen also hierher, weil sie große Geschichten zu wittern hoffen, es reicht aber völlig, sich in den hinteren Raum mit dem dunkelbraunen Bohemeanstrich zu setzen, einen Anis oder ein Bier zu bestellen und aus begründetem Argwohn auf Speisen zu verzichten.

Geradezu ideal wäre es aber, Henri Murgers *Boheme. Szenen aus dem Pariser Leben* dabei zu haben und lesend etwas zusätzliche Boheme-Atmosphäre in den nachmittäglich stillen (und abends überfüllten) Raum zu zaubern. Das 1851 erschienene Buch ist der Klassiker für all jene Fantasien, die das Leben von Malern, Zeichnern und Künstlern des neunzehnten Jahrhunderts mit großer Armut und einem tristen, wenn auch geselligen Dasein verbinden. Die Gestalten von Henri Murgers

Skizzen, die mit viel Humor und Schwung gezeichnet sind, halten sich für genial, ohne dass ihnen auch nur einmal der Durchbruch in die kapitalreichen Märkte und Salons gelingen würde. Sie debattieren ununterbrochen und vergnügen sich auf bescheidene Weise, bleiben aber ihr Leben lang im Abseits.

Das Buch ist aber noch aus anderen Gründen eine Art Bibel der Terrains von *Paris, links der Seine*. Murger scheint nämlich gespürt zu haben, dass sich die Szenen dieser Gegenden nicht in einem traditionellen Roman fassen ließen. Mit einem solchen Format hätte er Figuren eingefangen, die sich aneinander reiben, Konflikte austragen, nach Veränderung oder Entwicklung streben. Sie hätten psychologischer Vertiefungen und weitergehender Charakterisierungen bedurft, und ihre Geschichten hätten sich aus ihrem biographischen Raum ergeben.

Die Figuren von *Boheme. Szenen aus dem Pariser Leben* sind jedoch gerade nicht solche Romanfiguren. Sie entwickeln sich nicht, und sie verbinden mit dem Wachstumsgedanken höchstens Ausblicke auf die nächsten Stunden oder die Nacht. Murger lässt ein Quartett männlicher Protagonisten flüchtige Abenteuer und rasch aneinander anschließende Begegnungen erleben. »Szenen« wollte er schreiben und keine kompakte Erzählung, das »Pariser Leben« wollte er skizzieren – und war damit Atmosphären und Stimmungen auf der Spur.

Charakteristisch auch, dass sich das männliche Quartett aus Vertretern verschiedener Disziplinen und Künste zusammensetzt. Marcel, der Maler, Schaunard, der Musiker, und Rudolf, der Dichter, verkörpern die traditionellen Künste, haben an ihrer Seite aber noch Colline, den Philosophen, der ihre Ideen und Assoziationen auf den Punkt zu bringen versucht. Philosophisch inspirierter, interdisziplinärer Aktionismus – so könnte man das Treiben der Clique nennen, die damit ein Urmodell jener vielen Aktionsformen bildet, die *Paris, links der Seine* einmal prägen und weltberühmt machen werden.

In jeder »Pariser Szene« haben es die Vier mit einem kleinen Problem oder einem Hindernis zu tun, das sich ihrem erklärten Ziel, ein so angenehmes und hedonistisches Leben wie möglich zu führen, entgegenstellt. Ihre Aufgabe besteht nicht darin, dieses Hindernis beiseitezuräumen oder sogar zu vernichten. Sie bringen es vielmehr durch ihr von Moment zu Moment neu aufeinander abgestimmtes Spiel zum Verschwinden. Das heißt: Sie löschen es nicht aus, sie kämpfen auch nicht dagegen an, sondern sie spielen so lange mit ihm, bis es sich auflöst und unkenntlich wirkt.

Die (in Form von ungezahlten Mieten, niedrigen Einnahmen, Engpässen in der Ernährung oder gar Krankheiten) stark belastende »Lebensprosa« wird beiseitegedrängt. Ihre schweren Fermente lösen sich auf, und an ihre Stelle tritt eine vitale Lebensfreude, die nie über den Augenblick hinausschaut. Man angelt sich hier oder dort etwas, um den Mittag, den Abend, die Nacht zu feiern, man ist so viel wie möglich zusammen und gestattet es niemandem, sich zu beklagen oder sein Schicksal zu betrauern. Und man macht zusammen »Kunst«, die alles in den Schatten stellen soll, was in den Dichterstuben und Ateliers ringsum hervorgebracht wird.

Im dritten Kapitel seines Buches hat Murger seinem Quartett auch so etwas wie ein ästhetisches Programm geschrieben. Hier laden die Vier auf Einladungskarten zu einem Fest, das dieses Programm in situationistische Komik übersetzen soll: *Sieben Uhr: Eröffnung der Festräume; lebhafte und angeregte Unterhaltung. Acht Uhr: Eintritt und Gang durch die Salons der Urheber des »Kreißenden Berges«, eines vom Odeon abgewiesenen Stückes. Achteinhalb Uhr: der ausgezeichnete Klavierkünstler Herr Alexander Schau-*

nard trägt die naturalistische Symphonie »Der Einfluss des Blauen in den Künsten« vor. Neun Uhr: Erste Vorlesung der Denkschrift über die Abschaffung der Strafe der Tragödie. Neuneinhalb Uhr: der hyperphysische Philosoph Gustave Colline eröffnet mit Herrn Schaunard eine Diskussion über Philosophie und vergleichende Metapolitik. Um jeden Zusammenstoß der beiden Gegner zu vermeiden, werden sie aneinandergebunden. Zehn Uhr: Vortrag des Schriftstellers Tristan über seine ersten Liebesabenteuer. Herr Alexander Schaunard wird die Begleitung dazu spielen. Zehneinhalb Uhr: zweite Vorlesung der Denkschrift über die Abschaffung der Strafe der Tragödie. Elf Uhr: Bericht eines ausländischen Fürsten über eine Kasuarjagd … (Henri Murger: *Boheme*, S. 66/67)

Lebhafte Konversation, Salonatmosphäre, musikalischer Vortrag, Lesungen, philosophische Debatten, Auftritt von Fürsten aus fremden Ländern – man glaubt ein Programm zu lesen, das noch hundert Jahre später in den Kellern von *Saint-Germain-des-Prés* in ganz ähnlicher Form hätte aufgeführt werden können. Es besteht aus komischen, leidenschaftlich in Szene gesetzten Sequenzen satirischer oder ironischer Überbietung des Traditionellen. Und es wird ausgeführt und gestaltet von vier Freunden, die auch das Leben selbst theatralisch angehen.

Ein weit entwickeltes Bühnenbewusstsein hält ihre Auftritte zusammen und macht daraus eine Folge von Akten, die nebeneinanderstehen und nicht auf Übergänge hin angelegt sind. Murgers Gründungsbericht der so besonderen Boheme-Atmosphären, die bis in die Gegenwart existieren und denen noch immer viele Sympathien gehören, setzt auf den nicht erkämpften, sondern durch Freundschaft, Empathie und Lebensübermut herbeigezauberten Genuss. Ein gewisser Hochmut ist ihm eingeimpft, als Vorbehalt gegenüber dem Altbekannten und seinen ewigen Siegen. Leicht, an der Grenze zum oft Märchenhaften, ergeben sich dabei auch kleine Triumphe.

Nicht totzukriegen aber ist (selbst nach vielen Niederlagen und Verlusten nicht) der Glaube an den Augenblick und die möglichen Schönheiten, die sich aus einer intensiven Lebenslust ergeben.

Murgers Buch endet mit einem Gespräch zwischen Marcel und Rudolf, das zunächst in die typischen Fahrwasser des Selbstmitleids und der sentimentalen Klage darüber treibt, dass die frühen, guten Jahre ein für allemal vorbei sind. Mit den letzten Sätzen behält jedoch der trotzige und auch ein wenig stolze Lebensmut die Überhand. Murgers Sinn für Pointen sorgt auch hier auf unnachahmliche, weit vorausschauende Art dafür, dass »das Leben« nicht beschrien, angeklagt oder verdammt, sondern gnädig behandelt und auf angemessenem Niveau zur Feier eingeladen wird. Den Umschlag vom sentimentalen, bekannten Stöhnen zum Bekenntnis der Lebensfreude akzentuiert eine einzige, konkrete Frage: *Wo dinierst du heute?*

›Armer Freund‹, sagte Rudolf, ›dein Verstand kämpft mit einem Herzen, nimm dich in acht, daß er es nicht töte!‹ ›Das ist schon geschehen‹, antwortete der Maler; ›es ist aus mit uns, mein Alter, wir sind tot und begraben. Die Jugend kehrt nicht wieder. Wo dinierst du heute?‹ ›Wenn es dir recht ist‹, sagte Rudolf, ›wollen wir zu zwölf Sous in unserem alten Restaurant der Rue du Four dinieren, dort, wo es Steingutteller gibt und wo wir immer so hungrig waren, wenn wir gegessen hatten.‹ ›Wahrhaftig, nein‹, versetzte Marcel. ›Ich bin zwar bereit, die Vergangenheit zu betrachten, aber nur hinter einer Flasche guten Weins und in einem bequemen Sessel. Was willst du, ich bin verdorben. Ich liebe nur noch das Vorzügliche.‹ (Henri Murger: *Boheme*, S. 329/330)

Murgers Gestalten haben das Bild vom armen, stets am Existenzminimum lebenden Künstler geprägt, und Puccinis gleichnamige Oper (*La Bohème*) hat diese typischen Szenerien weltweit bekanntgemacht. Was liegt näher, als sich nach Verlassen des *La Palette* auf den Weg zur nahen *École des Beaux-arts* zu begeben, um sich dort zu fragen, was (historisch gesehen) dran ist an diesen Typisierungen?

Ich biege nach links, in die schmale *Rue des Beaux Arts*, ein, die geradewegs auf die *École* zuführt. Sie war früher eine Straße mit bedeutenden Galerien, und auch heute gibt es eine Galerie neben der andern. In Haus Nr. 13 befindet sich eines der bekanntesten Fünf-Sterne-Hotels der Stadt. Früher hieß es einmal *Hôtel d'Allemagne*, später *Hôtel d'Alsace*, die jetzigen Besitzer haben es nach einer gründlichen Renovierung schlicht *L'Hôtel* genannt. Der Schriftsteller Oscar Wilde ist in einem Zimmer dieses Hotels am 30. November 1900 gestorben. Kein Wunder, dass viele Oscar-Wilde-Verehrer in ihm übernachteten und übernachten, so etwa der argentinische Schriftsteller Jorge Luis Borges (1899-1986), der Wildes Werke ins Spanische übersetzte.

Das *L'Hôtel* ist aber auch aus anderen Gründen eine Lieblingsadresse von Paris-Reisenden. Ich habe einen Kölner Freund, der jedes Jahr für etwa eine Woche dort übernachtet. Er quartiert sich in einem der kleineren Zimmer ein und verlässt das Hotel während des Tages nur zu kurzen Spaziergängen. Er will nichts »besichtigen«, nichts »studieren«, sondern er spaziert durch die ihm vertrauen Straßen der Umgebung, bis hinunter zur Seine. Unterwegs kauft er sich eine Zeitung, geht in ein Antiquariat oder eine Galerie und trinkt irgendwo einen Café. Im *L'Hôtel* isst er mittags in einem der besten Restaurants der Stadt, ruht sich danach ein wenig aus und macht später einen zweiten Spaziergang. Am frühen Abend trifft man ihn an der Hotelbar, wo er sich einen Cocktail gönnt. Danach geht er ins

Theater, in die Oper oder ins Kino, auf eine Abendmahlzeit verzichtet er. Für eine dichte Woche zieht er sich vor allem in dieses eine Hotel zurück, er möchte in ihm leben und die Atmosphäre genießen, er möchte ganz aufgehen in diesem Kosmos und Menschen begegnen, die er seit langem kennt.

In der Rue Bonaparte angekommen, stehe ich vor den hohen Gittern und dem alten Haupteingang der *École des Beaux-Arts*. Heutzutage wird dieser Eingang nur für einfahrende Autos geöffnet, der Besucher muss sich weiter nach rechts wenden, um dort durch die Schleuse einer Sicherheitskontrolle auf das Gelände zu kommen. Gelingt das, kann er sich relativ ungestört umschauen. Niemand fragt ihn nach seinen Interessen, und so kann er sich den pompösen Gebäuden ganz nach Gutdünken nähern.

Die ältesten Bauten des großen Geländes sind aus dem siebzehnten Jahrhundert, in der Kapelle der Petits-Augustins waren die frühsten Kunstsammlungen der Stadt untergebracht. Das Hauptgebäude (*Palais des Études*) liegt mit seiner breiten Front direkt vor dem eintreffenden Betrachter. Es hat einen eindrucksvollen Innenhof mit einem großen Glasdach, wo sich Kunstfreunde nicht selten zu festlichen Anlässen einfinden.

Im hinteren Teil des *Palais* befindet sich das *l'Amphithéâtre d'honneur*, die Ruhmeshalle der *École*, wo zum Beispiel die Zeugnisse und Auszeichnungen für die Studenten vergeben und die akademischen Feste und Weihen zelebriert werden. An seinen Wänden erzählt ein bunter, im frühen neunzehnten Jahrhundert entstandener Fries die Geschichte der Akademien von den Zeiten des Alten Griechenland bis in die Gegenwart anhand von fünfundsiebzig historisch bedeutsamen Gestalten.

Hat man sich eine Weile im *Palais* aufgehalten, braucht man eine Besinnungspause draußen im Freien. Rasch wird jedem Besucher klar, dass diese *École des Beaux-Arts* nie die Schule einer verarmten Boheme war. Ganz im Gegenteil war sie vielmehr die Schule großer Maler des neunzehnten und zwanzigsten Jahrhunderts, wie etwa Delacroix, Ingres oder Matisse. Ihren Auftrag und ihre Funktion versteht man besser, wenn man sich klarmacht, warum Paris seit dem frühen neunzehnten Jahrhundert zum Zentrum der europäischen Malerei wurde und Künstler aus vielen Ländern anzog.

Auch aus Deutschland kamen damals Hunderte meist jüngerer Künstler in die französische Hauptstadt, um nach bestandener Aufnahmeprüfung entweder an der *École des Beaux-Arts* oder im Atelier eines bekannten Malers zu studieren. Eine beeindruckend umfangreiche Dokumentation in zwei Bänden erzählt Person für Person die Biographien dieser Jugend von 1793 bis 1870. Die Kurzbiographien sind anregend zu lesen, ich habe mich immer wieder in diese zwei Bände vertieft (*Pariser Lehrjahre.* Ein Lexikon zur Ausbildung deutscher Maler in der französischen Hauptstadt (in zwei Bänden).

Was also waren die Hintergründe für diese Entwicklung? Zunächst sollte man an die immense Bedeutung der großen Kunstsalons erinnern, die den Künstlern eine Gelegenheit boten, ihre neusten Werke einer breiten Öffentlichkeit vorzustellen. Die Salons waren nicht nur Zentren der ästhetischen Geschmacksbildung, sie hatten außerdem hohen unterhaltenden Wert. Verkürzt könnte man sagen, dass es sich um frühe Massenattraktionen handelte, die den nicht informierten Betrachtern den ganzen Reichtum jeweils aktueller Bildproduktionen vorführten. Künstler, die mit ihren Werken auf diesen Salons vertreten waren, konnten nicht nur mit staatlichen Auszeichnungen rechnen, sondern auch damit, dass die Werke bald verkauft waren. Denn die Salons zogen neben Betrachtern aus aller Welt viele Kunsthändler und Kunstliebhaber an. Der Salon war dadurch mehr als bloße Ausstellung, er war Markt, Messe und Zentrum der öffentlichen Debatten über Kunst.

Die Auszeichnungen wurden dabei durch eine Jury vergeben, deren Mitglieder oft Mitglieder der *Académie des Beaux-Arts* waren. Ihre Urteilsfindung erfolgte nur selten ganz frei von staatlichen Vorgaben und Wünschen, vielmehr mischten sich staatliche Institutionen immer wieder direkt in die Salonpolitik ein. Beliebt und gefördert wurden zum Beispiel Bilder, deren Bildinhalte sich auf ruhmreiche Ereignisse der französischen Geschichte bezogen. Auch Porträts anerkannter Personen von Politik, Wirtschaft und Kultur standen ebenfalls hoch im Kurs.

Wollten die Künstler auf einem Salon vertreten sein, mussten sie sich mit ihren Werken bewerben. Die Ablehnungsquote war beträchtlich, und abgelehnt wurden auch Werke von Künstlern (wie etwa Edouard Manet), die heute zu den bedeutendsten ihrer Zeit gerechnet werden. Das große staatliche Interesse an Kunst, die jährliche Kontrollarbeit einer Jury, das damit verbundene öffentliche Interesse breiter Bevölkerungsschichten – all diese Faktoren führten dazu, dass der Beruf des Künstlers sehr geachtet war und viele Künstler zu regelrechten Stars des Kulturlebens mutierten und überall gerne gesehen waren.

Studien über ihre Ausbildungswege zeigen in fast allen Fällen, dass solche Erfolge und die Aufnahme von Werken in einen Salon über die *École des Beaux-Arts* führten. Wer hier studierte, hatte schon einen ersten wichtigen Schritt auf den Kunstmarkt zu getan. Ließ man sich durch eine erste oder zweite Ablehnung nicht beeindrucken, so gelang das Vorhaben oft beim dritten Mal, wenn die Künstler ungefähr dreißig Jahre alt waren. Autodidakten dagegen fanden fast ausnahmslos keine Aufnahme in den Salon, und wer beim dritten Versuch scheiterte, zog sich oft zurück und gab seinen Berufswunsch auf. Wer es aber geschafft hatte, konnte nicht nur mit Einnahmen durch den Verkauf seiner Bilder, sondern auch mit zahlreichen Nebeneinkünften (als Porträtist, Illustrator, Graphiker, aber auch als Lehrer für den Nachwuchs) rechnen.

Von einem Leben in Armut oder am Existenzminimum, wie es die typischen Boheme-Darstellungen zeigen, konnte also in diesen Kreisen keine Rede sein. Die anerkannten Maler gehörten zum Besitzbürgertum, wohnten an exponierten Orten, leisteten sich große Ateliers und hinterließen ihren Nachkommen ein beträchtliches Vermögen (ausführlich kann man sich über all das informieren im Buch von Andrée Sfeir-Semler: *Die Maler am Pariser Salon 1791-1880*).

Für das *Quartier Saint-Germain* war und ist die *École* zusammen mit den vielen Galerien, die sie wie ein Mantel umgeben, von großer Bedeutung. Ihr Gelände grenzt an die Seine, der Louvre liegt gegenüber und ist durch eine schmale Brücke, den *Pont des Arts*, direkt zu erreichen. In den nahen Cafés und Restaurants verkehrten neben den Künstlern viele Schriftsteller, die (wie etwa Charles Baudelaire mit seinen tonangebenden und stilbildenden Essays über die Kunst der Moderne) im Verlauf der Kunstsalons an den Debatten über die Bilder mit Artikeln und Essays intensiv teilnahmen.

Was die Maler und Bildhauer an bildlichem Material inszenierten, wurde von den Schriftstellern aber nicht nur reflektiert, sondern war vielfach auch eine Anregung für literarische Texte. Honoré de Balzac etwa porträtierte in vielen Erzählungen (wie der vom »unbekannten Meisterwerk«) nicht nur den Entstehungsprozess von Bildern, sondern vertiefte sich daneben ausführlich in das Leben der Maler. Kunst und Literatur berührten sich in ihrem Interesse für den kompositorischen Akt und all die psychischen und physischen Besonderheiten, die eine künstlerische Existenz prägten.

Der Austausch zwischen den verschiedenen Künsten färbte auf den Austausch mit dem Publikum und den Lesern insgesamt ab. Was dabei entstand, war eine Öffentlichkeit, für die Themen der Ästhetik keine Luxusdebatten waren. Sie stießen vielmehr auf ein breites Interesse und provozierten zum Teil heftige und leidenschaftliche Reaktionen.

Kunst präsentierte sich vor den Augen eines großen Publikums als Spiegel des Lebens, wurde durch literarische Texte erhellt und auf ästhetische Begriffe gebracht, geriet ins öffentliche Gespräch, wurde verhandelt, verkauft und zog in die Pariser Häuser ein, wo sie sehr direkt mit ihren Betrachtern in Berührung kam.

So wurde das *Quartier* von *Saint-Germain* seit dem Ende des achtzehnten Jahrhunderts der ideale Nährboden für Kulturen, die sich primär am Bild und an der Kunst orientierten. Fotografie, Film und vor allem die Mode verstärkten diese Orientierung später und forderten die Schriftsteller heraus, auch die neuen Bildkompositionen dieser Darstellungsmedien zu deuten und zu begleiten.

Viele Türen der großen Ateliers, in denen die Studenten auf dem Gelände der *École des Beaux-Arts* arbeiten, stehen offen. Schaut man neugierig in die Räume, wird man nicht selten gebeten, näher zu kommen. Das Gespräch beginnt und wird fortgesetzt, während die Studenten sich mit ihren Werken beschäftigen. Malerei und Skulptur spielen jetzt eher eine untergeordnete Rolle oder sind eingebettet in Werkzusammenhänge, die von vielen Studenten gemeinsam gestaltet werden.

Ein Zauberwort heißt »Inszenierung« und meint, dass die imaginativen Entwürfe (Bild, Foto, Film, Video) wie in einer theatralischen Szene so miteinander verbunden werden, dass sie einen »Auftritt« in einem bestimmten städtischen, landschaftlichen oder musealen Raum erzeugen. Der mündliche und schriftliche Austausch über die einzelnen Schritte der Arbeit verläuft jetzt über die sozialen Medien. Lehrer, Galeristen und Kritiker stehen mit den Studenten in engem Kontakt und begleiten den Entstehungsprozess der Werke bei fast jedem Schritt. Das Publikum wird früh informiert und beteiligt sich ebenfalls. Die Kommentare kommen aus aller Welt und führen häufig zu Einladungen ins Ausland, wo die neusten Werke in Werkstätten, Galerien, Ausstellungen und auf Messen präsentiert werden. So hat sich der Raum der Debatten immens geweitet und von den früher streng nationalen Themen befreit.

Ich gerate ins Gespräch mit einer jungen Studentin, die mir eine ihrer Arbeiten zeigt. Nach wenigen Minuten sprechen wir über Berlin. Von einem Aufenthalt in dieser Stadt erhofft sie sich starke Anregungen. Warum?! Weil es in Berlin noch viele »verlorene, nicht inszenierte Räume in einem weiten Ambiente« gebe. In Paris sei alles sehr stark definiert und historisch gedeutet, und alles Neue werde bereits kurz nach seiner Entstehung mit dem Bekannten in Verbindung gebracht, verglichen und begrifflich erfasst. Daher fühle sie sich in Paris von den Deutern, Denkern und Kommentatoren gejagt. Sie wolle all diese Menschen abschütteln und hinter sich lassen, des-

DRUON
HUGO

halb habe sie die fixe Idee, im (wie sie auf Deutsch sagt) »Sand von Berlin« graben zu müssen, in einem roheren, gegenwärtigeren, noch nicht tausendmal umgedrehten und geprüften Stoff.

Wir verlassen das Gelände der *École des Beaux-Arts* zusammen, sie will mir ein kleines Bistro in der Nähe zeigen. Daher gehen wir zurück durch die Rue des Beaux-Arts und biegen nach links wieder in die Rue de Seine ein. Das Bistro heißt *Ernest (21 Rue de Seine)* und soll vor Jahrzehnten unter dem Namen *Chez Fraysse* einmal das Lieblingscafé vieler Schriftsteller und Künstler gewesen sein. Damals habe es dort guten Wein aus dem Burgund gegeben, und an der schmalen Theke habe sich der Schriftsteller Robert Giraud ... – nein, ich kenne ihn nicht, ich habe nie von ihm gehört – fast jeden Tag aufgehalten und später die Gespräche mit anderen Gästen in einem der schönsten Parisbücher über das Paris der fünfziger Jahre verewigt: *Le Vin des rues...*, nein, leider nicht ins Deutsche übersetzt.

Von Robert Giraud, dem Freund, und von den Atmosphären im alten *Chez Fraysse* hat der Fotograf Robert Doisneau in einem seiner Essays erzählt: *Bei Albert Fraysse in der Rue de Seine. Betrachten wir unsere Zeitgenossen in ihren kleinen Autos: Sie sitzen allein in ihrem rollenden Aquarium. Um zu erfahren, was der Nachbar denkt, müssen sie die Umfrageergebnisse konsultieren. In der Nähe des Tresens zirkulieren die Informationen, die Meinungen reiben sich aneinander, und dort entstehen auch die genialen Argot-Trouvaillen, die dem Widersprechenden den Mund stopfen ... Und dann war ich sicher, dort Freund Robert Giraud an seinem angestammten Platz zu finden. Ein Kater auf Kreppsohlen, so wartete er dort, um zu später Stunde, wenn brave Bürger unter die Decke kriechen, loszulegen. An den Tresen gelehnt, erzählte er für eine Handvoll treuer Zuhörer von den Begegnungen seiner Nächte in den Hallen, in Maubert oder Mouffetard. Er erzählte so spannend, dass Albert Fraysse als sparsamer Aveyronnais, der er war, über diese Verschwendung empört war. Eines Abends konnte er nicht mehr an sich halten: ›Herrgott noch mal, Bob, du müsstest unbedingt schreiben. Komm in die Küche, ich muss mit dir reden.‹ So geschah es, dass unser Bob dank dem guten Albert auf die Île de Bréhat geschickt wurde und* Le Vin des rues *schrieb.* (Robert Doisneau: *Gestohlene Blicke*, S. 105/106)

Über Robert Doisneau (1912-1994) spricht Arlette, die junge Pariser *École*-Schülerin, mit großer Begeisterung. Viele Studenten seien momentan als Streetfotografen in den Straßen von Paris unterwegs, und ihr Meister sei Doisneau, der sein berühmtestes Foto (*Der Kuss*), wie man heute genauer wisse, allerdings keineswegs zufällig »geschossen«, sondern sorgfältig »inszeniert« habe. Paris sei die Heimat und der Ursprung der Streetfotografie und der Fotograf Eugène Atget (1857-1927) ihr erster Meister gewesen.

Zwei Fotografien von Atget habe sie in ihrer Wohnung hängen, eines zeige die Ecke einer kleinen Küche und das andere das Atelier Atgets (Anne Cartier-Bresson: *Dans l'atelier du photographe*). Der habe als einer der Ersten begriffen, dass alles, auch der Alltag, »Inszenierung« sei. Er habe die Pariser Details auf den Straßen und in den Gesichtern der Menschen aufgespürt, bereits frühmorgens habe er sich in seinem schwarzen Überzieher und mit einem alten Hut auf den Weg gemacht, kaum jemand habe diesem gebückt gehenden, sein schweres Gerät (Kamera, Stativ, Glasplatten) mit sich schleppenden Mann angesehen, dass er auf der Suche nach »den großen Momenten des Lebens« gewesen sei.

Das Bistro *Ernest* ist ein schmaler, dunkler Schlauch, der entlang des Tresens bis weit hinein in den unteren Stock des Gebäudes verläuft. Zur Linken reihen sich die obligatorischen Spiegel aneinander, darunter ein Bord, auf dem Kunst- und Fotografiezeitschriften sowie die neusten Bücher zu Themen der Kunst ausliegen. Die Gäste bevölkern noch heute den Tresen oder ziehen sich in einen Essraum im hinteren Teil zurück. Die beiden jungen Besitzer haben Freude daran, die Gespräche anzuheizen und zu begleiten, und jeden Tag notieren sie mit Kreide auf einer Tafel die ausgesprochen guten Gerichte, die man auch an den kleinen Holztischen im Vorraum essen kann.

Arlette kommt beinahe jeden Tag hierher. Sie trinkt meist ein Glas belgisches Bier, raucht vor der Tür eine Zigarette und blättert in den neusten Zeitschriften. Als sich das *Ernest* immer mehr füllt, schlägt sie vor, noch einige Schritte die *Rue de Seine* bis zu deren Ende zu gehen. Dort gebe es einen kleinen *Square* (sie meint den *Square Gabriel Pierné*), wo wir uns ungestörter unterhalten könnten. Und außerdem gebe es direkt gegenüber diesem *Square* eine Agentur, von der sie als Streetfotografin und Inszenierungsartistin begeistert sei.

Wir verlassen das *Ernest*, bis zum *Square Gabriel Pierné* sind es nur ein paar Schritte. Was ist ein *Square*? Arlette hält einen solch kleinen, von einem dunkelgrünen Eisenzaun gerahmten Platz für eine typische Pariser Inszenierung der Stille. Hierher kommen die Menschen meist allein oder höchstens zu zweit, um sich auf den Bänken für kurze Zeit zu verlieren. Nichts tun, hören, lauschen, meditieren – der *Square* sei kein Raum der Arbeit oder der Debatten, sondern eine Insel.

Und jede dieser Inseln sei auf eigene Weise gestaltet und jeweils einer Person gewidmet. In diesem Fall Gabriel Pierné, einem Komponisten (1863-1937). »Wäre es nicht schön, jetzt ein Stück von ihm zu hören, genau hier, zum Beispiel seine *Berceuse* für Violine und Klavier? Die gibt es übrigens wirklich, ich habe sie mir einmal angehört. Natürlich würde man den Ton hier nicht laut aufdrehen, sondern Kopfhörer benutzen, und das auch nicht hier, in der Mitte des *Square*, sondern dort drüben am Rand, in der Nähe der Bäume.«

Die Besonderheit des *Square Gabriel Pierné* sind die schlichten Steinbänke ohne Lehnen, von denen einige sogar wie aufgeklappte dicke Bücher mit Seiten »inszeniert« sind. Die Skulptur eines unbekleideten Mädchens steht auf einem Sockel, und die Wege sind hellgrau gepflastert, während die Bereiche der Bänke sandfarben leuchten. Das alles ergibt ein zurückhaltendes Ensemble von kleinen Verweisen, die sich auf die nähere Umgebung beziehen. Die Skulptur verweist auf die *École des Beaux-Arts*, und die aufgeschlagenen Buchseiten stehen in Verbindung mit dem *Institut de France*, das sich im Rückraum des *Square* befindet. Die Bäume am Rand, vor einer Mauer, wirken wie eine dunkle Waldkulisse, in die man sich zurückziehen könnte.

So erscheint ein *Square* wie ein offenes Angebot von unterschiedlichen Sitzanordnungen, von denen jede einzelne eine andere Stimmung anklingen lässt. Je nachdem wo sich der Spaziergänger platziert, wird er von bestimmten Elementen dieses geschlossenen Raums berührt und angesprochen. Man könnte behaupten: Ein *Square*, mitten im Pariser Großstadtverkehr, ist eine minimalistische Kreuzung aus Garten, Park und offener Landschaft. Er operiert mit Motiven der Idylle, aber er gibt jederzeit zu erkennen, dass diese Idylle ein Spiel ist und sich einer bewussten, künstlichen Konstruktion verdankt.

Wir sprechen noch einmal über Robert Doisneau. Arlette hat gerade einen Film über diesen von ihr geliebten Fotografen gesehen, der von seiner Enkelin (Clémentine Deroudille) gedreht wurde (*Robert Doisneau – Das Auge von Paris*). Er zeige Doisneau bei seiner Arbeit, er bringe Interviews mit Freunden und Wegbegleitern, und er sei vor allem eine *Hommage* an einzelne fotografierte Personen.

Zusammen mit seinem Freund Robert Giraud, jetzt kenne ich den Namen!, sei Doisneau oft tagelang durch die Straßen von Paris gezogen, um eher durch Zufall bestimmten Charakteren oder Typen zu begegnen. Manchmal hätten die beiden ihre möglichen Objekte auch mehrere Stunden lang verfolgt und begleitet. Doisneau habe fotografiert, und Giraud habe sich notiert, was er über sie in Erfahrung gebracht habe. Streetfotografie als große Erzählung, Foto und Text als zwei Momente einer »Aufnahme des Lebens«!

Einige Wochen nach diesem Gespräch bin ich solchen Hinweisen, die mich geradezu elektrisierten, gefolgt. Ich selbst habe nämlich einmal ganz ähnlich gearbeitet, allerdings in Personalunion von Fotograf und Schriftsteller, indem ich Fotos von Menschen machte, die mir begegneten, und später Texte zu diesen Fotos schrieb. Leider wagte ich es nicht, meine lebenden Objekte anzusprechen und erfuhr daher auch nichts über ihr Leben – ich war auf Vermutungen angewiesen.

Zu zweit unterwegs zu sein, das wäre die naheliegende Lösung gewesen, die mir nicht eingefallen war. Ich hätte einen redegewandten Begleiter gebraucht, jemanden, der gerne und leicht mit Menschen ins Gespräch kam. Als ich das endlich begriff, wusste ich sofort, wer dieser ideale Begleiter gewesen wäre (oder sein könnte), es handelte sich um einen alten Freund aus den Schultagen, der inzwischen als Journalist arbeitet. Und so nahm ich mir vor, mit ihm zusammen in baldiger Zukunft an einer Serie von Personenporträts zu arbeiten.

Robert Doisneau und Robert Giraud hatten es längst vorgemacht. Ich suchte nach solchen Fotografien Doisneaus, und ich fand wirklich Texte, die Robert Giraud dazu geschrieben hatte. Ein Foto zeigte zum Beispiel Maurice Duval, den Maler und Lumpensammler, wie er gerade eine Leinwand in der Seine abspülte. Robert Giraud hatte die Geschichte dieses Mannes notiert: *Wenn alle Welt noch schläft, ist Maurice Duval schon bei der Arbeit. In den Mülltonnen der Rue des Beaux-Arts sucht er nicht nur nach Dingen, von denen er leben kann, sondern auch nach Material für seine Malerei … Am Nachmittag malt er am Seineufer. Manchmal macht ein überraschter Student halt. Am Abend dann spült er das Wachstuch gründlich ab, morgen wird es trocken sein und wieder als Malgrundlage dienen.* (Robert Doisneau: *Mein Paris*, S. 244)

Eine andere Fotografie zeigt Jean Savary, den letzten Bohemien, auf einem selbst gebastelten quadratischen Ein-Personen-Schiff auf der Seine. Dazu Giraud: *Seit Jean Savary der Gesellschaft vollkommen den Rücken gekehrt hat, lebt er so, wie es ihm gefällt … Seine Nachmittage verbringt er entweder in einer Bibliothek, um zu lesen, oder mit Bildhauerei. Mit Hammer und Meißel bewaffnet, begibt er sich jeden Morgen an den Quai de la Tournelle, wo die Lastkähne tonnenweise Kalkstein anliefern. Vor Ort wählt er Steinblöcke aus, richtet sie rasch grob zu und transportiert sie anschließend nach Hause, um sie weiter zu bearbeiten. Sonntags präsentiert er seine Werke auf dem Gehweg des Boulevard Saint-Michel vor dem Lycée Louis le Grand. Das ist der einzige Ort, an dem man sich ein wenig mit ihm unterhalten kann …* (Robert Doisneau: *Mein Paris*, S. 242)

Arlette und ich verlassen den *Square Gabriel Pierné*, schräg gegenüber befindet sich die Agentur *Roger-Viollet* (*6 Rue de Seine*), in deren Räumen sich die größte und bedeutendste Sammlung von Paris-Fotografien befindet. Wir gehen hinein und erhalten auf Bitten meiner Begleitung eine kurze Führung. Die Wände der hohen Räume sind mit dunkelgrünen Ordnern gefüllt, in denen sich Fotografien von Pariser Straßen, Plätzen und Gebäuden von der Frühzeit der Fotografie im neunzehnten Jahrhundert bis in die Gegenwart befinden.

Bereits 1938 wurde die Agentur von Hélène Roger-Viollet und ihrem Mann Jean-Victor Fischer (beide passionierte Fotoliebhaber) an dieser Stelle gegründet und in den folgenden Jahrzehnten ausgebaut. Zum Zeitpunkt ihres Todes (1985) umfasste sie mehr als vier Millionen Negative und zwei Millionen Positive und gehörte damit zu den größten fotografischen Sammlungen in Europa.

Wir lassen uns alte Fotos von Eugène Atget zeigen. Sie sind rasch auf einem Bildschirm abrufbar, wir erkennen die *Rue de Seine* (in der wir uns gerade befinden) auf einer Atget-Aufnahme aus dem Jahr 1911, und kaum eine Minute später liegt uns ein Abzug dieses Bildes vor.

Nicht nur Journalisten, Texter oder Liebhaber alter Fotografien kommen in die Agentur, sondern auch Stadthistoriker, die Aufnahmen für ihre Bücher und Dokumentationen suchen. *Roger-Viollet* ist in Paris die zentrale Adresse für den fotografischen Part der Stadtgeschichte, und wenn man an den kleinen Tischen der Agentur Platz nimmt, stellt sich schon bald die Versuchung ein, einige Stunden zu bleiben und Fotografien des alten Paris so zusammenzustellen, dass sich eine jeweils eigene Geschichte oder Erzählung aus dieser Folge entwickeln ließe.

Draußen, auf der *Rue de Seine*, erzähle ich Arlette davon, wie sich während meines Gangs gerade ein Detail auf erstaunliche Weise an das andere fügt. Vom Künstlercafé *La Palette* bin ich in die *École des Beaux-Arts* geraten und habe deren besonderen Rang und ihre herausragende Bedeutung für die europäischen Kunstszenen (und damit für die Terrains *links der Seine*) erkannt. Zufällig bin ich dabei einer jungen Inszenierungskünstlerin begegnet, die all diese Perspektiven um die Fotografie erweiterte. Mit ihrer Hilfe bin ich wie von selbst Robert Doisneau und seinem Freund Robert Giraud im *Ernest* begegnet, und von dort bin ich über den *Square Gabriel Pierné* in die bedeutendste Foto-Agentur von Paris geraten. »Und das alles, ohne dass ich es geplant hätte!«, sage ich und frage, wie ich diese gelungene Tour fortsetzen könnte.

Arlette kann mich natürlich nicht ewig begleiten, wir tauschen Adressen und Telefonnummern aus und nehmen uns eine Begegnung ein paar Monate später in Berlin vor. Vorschläge, wie ich meine Tour fortsetzen und meine Themen erweitern könnte, hat sie aber durchaus noch. Zwei legendäre Ateliers großer Künstler soll ich ansteuern, das von Pablo Picasso und danach das von Eugène Delacroix, dann wäre meine Tour geradezu perfekt. Wir machen noch einige Schritte zusammen und biegen nach rechts, in die *Rue Mazarine*, ein. Dort möchte meine Begleiterin noch einen *Café crème* mit mir trinken.

Rue Mazarine

Die völlig gerade, lang gestreckte und stets etwas dunkle *Rue Mazarine* führt von der Seine aus wieder zurück zum alten *Carrefour de Buci*, wo (wie ich bereits weiß) vier der ältesten Straßen von *Saint-Germain* aufeinandertreffen. Schon im siebzehnten Jahrhundert war es eine Straße der Vergnügungen, hier hatte die Schauspieltruppe um den jungen Molière eines ihrer ersten *Quartiere*, und hier gab es Etablissements, in denen die neusten Chansons und Lieder zu hören waren. Schauspieler, Sänger und Maler wohnten hier.

Noch heute ist die *Rue Mazarine* eine Straße von Vergnügungslokalen, Cocktail-Bars und Wettbüros, und manche Spaziergänger erinnern sich gut daran, dass im Haus Nr. 62 das berühmte *Alcazar*, ein Kabarett und Revuetheater, untergebracht war. Sechshundert Zuschauer sollen hier einmal die nächtlichen Vorführungen besucht, und siebzig Sänger und Stars sollen auf einem relativ kleinen Podium drei Stunden lang ununterbrochen ihr Bestes gegeben haben.

Das ist längst vorbei, das *Alcazar* ist heute ein nobles Restaurant, das einem britischen Investor und Hotelbesitzer gehört. Die Restauranträume befinden sich im großzügig und luftig eingerichteten Erdgeschoss, und im Obergeschoss gibt es eine elegante Bar sowie Räume, die für private Feste gemietet werden können.

Ins *Alcazar* möchte meine Begleitung nicht, sie kennt es, aber ihr genügt es, dort einmal abends gegessen zu haben. Ihr Ziel ist vielmehr das *Goût de brioche*. Normalerweise wäre ich an diesem unauffälligen kleinen Laden vielleicht vorbeigegangen, Arlette aber erklärt mir, warum das ein Fehler gewesen wäre. Das *Goût de brioche* gehört nämlich einem der besten Köche von Paris, Guy Savoy (geb. 1953). Ganz in der Nähe, am Seineufer, befindet sich im großen Gebäudekomplex der alten staatlichen Münzprägeanstalt (*Monnaie de Paris*) sein mit mehreren Michelin-Sternen ausgezeichnetes Restaurant.

Guy Savoy wünschte sich neben diesem Feinschmeckertempel einen Laden, in dem man gut frühstücken und die besten Croissants und Brioches der Stadt (mit sehr unterschiedlichen Füllungen, mal gezuckert, mal salzig) essen kann. Der besondere Clou besteht darin, dass Guy Savoy dort häufig auch genau jene Desserts anbietet, die es sonst nur in seinem Nobelrestaurant gibt.

Arlette liebt gute Desserts über alles. Mindestens einmal am Tag erlaubt sie sich eine solche Überraschung, und es würde ihr nichts ausmachen, die Ernährung eines Tages ganz ohne Hauptmahlzeit, sondern nur mit guten Desserts zu bestreiten.

Längst ahnt sie, dass ich mit Büchern zu tun habe, was genau, verrate ich nicht. Anscheinend macht mir Lesen große Freude, und anscheinend lese ich täglich viel: Zeitungen, Zeitschriften, Bücher, einfach alles Geschriebene, was ich in die Finger bekomme. Schreibe ich aber auch selbst? Verfasse ich Artikel oder schreibe ich am Ende sogar Bücher? Sie hat einen starken Verdacht, aber ich lasse diesen Verdacht auf sich beruhen.

Warum erkundigt sie sich aber danach? Was spielt da hinein?

Wir essen zwei oder drei der kleinen Brioches, die mit den unterschiedlichsten Aromen (Orange, Kirsche, Schokolade) gefüllt sind, und wir trinken dazu starken Café und etwas Wasser, um den süßen Geschmack kurz zu töten und die Zunge für die nächste Überwältigung zu präparieren. Ich bin begeistert und sage das auch, und ich sage das wohl so hymnisch, dass meine Begleitung jetzt fest von meinem zumindest latenten Literatentum überzeugt ist. Es könnte sein, dass ich ein Schriftsteller bin, und zwar einfach deshalb, weil ich gerade wie einer rede: Enthusiastisch! Euphorisch!

Ich verrate weiter nichts, aber ich widerspreche auch nicht. Schließlich spricht meine Begleitung das Thema noch direkter an, und ich begreife, dass es um Bücher geht. Guy Savoy ist in den Augen von Arlette nämlich nicht nur ein Koch, sondern die Hauptfigur eines kulinarischen Dramas. Geschrieben hat es der Psychoanalytiker François Ladame (*Un psychanalyste chez Guy Savoy*), und es besteht in der psychoanalytisch gedeuteten Erzählung eines langen Menus, das aus der Küche von Guy Savoy kommt und von ihm zelebriert wird.

Dieses Buch, so Arlette, müsse ich unbedingt lesen, es sei eine der klügsten und aktuellsten Deutungen des kulinarischen Eros. Guy Savoy sei genau die richtige Person, um eine solche Leidenschaft bei seinen Gästen zu entfachen, sie kenne ihn übrigens persönlich, es handle sich bei ihm nicht zuletzt um ein Genie der Konversation, das eine Menufolge auch selbst unglaublich klug zu deuten verstehe. Im Grunde sei er ein Gastrosoph und damit ein Mann, der Philosophie und Kochkunst miteinander verbinde. Theorie und Praxis – und beides auf höchstem Niveau! Das gebe es nur ganz selten!

Ich bin von diesen Empfehlungen so angetan, dass ich Arlette nun doch um eine weitere Begegnung bitte. Was genau ist ein »Genie der Konversation«? Worin besteht das Geniale? Und ist »Konversation« nicht eine durch und durch Pariser Praxis des gesellschaftlichen Umgangs, wie man sie nirgendwo sonst findet? Darüber möchte ich gern noch ausführlicher mit Arlette sprechen. Sie zögert kurz, ist dann aber einverstanden. Und wo sollen wir uns treffen? Ich schlage das Café *Les Deux Magots* vor, wahrhaftig kein origineller Einfall, aber doch ein Ort, wo alle nur denkbaren Formen der »Konversation« seit Jahrzehnten betrieben und durchgespielt werden. Also gut, treffen wir uns dort. Wir verabreden eine Zeit und planen, uns im *Les Deux Magots* keineswegs draußen, auf der Terrasse, sondern drinnen aufzuhalten.

Zum Abschied werde ich noch auf ein weiteres Buch aufmerksam gemacht, das ich »unbedingt« lesen soll. Im *Goût de Brioche* kann ich es sogar sofort erwerben. Es stammt von Guy Savoy selbst und enthält nicht nur seine Dessertrezepte, sondern darüber hinaus – nach Jahreszeiten gegliedert – seine »Theorien des Desserts« (Guy Savoy: *Desserts. Comme à la maison, comme au restaurant*).

Dann aber »adieu – und bis bald!« – ich setze meine kleine Tour alleine fort. Wenige Meter vor dem *Carrefour de Buci* treffe ich auf eine der besten Buchhandlungen des *Quartiers*, die *Librairie Mazarine.* Sie ist im Erdgeschoss eines alten Gebäudes aus dem siebzehnten Jahrhundert untergebracht, es gibt sie seit 1946. Ihren heutigen Rang erhielt sie seit 2005 durch den Buchhändler Pierre Durieu, der sie neu gestaltet und konzipiert hat.

Dass es sich um eine Buchhandlung aus dem Geist und nach dem Geschmack eines einzigen passionierten Lesers handelt, erkennt man auf den ersten Blick. Hier liegen die neuen Bücher einer Saison nicht lieblos in Stapeln, deren höchste die Bestseller sind. Die themenverwandten liegen vielmehr eng nebeneinander, und die belletristischen berühren sich mit solchen, die Themen der modernen Kunst oder Fotografie und Film behandeln. Lange Zeit hat Pierre Durieu Buchhandlungen großer Pariser Museen (wie etwa die des *Palais Tokyo*) geleitet, daher ist die *Librairie Mazarine* auf Gegenwartskunst spezialisiert. Ausstellungen, Lesungen und Vorträge finden das ganze Jahr über statt, und wer antiquarische Bücher zu Kunstthemen sucht, könnte ebenfalls fündig werden.

Rue Saint-André des Arts / Rue des Grands Augustins

Am *Carrefour de Buci* biege ich später nach links in die *Rue Saint-André des Arts* ab, im siebzehnten und achtzehnten Jahrhundert war es einmal die Straße der schönen, alten Hotels. Gegenüber dem traditionsreichen *Lycée Fénelon* (über tausend Schülerinnen und Schülern besuchen es, und der Anteil der Schülerinnen ist besonders hoch) treffe ich auf ein Restaurant, das mich schon beim ersten Anblick für sich einnimmt.

Es ist das Restaurant *Allard*, in dem, wie ich später erfahre, seit über achtzig Jahren nach klassischen burgundischen Rezepten gekocht wird. In ihm geht es nicht um gastronomische Experimente in der Art von Guy Savoy, sondern darum, den »Geschmack von früher«, den alter Tage also, wiederzufinden und neu zu entdecken. Seine Front aus dunkelbraunem Holz steht für diese Idee, und als ich einen kurzen Blick durch ein Fenster werfe, erkenne ich Räume, die den Charakter von Wohnräumen nicht verleugnen. Weiße Tischdecken, bequeme (nicht zu kleine) Holzstühle, Tapeten mit unaufdringlichen Blumenmustern. Das *Allard* scheint kein exaltierter Gourmettempel zu sein, sondern ein Restaurant, das den traditionellen Stil guter Bistros zitiert (und leicht überbietet).

Woher aber kenne ich seinen Namen? Ich komme nicht drauf

und setze meine Wege zunächst fort, indem ich nach links, in die stille *Rue des Grands Augustins* einbiege. Sie führt hinunter zur Seine, und in ihr werde ich auf jenes Atelier stoßen, in dem Pablo Picasso von 1937 bis 1955 arbeitete. Es befindet sich genau in der *7 Rue des Grands Augustins*, also jenem Gebäudekomplex, wo Honoré de Balzac seine Erzählung *Le Chef-d'oeuvre inconnu* (*Das unbekannte Meisterwerk*) spielen ließ. Picasso hat Szenen dieser Erzählung illustriert, so sehr haben ihn wohl ihre Motive angesprochen.

Sie handelt von einem bereits älteren Maler, der jahrelang an einem Bild arbeitet, das er als sein Haupt- und Meisterwerk versteht. Niemandem gönnt er während dieser Arbeit einen Blick auf das Gemälde, und als er es nach langem Zögern endlich Freunden vorstellt, müssen sie erkennen, dass es von einem anscheinend Wahnsinnigen gemalt wurde. Es besteht nur aus unzusammenhängenden Strichen, chaotischen Zeichen und hingetuschten Farben, so dass sich die Betrachter fassungslos und entsetzt abwenden.

Es war ein guter Vorschlag, sich dem Atelier Picassos zu nähern, denn im Raum der *Rue des Grands Augustins* laufen viele der Fäden zusammen, denen ich zuletzt nachgegangen bin. Picassos Atelier war ein wichtiger Anziehungspunkt für viele Künstler, Schriftsteller und Fotografen, die sich mit dem Meister nicht nur in seinen Arbeitsräumen, sondern gleich nebenan (*25 Rue des Grands Augustins*) im Restaurant *Le Catalan* und in der späteren Bar *Le Catalan* (*16 Rue des Grands Augustin*) trafen.

Berühmt sind die vielen Berichte von der ersten Begegnung mit Picasso, so zum Beispiel die Erzählung Robert Doisneaus, der im September 1952 bei ihm angemeldet war, dem es zunächst aber nicht gelang, sich Zutritt zu verschaffen: *Eine weitere Klingel. Wieder nichts. Ich gehe um das Haus herum. Eine kleine dreistufige Vortreppe. Gesprächsfetzen. Ich stoße die Tür auf: Der Mann, dessen Name Synonym für Malerei ist, sitzt mit Françoise Gilot gemütlich am Frühstückstisch. Ein Genie in der Küche! Es verschlug mir die Sprache. Da rief er mir seine erste Botschaft zu: ›Sie trinken doch ein Bier, oder?‹ Auf dem Tisch lagen zwei Brötchen, geformt wie Hände: ›Schauen Sie, eine Bäckeridee, sie haben bloß vier Finger. Daher nennt er sie* petits picassos.‹ *Er war offenbar in bester Stimmung, also wagte ich, je ein Brötchen links und rechts neben seinen Teller zu legen. Und prompt legte er die Unterarme auf den Tisch mit den Brötchen als Verlängerung: Genau das hatte ich gehofft! Mit Picasso zu arbeiten war ein Vergnügen; man brauchte ihm bloß einen Gegenstand zu reichen, und er improvisierte augenblicklich einen Pas-de-deux. Ein Tuch, ein Palmenzweig aus dem in den Ateliers herumliegenden Sammelsurium, und schon stand ein Torero oder ein Pharao vor dir.* (Robert Doisneau: *Gestohlene Blicke*, S. 122)

Die ausführlichsten Erzählungen über Picassos Wirken in seinem Atelier nahe der Seine verdanken wir jedoch dem Fotografen Brassaï (1899-1984), der sie in einem Buch mit dem Titel *Gespräche mit Picasso* zusammengefasst hat. Brassaï war lange Zeit der wichtigste Partner des Künstlers, er fotografierte dessen neuste Arbeiten und machte auch viele Aufnahmen von den Atelierräumen und ihrem Inventar.

Detailliert hat er die Ankunft in dem großen Gebäude und die schrittweise Annäherung an die oberen Etagen (die Szene spielt Anfang der vierziger Jahre) beschrieben: *Ich komme also in der Rue des Grands Augustins 7 an; ich bin glücklich, Picasso in seiner neuen Behausung wiederzusehen. Seit meinem letzten Besuch hat sich vieles verändert: der Haupteingang ist verstellt, man muss jetzt zum ›Dachboden‹ eine enge Wendeltreppe hinaufklettern, deren Dunkel-*

heit und deren abgetretene, wacklige Stufen an die Türme von Notre-Dame erinnern. Man steigt und steigt, kommt am Eingang zum ›Gerichtsvollzieher-Verband‹ – dem Besitzer des Gebäudes – vorbei und steigt so lange weiter, bis ein riesengroßes, von Picasso auf ein Stück Pappe geschriebenes HIER auf einen Klingelknopf weist. Marcel, der Chauffeur, öffnet die Tür. Schon seit langer Zeit ist er Picassos ›Mann für alles‹ und auch sein Vertrauter. Er zieht die Leinwände auf, richtet Rahmen, bereitet Kisten vor, packt ein, packt aus und verschickt … Zwischen den im kleinen Eingang stehenden Grünpflanzen hindurch gehe ich in den Empfangsraum, in dem Ecken und Winkel, Stühle und Tisch mit Büchern, Katalogen, Briefen und Fotos überhäuft sind … Bei jedem Posteingang wachsen die Stalagmiten … Durch die zum Atelier hin sich öffnende Tür sieht man als erstes ein Bild von Matisse: ein großes Stilleben mit Orangen und Bananen, das aus der Zeit vor dem Ersten Weltkrieg stammt. Gleich daneben hängt ein kleiner Rousseau: die ›Allée du Parc Montsouris‹, *mit ihren hohen Pappeln und ihren winzigen, schwarzgekleideten Figuren…Ich gehe hinein.* (Brassaï: *Gespräche mit Picasso*, S. 44)

Liest man solche Passagen, denkt man an einen König, der Hof hält. Man steigt zu ihm hinauf, man betätigt die Klingel, die Hilfskräfte öffnen und führen einen in die heiligen Räume. Langsam nähert man sich dem Zentrum der Hofgesellschaft, dem Monarchen selbst, der zum Glück meist gut gelaunt und ein Komödiant von hohen Gnaden ist. Er tritt auf, er zeigt sich, er wirkt anziehend und ist geistreich, schließlich nimmt er einen auf in seine Gemeinschaft. Man darf ihn fotografieren oder ihm Gesellschaft leisten, man erhält vielleicht irgendwann sogar einen Orden. Wenn man großes Glück hat, spielt man endlich eine Rolle bei Hof, wird Zeremonienmeister oder verkündet das Lob des Königs einfach überall dort, wo man selbst auftritt.

Seit den vierziger Jahren entsteht in der *Rue des Grands Augustins* auf nur wenigen Metern eines der wichtigsten Zentren des geselligen Lebens von *Saint-Germain*. Picassos Atelier (zu dem später noch eine Wohnung gehörte) war der Mittelpunkt dieses Zentrums. Seine Feste wurden im Restaurant und in der Bar *Le Catalan* gefeiert. Und schließlich wohnte direkt um die Ecke, am *Quai des Grands Augustins*, noch der Schriftsteller und Ethnologe Michel Leiris (1901-1990) mit seiner Frau Zette (1902-1988), in deren großer Wohnung mit Blick auf die Seine die Freundschaftskreise sich ebenfalls häufig trafen, Musik machten oder Theaterstücke (wie etwa Picassos Stück *Wie man Wünsche beim Schwanz packt*) aufführten.

Wieder ist also eine für das linke Seine-Ufer und *Saint-Germain* typische Konstellation zu beobachten. Diesmal setzt die Kunst in der Gestalt Pablo Picassos die Akzente, weitere Künstler (wie Georges Braque oder Max Jacob) schließen sich an, Schriftsteller (wie Albert Camus, Jean-Paul Sartre, Raymond Queneau, Jean Cocteau und Henri Michaux) kommen hinzu, Philosophen (wie Jacques Lacan oder Georges Bataille) beteiligen sich, der Verleger Gaston Gallimard begleitet die Treffen seiner Autoren, und Fotografen wie Brassaï machen von diesen Treffen jene ikonischen Schwarz-Weiß-Fotografien, die auf unverwechselbare Weise die Legenden und Atmosphären dieser Jahre festhalten.

Schaut man sich heute solche Fotografien an, glaubt man Menschen zu sehen, die schon zum Zeitpunkt der jeweiligen Fotografie von ihrer historischen Bedeutung überzeugt waren. Sie erscheinen weder skeptisch noch zurückhaltend, sondern am ehesten wie Mitglieder einer Schauspieltruppe, die genau ahnt, dass die Welt sich einmal mit ihren Taten und Hervorbringungen beschäftigen wird. Obwohl man sich doch mitten im Zweiten Weltkrieg befindet, strahlen diese Bilder etwas Kraftvolles, Heiteres, beinahe Sorgloses aus, als seien sich alle sicher, den Katastrophen ringsum bald entkommen zu sein.

Jean-Paul Sartres Lebensgefährtin Simone de Beauvoir hat in Form ihrer mehrbändigen Memoiren die weit ausholende, penible Chronik dieser Zirkel und Kreise geschrieben (ich komme auf diese sehr besondere Schriftstellerin noch ausführlicher zurück). Kaum ein Detail ist ihr entgangen, und sie erinnert sich so lebendig, dass es ein Vergnügen ist, diese niemals betulichen, sondern trotz ihres beträchtlichen Umfangs sogar eher temporeich wirkenden Chroniken und Geschichten zu lesen.

Von den »Grüppchen«, die sich während der Jahre des Zweiten Weltkriegs in den verschiedensten Konstellationen *links der Seine* treffen, ist darin viel die Rede. Abends bevölkern sie das *Café de Flore*, tagsüber laden sie sich in ihre Wohnungen oder Hotelzimmer ein. Im Zimmer von Simone de Beauvoir haben acht Personen Platz, man rückt eng zusammen, es gibt Bohneneintopf und *Bœuf à la Mode*, und es ist immer genug Wein vorhanden – kein guter, wie Camus bemerkt, dafür aber ausreichend, *die Menge macht es*.

Mitten in diese Berichte und Schilderungen hinein platziert Simone de Beauvoir immer wieder zusammenfassende, hoffnungsvoll leuchtende Passagen, die den »Geist der Zeit« wunderbar klar und konkret fixieren: *Diese Zusammenkünfte beschäftigten uns sehr, und wir maßen ihnen einen Wert bei, den die Ähnlichkeit unserer Neigungen, unserer Ansichten und unserer Interessen nur unzulänglich erklärt; sie bezogen ihn vor allem aus der praktischen Solidarität, die uns verband. Wir hörten BBC, wir informierten uns gegenseitig über die Nachrichten, wir kommentierten sie. Zusam-*

men freuten wir uns, beruhigten wir uns, empörten wir uns, haßten wir, hofften wir. Wenn wir auch nur über das Wetter sprachen, schwang ein Unterton mit, in dem unsere Hoffnungen und Befürchtungen anklangen. Wir brauchten nur beisammen zu sein, und schon fühlten wir uns einig und stark. Wir versprachen uns, für immer einen Bund zu schließen gegen die Systeme, die Ideen, die Menschen, die wir verurteilten. Die Stunde ihrer Niederlage würde kommen. Dann würde die Zukunft wieder offenstehen, und es wäre an uns, sie vielleicht politisch, bestimmt aber geistig zu formen. Wir sollten der Nachkriegszeit eine Ideologie liefern. Wir hatten klare Vorstellungen. Gallimard war gerade dabei, im Rahmen seiner Enzyklopädie einen Band über die Philosophie herauszubringen. Wir beabsichtigten, den ethischen Teil zu übernehmen. Camus, Merleau-Ponty, Sartre und ich wollten ein Gruppenmanifest verfassen. Sartre war entschlossen, eine Zeitschrift zu gründen, die wir alle zusammen leiten würden. Wir waren an das Ende der Nacht gelangt, der Tag dämmerte herauf. Seite an Seite wollten wir einen neuen Anlauf nehmen. (Simone de Beauvoir: *In den besten Jahren*, S. 480/481)

So erscheinen diese Begegnungen bereits wie Vorstufen der vom Existentialismus geprägten Nachkriegsjahre. Mit all ihrem Schwung und ihrer nicht zu erschütternden Lebenslust klammern sich die geselligen Zirkel und Kreise an ein starkes Lebenselixier, das die Stadt Paris wie keine andere für ihre Bewohner und Gäste bereithält. Es wirkt wie ein Tage und Nächte lang andauerndes Fieber mit festlichen, emphatischen Zügen.

Dieses festliche Moment entsteht oft wider alle Vernunft, und es hat mit den sonst typischen festlichen Stimmungen bei besonderen Gelegenheiten rein gar nichts zu tun. Eher entsteht es durch ein stark solidarisches Empfinden und eine stark empfundene Nähe der Menschen zueinander sowie durch ein ekstatisches Gefühl von Freiheit. Bricht dieses Empfinden sich Bahn, ist alles möglich, und die unterschiedlichsten Temperamente erleben einen Überschwang und eine Euphorie, die Grenzen ignoriert und verabscheut.

Der freiheitstrunkene, grenzüberschreitende *Élan vital* ist eine der stärksten Kräfte und eines der tiefsten Geheimnisse des Pariser Lebens. In den letzten Jahrhunderten immer wieder aufs Neue inszeniert, hat er ein stark revolutionäres und anarchisches Moment. Er zeigt sich in den Debatten der aufklärerischen Philosophen ebenso wie in denen der Revolutionäre, und er ist selbst in den süchtig nach libidinöser Emphase gierenden Gedichten Baudelaires, Rimbauds oder Apollinaires extrem spürbar. Nirgends wirkt die Neugierde der Menschen aufeinander so stark, nirgends führt sie zu einer derartigen Unruhe, Nervosität und einem Empfinden, den aktuellen Glücksmoment nicht stellen und erleben zu können, sondern ihm hinterherlaufen zu müssen. Beschränkungen jeder Art erscheinen dann lächerlich, vor allem auch sexuelle, so dass man sich den freien, grenzenlosen Austausch der Körper ohne Blick auf hinderliche Konventionen herbeiwünscht.

Genau dieser *Élan vital* ist es auch, der das Klischee von Paris als Stadt der Liebenden und der Liebe als simples Abbild seiner immensen Energien hervorgebracht hat. Die ekstatisch Liebenden von Paris sind jedoch keine braven Romantiker, die an der Seine bei einem Glas Wein den Abend oder die Nacht erwarten und ein paar idyllische Stunden verbringen. Sie leben nicht bequem und behütet auf den anderen zu, sie haben keine »Partner« und brauchen kein Händchen, das sie liebevoll und bemüht ins Trockene führt und geleitet. »Lieben« ist in Paris vielmehr etwas so Grenzenloses, dass die Vorstellung von dem *einen* Partner oder der *einen* Geliebten zu kurz greift. Deshalb weidet sich die französische Literatur am Skandal, am Übermaß, deshalb setzt sie bedingungslos auf Libertinage. Als Fest einer momentanen Fixierung erscheint ihr die Liebe als etwas Eruptives, das diese manische Fixierung jederzeit sprengen und sofort wieder eine neue provozieren kann. »Liebe« existiert daher als *Amour fou* – oder gar nicht.

Der Untergrund dieses *Amour fou* aber ist, wie gesagt, der *Élan vital*, der nach dem besonderen Fest verlangt. Fest der Vielen, Fest der Zwei, Fest der Gefahr. Beim Blick auf die Pariser Monate vor dem Kriegsende macht Simone de Beauvoir die Suche nach genau diesem Festmoment in den Begegnungen der Avantgarden und Zirkel aus: *Für mich ist das Fest vor allem eine glühende Apotheose der Gegenwart im Angesicht der ungewissen Zukunft. Aus einer Reihe glücklicher Tage, die in Ruhe verfließen, erwächst kein Fest; aber wenn im Unglück die Hoffnung sich regt, wenn man die Welt und die Zeit wieder in den Griff bekommt, dann flammt der Augenblick auf; man kann sich darin einschließen und in ihm aufgehen. Der Horizont ist in der Ferne noch trübe, Drohung und Versprechen fließen ineinander, und daher ist jedes Fest pathetisch. Es stellt sich dieser Zwiespältigkeit und weicht ihr nicht aus. Nächtliche Feste erwachender Liebe, kompakte Feste an den Tagen des Sieges – immer spürt man den Bodensatz des Todes in diesem lebendigen Rausch; aber der Tod wird einen gleißenden Augenblick lang ins Nichts verwiesen.* (Simone de Beauvoir: *In den besten Jahren*, S. 490)

So weit die abstrakte Version des festlichen *Élan vital*, daneben gibt es auch die konkrete: Das Zusammensein der Vielen an jedem Tag und während der Nächte, die Schauspielerei, das Umtriebige und nicht zuletzt den Rausch: *Um dieses Feuer zu schüren, griffen wir zu den klassischen Mitteln. An erster Stelle zur Völlerei. Alle Feste durchbrechen den normalen Haushalts-*

ablauf durch unmäßiges Prassen. In bescheidenem Maßstab galt dies auch für uns. Es bedurfte großer Mühen und schwerster Einschränkungen, um alle die Lebensmittel und Flaschen zusammenzutragen, die unseren Tisch schmückten – und plötzlich aß man, trank man nach Herzenslust! Der Überfluss, der einen so anwidert, wenn er zur Schaustellung dient, wird etwas Erregendes, wenn er hungrige Bäuche erfreut, wir frönten schamlos unserer Fresslust … Besonders das Trinken half uns, mit dem Alltag zu brechen. Wir waren alle keine Alkoholverächter. Niemand scheute sich vor dem Rausch. Manche machten ihn sich fast zur Pflicht … Wir waren ein kompletter Jahrmarkt mit seinen Drehorgeln, Anreißern, Clowns, Werbeschauen … Pantomimen, Komödien, Diatriben, Parodien, Monologen, Geständnissen – die Improvisationen rissen nicht ab, und sie wurden begeistert aufgenommen. Man legte Platten auf, man tanzte … (Simone de Beauvoir: *In den besten Jahren*, S. 490/491).

Nach dem Krieg hat eine jüngere Erzählerin davon berichtet, wie sich der Schwung dieser späten Kriegsjahre auf sonderbare Weise erhielt, ja, wie er sich sogar noch steigerte und explodierte. Die Erinnerungen Juliette Grécos an diese Zeiten kann man als Bekenntnisse einer Ephebin lesen, die sich in diesem Sinne als Schülerin der Beauvoir (die sie sehr bewunderte) verstand. Liest man diese hingestreuten Momentaufnahmen, kann man sich die Entstehung des philosophischen Nachkriegsexistentialismus sogar als ein Projekt von Komik und Ironie vorstellen.

Nahtlos schließt Juliette Gréco (die sich selbst hier *Jujube* nennt) dabei an die Erinnerungen Simone de Beauvoirs an. Wir befinden uns noch immer an denselben Orten, wir betreten das *Catalan*, das wir bereits als das Lokal Picassos und seiner Freunde kennengelernt haben, und wir erleben, wie sich die bekannten atmosphärischen Durchdringungen der Tem-

CAFE LE ROUQ

CHEZ

peramente und Bilder auch in den Nachkriegsjahren wie von selbst ereignen. Fast hat es den Anschein, es hätte den Zweiten Weltkrieg gar nicht gegeben und all diese Kreise hätten nur eine Zeitlang im Verborgenen ausgeharrt, um dann erst zu voller Form aufzulaufen: *Ihr Hauptquartier war nämlich das Catalan, ein ›bewohntes‹ Lokal, Treffpunkt der Schöngeister vergangener, gegenwärtiger und zukünftiger Zeiten. Das Catalan lag auf Jujubes Weg, wenn sie von ihrem Hotel am Quai des Grands-Augustins zum Café Flore oder zu Lipp ging. Das Restaurant befand sich im ersten Stock, und Jujube war dort ein paarmal von Betuchteren als sie selbst zum Essen eingeladen worden. Die ersten Male starrte sie, mit der Gabel den Mund verfehlend, auf Dora Maar (Ex-Gefährtin und Modell Picassos), André Frénaud (Lyriker), Lise Deharme (dichtende Frau von Welt), den höchst verführerischen Helden-Schriftsteller Jules Roy, dessentwegen alle diese im gestrengen Schatten eines Braque-Bildes sitzenden Damen vor einer eiskalten Piperade schmachteten.*

Die junge Juliette Gréco (kaum zwanzig Jahre alt) als Neuankömmling! Sie wohnt noch nicht im *Hôtel La Louisiane*, sondern im sechsten Stock des *Hôtel Bisson* (*53 Quai des Grands-Augustins*) mit Blick auf die Seine. Aber sie braucht bloß um die Ecke zu biegen, schon ist sie in einem der kulturellen Zentren des alten und neuen Paris! Was für eine illustre Gesellschaft! Gefährtinnen großer Künstler, Modelle, Helden-Schriftsteller, schmachtende Frauen, die ihre erkaltete Piperade (einen baskischen Gemüseeintopf) nicht anrühren! Die junge Ephebin schafft es vor lauter Aufregung nicht einmal, eine Gabel mit einem guten Bissen in den Mund zu führen!

Und der mächtige Schatten eines großen Geistes tut noch seine Wirkung, ja, er ist noch mächtiger und wirkungsvoller als zuvor: *Der lebendige Schatten Picassos, der ein Atelier auf der anderen Straßenseite bewohnte, drang bis hierher und war heftig spürbar …*

In diesem Atelier versammelten sich auch der Oktober-Kreis, die Prévert-Bande und andere … Daraus darf man wohl mit Fug und Recht schließen, dass das Catalan durch seine (Picassos!) *Nähe zum idealen Treffpunkt dieser jungen Leute wurde. Der malende Dichter und surrealistische Filmemacher Georges Huguet lenkte die Geschichte des Catalan 1950. Einige von ihm fabrizierte Objekte zieren die Wände im Erdgeschoss. Er war es auch, der für einige Werke André Bretons die gläsernen Einbände schuf, mit den von Glastränen umflorten Schmetterlingen.*

Geheimnisvolle Zirkel und Kreise gibt es zu sehen und zu erleben, malende Dichter und dichtende Maler, die zugleich Filmemacher sind und nie dagewesene künstlerische Objekte entwerfen – ganz nebenbei gestalten sie dann noch Buchumschläge, von denen später die halbe Welt sprechen wird!

Und was steuert die junge Ephebin bei? Ihre Schönheit (so dass Robert Doisneau sie bald porträtieren wird) – und ihre Stimme! Ein wenig Theater spielen, das kann sie, singen kann sie auch, es fehlen nur noch das nötige Selbstbewusstsein und ein Mentor, der ihr sagt, dass sie dieser Stimme vertrauen kann. Dieser Mentor wird Jean-Paul Sartre sein, er empfängt sie eines Morgens gegen neun Uhr in seinem Arbeitszimmer und drückt ihr einige Bücher bekannter Autoren in die Hand. Wer singen will und gute Texte für ein Chanson sucht, sollte seinen literarischen Geschmack kultivieren!

Beim nächsten Besuch in Sartres Wohnung macht sie nach ausgedehnter Lektüre bereits Vorschläge. Dieses Lied oder jenes könnte sie singen, sie traut sich einiges zu. *L'Éternel féminin* heißt ein solches Lied, und Sartre spürt sofort, dass die junge Ephebin bereits weiß, worauf es ankommt und das Naheliegende trifft. Also gut, bald wird sie ein Star sein und das Ewig-Weibliche besingen, Sartre hat für sie auch noch ein eigenes Chanson auf Lager, drückt ihr den Text in die Hände und empfiehlt gleich auch den passenden Komponisten. Von dieser Minute an ist das blutjunge Ewig-Weibliche im Kosmos *links der Seine* als Muse der Zirkel und Kreise unterwegs, während Sartre genau im Blick hat, dass es längst an der Zeit ist, die philosophische Theorie des Ewig-Weiblichen zu schreiben. Simone de Beauvoir wäre genau die Richtige für diese Aufgabe, ach was, Simone de Beauvoir *wäre* es nicht, sie *ist* bereits an der Arbeit. Niemand ist seiner Zeit so voraus wie Simone de Beauvoir.

Längst befinden wir uns in den existentialistischen Nachkriegsjahren, und noch immer halten wir uns in Picassos »bewohntem Lokal«, dem *Catalan*, auf. Juliette Gréco ist jetzt bereit, sie kann nicht nur, sondern sie *will* auch singen, Maurice Merleau-Ponty ist gerade zufällig da, auch Boris Vian, der Schriftsteller, hat sich im Erdgeschoss eingefunden, außerdem sind noch der Dirigent und Komponist René Leibowitz und eine Freundin der Gréco (Anne-Marie Cazalis) zugegen.

Höchste Zeit, eine »existentialistische Hymne« zu singen, höchste Zeit, zum Ausdruck zu bringen, dass »Existentialismus« nicht nur ein ernstes philosophisches Projekt, sondern auch Vergnügen sein kann: *Scheiß-Existenz! Ich hab nichts mehr / als diese Essenz, die mich definiert, / denn Existenz kommt vor Essenz, / und das ist's, warum das Geld mich flieht. / Hab alles gelesen von Jean-Paul Sartre, / Simone de Beauvoir und Merleau-Ponty. / Doch stets bleibt das gleiche Desaster: / selbst arm bist du frei, wählst du wie sie. / Hab's wohl versucht mit anderen gar / Maurice Blanchot, Albert Camus. / Absurder Faux-pas! denn immer war / alles nur ein Mordstirili. / Morgen Sisyphus, Angst, Moral, / Aminadab, Ekel und Kompanie. / Es ist und bleibt die gleiche Qual, / Denn selbst im Flore heißt's: kein Kredit!* (Die drei zuletzt letzten Passagen findet man auf den Seiten 127-129 von Grécos Erinnerungen.)

Das hört sich noch ein wenig verklausuliert an, wie das Lied einer Eingeweihten, die ihre Hausgötter ironisch umkreist und einige dunkle Anspielungen hinterlässt: *Aminadab* ist der Titel eines Textes von Maurice Blanchot, kann aber auch eine Gestalt aus dem *Buch Mormon* oder eine Gestalt Michelangelos aus der *Sixtinischen Kapelle* meinen. Damit aber vollends klar ist, aus welchem Geist eine solche Hymne kommt, sagt Juliette Gréco es noch einmal ganz deutlich. Seit den Kriegsjahren hat sich kaum etwas geändert. Damals wollte man frei sein, jetzt *ist* man es, und das große Lachen ist jetzt das Lachen dieser neuen Freiheit: *Jedermann war jederzeit zu jedem Jux bereit. Man wollte frei sein, lachen, wann, wo und wie man nur konnte.* (Juliette Gréco: *Ich bin, die ich bin*, S. 129)

Die frühen Jahre nach dem Krieg sind die Jahre des Lachens, aber auch Jahre, in denen es wieder viele Gelegenheiten gibt, die kulinarischen Genüsse zu intensivieren. Und wer ist dabei und allen voran? Juliette Gréco ist eine der wenigen, die ihren Mentor Jean-Paul Sartre als einen Liebhaber der *irdischen Genüsse* bezeichnet hat. Definitiv und als müsste es endlich mal gesagt werden, erklärt sie: *Er war ein verwöhnter Feinschmecker und ein sinnlicher Schlemmer.* Und in welchem Restaurant können wir diesem Feinschmecker, der natürlich nie allein, sondern in der Gesellschaft von Frauen essen geht, vor allem begegnen? *Auch das Restaurant Allard in der Rue de l'Éperon hatte einen privilegierten Platz im Schlemmerdasein dieses Mannes. Rebhühner, Fasane, Cassoulet und andere liebevoll gegarte Gerichte versetzten ihn in heitere und gesprächige Laune. Er war kokett und wußte seinen bezwingenden Charme sehr wohl auszuspielen. Jede Frau hatte er bereits vor dem Dessert in seinen Bann geschlagen.* (Juliette Gréco: *Ich bin, die ich bin*, S. 137/138)

Jede Frau! Und bereits *vor* dem Dessert! Jetzt fällt mir ein, wo ich von dem Restaurant *Allard*, dessen Charme nun wiederum ich wahrscheinlich bereits vor dem Dessert erliegen werde, schon einmal gelesen und gehört hatte: in den Erinnerungen von Juliette Gréco! Also gehe ich die wenigen Meter von Picassos Atelier durch die *Rue des Grands-Augustins* zurück und betrete das Restaurant *Allard*, um (leider allein) meine Studien fortzusetzen: Rebhühner? Fasane? Oder doch lieber ein Cassoulet?

Im *Allard* lässt mir der Kellner, der mich empfängt und begrüßt, zunächst einmal Zeit. Er geht langsam nach rechts, mir voraus, und zeigt mit einer einladenden Handbewegung auf den nicht allzu großen Speiseraum. Ockergelbe Wände, dunkelbraunes Holz im unteren Wandbereich, mehrere kleine Tische, keineswegs dicht nebeneinander in Reih und Glied, sondern wie improvisiert frei im Raum. Die Gäste werden nicht an Tische verteilt, die Tag für Tag an derselben Stelle stehen, sondern umgekehrt: die Tischkonstellationen orientieren sich an der jeweiligen Zahl der Gäste.

Ich habe zu dieser Mittagsstunde anscheinend Glück. Zwei einzelne Esser sitzen jeweils an einem kleinen Tisch, weit voneinander entfernt. Der eine in der Nähe der Fenster, der andere gegenüber, an der tapetengeschmückten Wand mit den vielen kleinen Bildern. Außerdem tafelt noch ein älteres Paar an einem Zweiertisch, der sich an eine kleine Theke anlehnt. Von dort werden anscheinend die Getränke serviert.

Erste Entscheidung: Ich wähle einen Platz, der gebührende Distanz zu den Tischen der anderen Esser wahrt. So sitze ich direkt vor der Querwand des Restaurants, habe den einen Esser zur Rechten, den anderen zur Linken und das ältere Paar in einigem seitlichen Abstand vor mir.

Eine gute Wahl! Ich habe die verschiedenen Zonen des Speiseraums im Blick. Von links kommt das Licht durch die Fenster, rechts leuchten einige Wandlampen, und vor mir strahlt die Theke mit ihren großen Spiegeln, wo sich die Flaschen und Gläser türmen.

Der Kellner bringt mir die Speisekarten und fragt, ob er bereits eine Flasche Wasser servieren soll. Vielleicht dazu auch gleich einen Aperitif? Nein danke, keinen Aperitif, wohl aber das Wasser, zum raschen Durstlöschen. Und weiter, nachgefragt: Was gibt es heute Besonderes? Und welche Speisen mögen die Stammgäste am liebsten?

Als spezielles Tagesgericht wird ein *Cassoulet* empfohlen. Der Kellner macht einige verzückte Gesten, die unterstreichen sollen, dass so etwas Gutes nicht jeden Tag zu bekommen ist. Und viele Stammgäste kommen vor allem wegen der Ente mit Oliven, »das ist der Klassiker, der allerdings nur für zwei Personen und nicht nur für einen einzigen Esser serviert wird«. Ich nicke, ich verstehe, jetzt habe ich ausreichend Zeit für das Studium der Karte.

Was essen die anderen Gäste? Das ältere Paar widmet sich zu zweit einer Ente, die mich von einem Essen zu zweit träumen lässt. Die beiden haben bereits eine Flasche Beaujolais getrunken und halten gerade im Essen inne, um das Öffnen der zweiten andächtig zu verfolgen.

Der einzelne Esser vor dem Fenster beugt den schweren Kopf anscheinend über das *Cassoulet*, das in einem runden Topf serviert worden ist. Ich erkenne die weißen Bohnen und die mächtigen, wohl stundenlang geschmorten Fleischstücke, die in den Bohnenbeeten lagern. Dazu trinkt er allein ebenfalls eine Flasche Rotwein. Welcher es ist, kann ich nicht erkennen, ich vermute jedoch, es handelt sich um einen schweren Wein aus dem Burgund.

Der einzelne Esser rechts von mir wiederum beugt den Kopf über ein Fischfilet, das mit etwas Gemüse drapiert ist. Dazu trinkt er eine Karaffe Weißwein, die noch nicht einmal halb geleert ist. Ich schaue wieder in die Karte und denke über meine Bestellung nach.

Die vier Esser in meiner Nachbarschaft nehmen sich Zeit. Sie sind nicht in einer knappen Mittagspause hierher gekommen, um ihren Hunger zu stillen und nach vielleicht einer Stunde wieder an die Arbeit zu gehen. Das besondere Glück der Mahlzeit im *Allard* besteht vielmehr darin, etwas durchaus Vertrautes in Ruhe zu kosten. Das vertraute Gericht könnte man vielleicht auch selbst, in der eigenen Küche, kochen. Man würde es aber nicht so brillant und durchdacht hinbekommen wie in diesem der nostalgischen Mahlzeit gewidmeten Restaurant.

Die Esser in meiner Nähe sind also Träumer, die sich nach etwas Verlorenem sehnen. Und wonach?! Nach der alten Küche von früher! In Erinnerung daran, wie die Mütter und Großmütter in anderen, längst aus dem Blick geratenen Zeiten gekocht haben! Stundenlang, ohne einen einzigen Blick auf die Uhr! Der ganze Vormittag war damals dem Kochen gewidmet, und zur Mittagszeit duftete es in den Zimmern der Wohnung überall nach den lange eingekochten Suppen oder Saucen.

Solche Träumereien und Erinnerungen haben etwas Intimes. Sie umspielen starke Emotionen von früher. Alte Bilder entstehen, verloren geglaubte Empfindungen werden wieder geweckt. Gibt man sich diesen Wellen von Intimität hin, entsteht ein seltsames Aus-der-Zeit-Fallen. Man schaut nicht mehr auf die Uhr, man widmet sich ausschließlich der Mahlzeit, losgelöst von all den Fragen oder Problemen, die einen eben noch berührt und beschäftigt haben. Mit dem Betreten des Restaurants sind solche Sorgen und Zweifel abhandengekommen. Im *Allard* tut sich stattdessen eine Traumzone auf, in der man nur noch flüstert oder im Stillen mit sich selbst spricht, in einem ununterbrochenen inneren Monolog, der die angeregten Gefühlswelten zu sortieren und zu bannen versucht.

Ich erinnere mich noch einmal an die Beobachtungen von Juliette Gréco. Wie nannte sie die Gerichte des *Allard* im Besonderen? *Liebevoll gegart* …, genau das trifft es. Und was passierte mit Sartre, wenn er diesem *liebevoll Gegarten* begegnete? Er wurde *heiter* und *gesprächig* und entwickelte einen *bezwingenden Charme.* Auch das scheint es genau zu treffen und wirkt jetzt gut nachvollziehbar. Die *liebevoll gegarten* Speisen von früher beseitigten jeden aggressiven oder konfliktorientierten Zug. Sie regten intime Stimmungen an und machten *heiter* und *gesprächig*, wodurch jener *bezwingende Charme* entstand, der schon *vor* dem Dessert seine Triumphe feierte.

Als ich eine halbe Stunde im *Allard* sitze, glaube ich Juliette Gréco jedes Wort. Längst spüre auch ich selbst die besondere Magie dieses alten Restaurants, das seinen freundlichen Kellnern mit auf den Weg gegeben haben muss, so diskret und gleichzeitig so entgegenkommend wie möglich zu sein. Keine langen Erläuterungen, sondern kurze Hinweise und Vorschläge. Also? Wie hat Monsieur sich entschieden?

Monsieur hält sich an eine extrem traditionelle Linie. Er bestellt zwölf Weinbergschnecken und danach Lammkeule mit Erbsen und Bohnen, als Dessert wählt er ein Himbeersorbet.

Als der Kellner das alles notiert hat, empfiehlt er zunächst ein Glas weißen Bordeaux und danach einen roten Wein aus dem Burgund, die Vorzüge werden kurz erläutert. Ist das Monsieur recht? Darf man ihn jetzt eine Weile allein lassen, bevor die ersten Speisen serviert werden? Etwas Brot und etwas Salz zur Überbrückung des Wartens? Nein? Dann vielleicht doch ein Glas Champagner, letztlich durch nichts zu schlagen? Monsieur nickt, und der Kellner freut sich, das Richtige erraten und getroffen zu haben.

Ein Pariser Restaurant wie das *Allard* hat also im Verlauf der sonst alltäglichen Tage und Wochen eine ganz besondere, durch andere Etablissements nicht zu befriedigende Funktion. Es ist kein Raum der Debatten oder der kontrastreichen Gespräche, sondern eine Schutzzone des Intimen. Diese Intimität entsteht in kleinen, übersichtlichen Räumen, die oft in noch kleinere, noch übersichtlichere Räume aufgeteilt werden. Die Gäste möchten sich aufdringlicher Beobachtung entziehen und am liebsten für sich sein. Sie konzentrieren sich darauf, in einer gewissen Andacht des Erinnerns und Zu-Sich-Kommens das Feuer des Intimen zu schüren.

Das Essen in solchen Restaurants hat Ähnlichkeit mit dem Hören langer Musikstücke. Die guten Zuhörer in öffentlichen Konzerten bleiben ebenfalls für sich (oder zu zweit) und achten darauf, was die Musik in ihnen auslöst. Sie geben sich hin, und sie suchen keinerlei Kontakt zu den vielen anderen Zuhörern. Manchmal schließen sie die Augen, meist dann, wenn die innere Überwältigung zu stark wird. In solchen Momenten entsteht eine seltene Form des Genusses: sich aufgehoben zu fühlen in einem anscheinend Fremden, das sich einem mitteilt wie etwas Vertrautes, nach dem man lange Zeit vergeblich gesucht hat.

Natürlich ist Jean-Paul Sartre nur einer der vielen Meister der Restaurantandacht. Von ähnlichen Wirkungen berichten auch Albert Camus, Boris Vian oder Jacques Prévert. Im geschlossenen Dorfbezirk von *Paris, links der Seine* tauscht man die Restaurantadressen dieser besonderen Erotik unter sich aus. Für einige Stunden am Tag (und vielleicht einmal oder mehrmals in der Woche) taucht man ab, verschwindet aus dem Alltag, spricht andere, intime Sprachen und verlässt ein Restaurant Arm in Arm, zu zweit, zu dritt, wie auch immer.

Welcher Mann, der die Vierzig überschritten hat, wagt nach Tisch zu arbeiten?, fragt der Erzähler in Honoré de Balzacs Roman *Cousin Pons*, dessen Hauptfigur ein Musiker ist, der leidenschaftlich Kunstwerke sammelt und sich noch leidenschaftlicher den Tafelfreuden hingibt. Als großer Feinschmecker und Genießer weiß Balzac genau, von welchen Leidenschaften er in diesem Zusammenhang spricht. Er hat sie als etwas hoch Erotisches analysiert, in Sätzen, die von einer immensen, überwältigenden Lust handeln: *Brillat-Savarin hat Partei ergriffen und die Neigungen der Feinschmecker gerechtfertigt; aber vielleicht hat er nicht genug die Lust betont, die der Mensch bei Tisch findet. Indem die Verdauung die menschlichen Kräfte in Anspruch nimmt, ruft sie einen inneren Kampf hervor, der bei den echten Schlemmern den höchsten Genüssen der Liebe gleichkommt. Man spürt eine so große Entfaltung der Liebeskräfte, dass das Hirn sich zugunsten eines zweiten Hirns, das im Zwerchfell liegt, ausschaltet, und der Rausch stellt sich durch das Ruhen aller anderen Fähigkeiten ein. Die Riesenschlange, die einen Stier verschlungen hat, ist so berauscht, dass sie sich töten lässt.* (Honoré de Balzac: *Cousin Pons* oder *Die beiden Musiker*, S. 26)

Um die Ecken ziehen – bis zur Place de Furstemberg

Nach meiner über zweistündigen Mahlzeit verlasse ich das *Allard* und gehe die *Rue Saint-André des Arts* zurück zum *Carrefour de Buci*. Ich biege in die längst bekannte *Rue de Buci* ein und blicke an der *Bar du Marché* kurz nach links, in die *Rue de Seine*, wo sich das *Hôtel La Louisiane* befindet. Dann gehe ich die *Rue de Buci* noch ein paar Schritte weiter entlang und wende mich nach rechts, in die dunkle und schmale *Rue de Bourbon le Château*.

Kaum jemand folgt mir, die meisten anderen Menschen in meiner Umgebung bleiben in der *Rue de Buci* zurück oder orientieren sich hin auf den breiten *Boulevard Saint-Germain*, in den sie mündet. Die *Rue de Bourbon le Château* ist daher still, und die kleinen Läden rechts und links erscheinen mir plötzlich wie Dorfläden, die nur zu bestimmten Tageszeiten häufiger aufgesucht werden.

Dieses plötzliche Abdriften des *Quartiers* in scheinbar dörfliche Zonen überrascht mich immer wieder. Natürlich hat es mit dem hohen Alter dieser Zonen zu tun. In den Häusern der nahen *Rue de Buci* wohnte neben einem der ältesten Kaffeehäuser der Stadt bereits im siebzehnten Jahrhundert ein bedeutender Stadthistoriker (Henri Sauval), und in den Häusern der *Rue de Bourbon le Château* waren im späten achtzehnten Jahrhundert unter anderem ein Hotel und ein Laden untergebracht, in dem man heilende Kräuter gegen Schmerzen in der Brust und gegen Husten verkaufte.

Ein Kaffeehaus, ein ruhiges Haus für das Studium, ein schlichtes Hotel, ein Laden mit Kräutern – diese uralten Funktionen der Häuser ringsum scheinen die abgelegen und zurückgezogen erscheinende *Rue de Bourbon le Château* noch immer zu prägen. Als hätte es zwischen diesen alten Zeiten und der Gegenwart nie einen Bruch gegeben! Und als enthielte die Stille dieser leicht gekrümmten Straße noch etwas von Zögern oder Einkehr.

In Haus Nr. 4 gibt es eine Galerie (*Carole Borraz*). Sie offeriert antike und moderne Möbel sowie schöne Einrichtungsgegenstände und richtete auch größere Projekte ein, was fotografisch sorgfältig dokumentiert ist.

Schräg gegenüber (in Haus Nr. 1) bietet *Henri le Roux* seine exquisiten Schokoladenpralinen, Karamellbonbons, kleine Schokoladenkuchen, Florentiner oder Brotaufstriche zum Frühstück an. Die unscheinbarsten, aber auch überraschendsten Sensationen zum Mitnehmen sind kleine Schokoladendragees in der Form von Kaffeebohnen und (vor allem) mit dunkler Schokolade überzogene Marshmallows.

In Haus Nr. 6 erwartet einen dann eine vorzügliche Weinhandlung (*La Dernière Goutte*), die ihre Kunden an bestimmten Tagen zu ausgedehnten Probierstunden einlädt. Und gegenüber steht man vor der *Boucherie Polmard*, die keine gewöhnliche Fleischerei ist, sondern sich den Ansprüchen der Umgebung gewachsen zeigt.

So empfängt einen ein hoch eleganter Verkaufsraum, und eine rhetorisch hervorragend ausgebildete Verkäuferin erzählt in einem dramatischen Monolog, dass es sich um Fleisch von Rindern der Rasse *Blonde d'Aquitaine* handelt, deren Aufzucht unter dem strengen Regiment von Alexandre Polmard im Nordosten Frankreichs (Freilandhaltung auf anscheinend malerischen Wiesen) verläuft.

Das Familienunternehmen *Polmard* existiert schon seit der

Mitte des neunzehnten Jahrhunderts, und die blonden Rinder auf den großen Fotografien im Verkaufsraum sehen so gesund und entspannt aus, dass sie den jetzigen Firmeninhaber bereitwillig (und nichtsahnend) küssen oder sich notfalls auch von ihm küssen lassen.

Zu kaufen gibt es in der *Boucherie Polmard* vor allem Rindfleisch, das mit Hilfe eines speziellen Kühlverfahrens schon einige Wochen (vakuumverpackt) in entsprechenden Kühlschränken gelagert wurde. Das Fleisch reife ganz ähnlich wie Wein, erläutert die Verkäuferin, und es entfalte durch diesen Reifungsprozess einen besonderen, einzigartigen Geschmack. Die Ähnlichkeit mit Wein scheint auch zu einem entsprechenden Vokabular geführt zu haben. So wird zum Beispiel ein *Côte de Bœuf* hier wie ein Jahrgangswein als *une pièce sublimée par soixante et un jour de maturation* beschrieben. Das Resultat einer so langen Reifung sei ein besonders zarter und nussiger Geschmack. Auf eine Formel gebracht: *Une viande harmonieuse, féminine et caractérielle.*

Leider kann man diese lange abgehangenen und gereiften Fleischstücke, die im Schlummerlicht der Kühlschränke wie kostbare Museumsstücke liegen oder baumeln, zwar kaufen und mitnehmen, im eleganten Verkaufsraum aber nicht kosten. Höchstens das frische Tartar kann man probieren, und natürlich werden mehrere Variationen angeboten: klassisch (mit etwas Tomate, Senf, kleinen Gurken und Zwiebeln gewürzt), italienisch (mit getrockneten Tomaten, Basilikum, Pinienkernen und Parmesan) oder extrem (ohne jedes Gewürz, Fleisch höchster Qualität pur).

Setzt man sich an den langen Tisch mit den kleinen Barhockern und lässt sich ein solches Tartar servieren, läuft die rhetorisch brillante Verkäuferin auch einmal rasch nach nebenan in die Weinhandlung, um zum Tartar das passende Glas Wein zu beschaffen. Auch für diesen Genuss muss man sich viel Zeit lassen, aber diese Zeit vergeht angenehm, wenn man den ausführlichen Verkaufsgesprächen lauscht. Die Geschichte der blonden Rinder im Nordosten Frankreichs taucht in immer neuen Variationen auf, und es ist viel die Rede von Restaurants in aller Welt, die ausschließlich das *Polmard*-Fleisch servieren und dabei exorbitante Preise für ihre Gerichte nehmen.

Eine Galerie, ein *Chocolatier*, eine Weinhandlung, eine *Boucherie* – das ist eine typische Dorfgesellschaft äußerlich kleiner, aber von ihrem Programm her höchst anspruchsvoller Läden. In solchen Konstellationen zeigt sich ein *nouveau esprit* des alten *Quartiers*: an der Struktur von übersichtlichen Läden festzuhalten, in ihnen aber jeweils nur eine einzige Ware in bester Qualität anzubieten. Keine Gemischtwarenhandlungen mehr, kein abgestandenes Durcheinander, sondern klar strukturierte Schauräume der jeweiligen Waren.

Der Aufenthalt verführt nicht in jedem Fall zum sofortigen Einkauf, wohl aber zum Studium der Waren. Diesem Anspruch zeigen sich die Besitzer oder Verkäufer in erstaunlichem Maße gewachsen. Sie sind immer auf dem neusten Stand, und sie informieren nicht mit Hilfe branchenüblicher Verkäuferjargons, sondern wie Experten, die sich mit Geschichte, Herstellung, Vertrieb und Struktur der Waren lange vertraut gemacht haben. So erlebt man häufig kleine Rundgänge, die Führungen in Galerien oder Museen ähneln. Das Vokabular dieser Führungen ist fast immer Fachvokabular, und die Stimmung ist äußerst entspannt, weil sich auch der Kunde vom ersten Moment des Eintritts in einen solchen Laden von der Pflicht, etwas sofort zu kaufen, befreit fühlt. Er soll studieren, kosten und et-

was Schriftliches (Text, Erläuterungen) mitnehmen. Im Internet kann er sich danach noch ausführlicher informieren – und er soll schließlich (besser informiert, ebenfalls auf dem neusten Stand der Dinge) zurückkehren, um die Ware zu kaufen. Der Kunde als Eingeweihter und als Experte, auf Augenhöhe mit dem Verkäufer – das ist der geheime Anspruch dieser kleinen Läden, die ich nacheinander, mit nur wenigen Schritten um die Ecken biegend, erforscht habe.

Von der *Rue de Bourbon le Château* gehe ich nach rechts in die noch schmalere (und ältere) *Rue de l'Échaudé*. Hier setzt sich die Phalanx der kleinen Läden mit einem sehr speziellen Angebot fort. Es gibt ein Geschäft mit besonders schönen Stoffen (*Holland et Sherry*, Nr. 17), es gibt einige interessante Galerien und schließlich auch einen Laden mit Kindermoden (*Finger in the Nose*, Nr. 11).

Mein Favorit aber ist *MiniMa*, die kleinste Buchhandlung des *Quartiers* (Nr. 5). Sie gehört Catherine und Kimihito Okuyama, die sie seit 2012 betreiben, um in ihr bibliophile, selbst hergestellte Bücher zu präsentieren.

Kimihito Okuyama ist ein japanischer Künstler, der aber bereits lange in Frankreich lebt, zahlreiche Ausstellungen inszeniert und viele Bücher veröffentlicht hat. Sein besonderes Interesse gilt der traditionellen japanischen Literatur, deren Genres (Haiku, Reisetagebuch) er nach Frankreich zu importieren versucht, indem er französische Autoren einlädt, sich in diesen fremden Genres zu versuchen.

MiniMa ist als Buchhandlung so klein, dass kaum zwei Menschen nebeneinander stehen können. Betritt man den winzigen Verkaufsraum, trifft man auf Frau Okuyama, die auf einem niedrigen Stuhl vor einer relativ hohen Wand sitzt. Auf dieser Wand ist das Bücherangebot der wiederum sehr kleinen und verspielt wirkenden Bücher untergebracht. Die meisten sind Künstlerbücher, die Text, Bild und Ausstattung als ästhetisches Ensemble reflektieren. Es gibt Erzählungen, kleine Romane, Gedichte, Philosophien – und all das schön gebunden, auf bestem Papier, im Format von 5 mal 7 Zentimeter (oder wenig mehr). Frau Okuyama erläutert Komposition und Herstellung eines jeden Buchs, sie ist selbst Künstlerin, versteht sich aber auch als Historikerin, die durch viele Ausstellungen des *Centre Georges Pompidou* geführt hat.

Ich kann *MiniMa* nicht verlassen, ohne Frau Okuyama beim Rezitieren einiger Haiku erlebt zu haben, und ich kaufe jedes Mal zwei oder drei Minibücher, die ich später in einem Café langsam durchblättern und studieren werde. Der Abschied vom *MiniMa* ist ein Ritual, denn ich sage fast immer, dass ich mich nun auf den Weg zu Colette machen werde. Frau Okuyama lacht dann schallend und warnt mich: Ich solle aufpassen, Colette sei unberechenbar und nicht ungefährlich. Ich verspreche, mich in Acht zu nehmen, verlasse den kleinen Verkaufsraum und biege nach links, in die berühmte *Rue Jacob*, ein.

Berühmt war sie früher vor allem, weil der Verlag *Éditions du Seuil* dort seine Verlagsräume (in Nr. 27) hatte. Kurz nach Kriegsende gegründet, wurde er in den fünfziger Jahren mit Autoren wie Roland Barthes oder Philippe Sollers zu einem der führenden literarischen Verlage. Im Jahr 2010 hat er *Saint-Germain-des-Prés* verlassen und sich weit entfernt, im 14. Arrondissement, niedergelassen.

In meinen Augen ist die *Rue Jacob* aber vor allem die Straße Colettes. Die Schriftstellerin hat in ihren jungen Jahren in Haus Nr. 28 gewohnt. 1873 im Burgund geboren, hat sie als Zwanzigjährige einen erheblich älteren Literaten geheiratet und mit ihm eine Pariser Wohnung bezogen. Sie war noch keine dreißig Jahre alt, als ihre ersten Romane (unter dem Pseudonym ihres Mannes) erschienen. Es waren die sogenannten *Claudine*-Romane, in denen die Colette (die eigentlich Sidonie-Gabrielle Claudine Colette hieß) in stark autobiographischer Manier ihre Jugendjahre auf dem Land und ihre ersten Pariser Jahre beschrieb.

In dem zweiten Band dieser Folge (*Claudine in Paris*) fängt sie die Atmosphären in der *Rue Jacob* um 1900 ein und beobachtet genau die Personen der Umgebung: das einzige Kind der Concierge, das allein Tag für Tag im Innenhof spielt, die Dienstmagd im ersten Stock, die fast an jedem Tag den Haushund prügelt, den Leierkastenmann mit seinen Romanzen von der Drehorgel und die Bettler mit langen, wallenden Bärten, die sich mit ein paar Sous zufriedengeben.

Man merkt diesem Buch an, dass die junge Colette noch nichts Großes zu erzählen hat und sich stattdessen an die nächsten Dinge hält: die Einrichtung der Wohnung mit ihren Besonderheiten (einem marokkanischen Lederhocker, einem Diwan, einem großen Spiegel, einer Antiquität japanischer Herkunft), die Unternehmungen in den nahen Straßen, die Gespräche mit ihren Tanten und anderen, eher fernen Verwandten, Konzertbesuche, Begegnungen mit jungen Männern und zurückhaltenden Verehrern – und das alles in einem durchaus rasanten Tempo und in einer Folge rasch abwechselnder Szenen.

Die zupackende Naivität ihres Tons, die Lust an der Inszenierung von kleinen Gesellschaftstableaus – das habe ich an den Büchern der Colette immer sehr gemocht. Wenn ich mir vorstellen will, wie es in den Zimmern der *Rue Jacob* einmal zugegangen ist und worüber man gesprochen, welche Speisen man verzehrt, welchen Lektüren man sich gewidmet hat, so sind Colette-Lektüren genau die richtige Empfehlung. Noch heute wirken sie frisch, direkt, unbekümmert und sind voller interessanter Details.

»Das Leben« darf nicht stillstehen, immerzu muss irgendetwas geschehen – das ist die geheime Maxime dieser Schilderungen. Und so kündigt sich ein Besuch an, will ein Brief geschrieben oder gelesen werden, und wenn die nahen Personen keinen Erzählstoff liefern, kommen eben die Haustiere dran. Nur ganz selten fügt sich alles zu einem kurzen Stillleben, das dann auf unnachahmlich lockere Art skizziert wird: *Es ist Abend. Wir haben eben genachtmahlt. Ich lese, unaufmerksam, geistesabwesend. Papa raucht und trällert zügellose Liedchen, Mélie streicht in der Wohnung herum und wägt ihre Brüste. Die Katze, zu riesiger Größe aufgebläht, hat jede Nahrung verweigert und schnurrt ohne ersichtlichen Grund, mit allzu rosiger Nase und heißen Ohren. Ich gehe spät zu Bett, bei weitgeöffnetem Fenster und geschlossenen Läden nach gewissenhafter Erfüllung des allabendlichen Zeremoniells: Bad in lauem Wasser, Entkleidungs- und Betrachtungsszene vor dem Spiegel, Geschmeidigkeitsübungen. Ich bin müde und erschöpft* … (Colette: *Claudine in Paris*, S. 121)

Nachdem ich eine Weile vor dem Haus Nr. 28 gestanden und zur früheren Wohnung der Colette im dritten Stock hinaufgeschaut habe, mache ich kehrt und biege in die *Rue de Furstemberg* ein. Sie führt zu einem kleinen Platz (*Place de Furstemberg*), der wie ein stiller, in sich gekehrter Dorfplatz wirkt. Er ist kreisrund und hat in seiner Mitte eine ebenfalls runde Bühne, auf der eine alte Straßenlaterne und vier hohe Trompetenbäume stehen.

Alles wirkt schlicht und doch wie ein Zitat. Hierher zieht man sich zurück, wenn es in den Straßen ringsum zu laut zugehen sollte. Kein Restaurant oder Bistro ist hier zu finden, stattdessen gibt es gleich mehrere Stoff- und Modeläden, die ihre Waren so zurückhaltend und dezent präsentieren, als müsste man sich als Kunde erst anmelden, um sie überhaupt einmal sehen zu dürfen.

Im Haus Nr. 7 gibt es einen wiederum winzigen Laden, das *Maison du Chou*, das ebenfalls ein spezielles Angebot bereithält: *Chous*, sehr kleine, mit unterschiedlichen Cremes (Schokolade, Vanille etc.) gefüllte Windbeutel. Die junge Verkäuferin steht vor einer Kaffeemaschine, kann sie aber aus unerfindlichen Gründen nur selten bedienen. Verschiedene Sorten Tee sind ebenfalls zu erkennen, werden aber anscheinend nur dann serviert, wenn die junge Verkäuferin Lust dazu hat. Außerdem stehen noch einige kleine Kaffeehaustische bereit, ohne dass man genauer verstehen würde, wofür sie eigentlich da sind. Die kleinen *Chous* isst man nämlich (wenn es schon nichts dazu zu trinken gibt) rasch im Stehen.

Die Szenen im *Maison du Chou* haben durch all diese Umstände hohen komödiantischen Charakter. Immer wieder verlieren sich einige Kunden aus den verschiedensten Erdteilen in den kleinen Laden, schauen auf die Kreidetafel mit dem Angebot, bestellen einige *Chous* sowie Kaffee oder Tee und erfahren, dass es nur *Chous*, aber keine Getränke gibt. Die Kunden wundern sich, fragen nach und wollen erfahren, *warum* es nichts zu trinken gibt, doch die junge Verkäuferin zuckt nur mit den Achseln und erklärt (etwas beleidigt), sie wisse das auch nicht so genau, es gebe halt nichts zu trinken.

Die Kunden lachen und verstehen die Szene als Nummer einer besonderen *Comédie française*. Die Kommentare sind hochironisch und verselbständigen sich, bis die Verkäuferin es schließlich leid ist, telefoniert und nach dem Telefonat erklärt, sie habe gerade erfahren, dass sie ab sofort auch Tee servieren werde. Prompt wird sie gefragt, ob sie nicht noch ein zweites Mal anrufen könne, und als sie zurückfragt, warum sie das tun solle, erklärt man ihr, dass nach einem zweiten Telefonat vielleicht auch Kaffee zu bekommen sei. Großes Gelächter aller Anwesenden, Entsetzen bei der Verkäuferin. Sie legt das Handy beiseite und geht einmal nach draußen, vor die Tür. Kein Tee, kein Kaffee, sie rächt sich an ihren Kunden mit einer Zigarettenpause, die sie jetzt angeblich dringend nötig hat.

Auf der *Place de Furstemberg* erinnere ich mich wenig später an die junge Kunststudentin Arlette, die mir geraten hatte, in diesem *Quartier* zwei Ateliers zu besuchen: das Atelier von Picasso und das von Eugène Delacroix (1798-1863). Nicht um winzige *Chous* ohne begleitende Getränke zu kosten, bin ich also zu diesem schönen Platz gekommen, sondern um im Haus Nr. 6 dem großen Delacroix in seiner letzten Wohnstätte und in seinem letzten Atelier zu begegnen. Im Dezember 1857 ist er eingezogen und hat genau hier bis zu seinem Tod gelebt.

In diesen Jahren arbeitete er an mehreren großen Fresken (*Jakobs Kampf mit dem Engel* und *Heliodors Vertreibung aus dem Tempel*) in der Kirche *Saint-Sulpice*. Daher zog er aus seinem vorherigen, weiträumigeren Atelier in der *Rue Notre-Dame-de-Lorette* (im neunten Arrondissement, rechts der Seine) aus, um während der Arbeitsjahre an diesen Bildern einen bequemen, kurzen Weg zu seiner täglichen Arbeitsstätte zu haben.

In einem Brief an die befreundete Schriftstellerin George Sand (1804-1876) schildert er diese neuen Arbeitsabläufe und was er an Erleichterung und Glück mit ihnen verbindet: *Ich stehe früh auf und eile an die Arbeit außer Haus; so spät als möglich kehre ich heim und beginne wieder am nächsten Morgen. Diese ununterbrochene Spannung und die Begeisterung an meiner Aufgabe – es ist die Arbeit eines Droschkengauls – gibt mir die Illusion, noch einmal jene glücklichen Zeiten zu erleben, da man stets unterwegs zu einer Geliebten ist, vor allem aber zu jenen, die einen verzehren und verzaubern. Nichts fesselt mich stärker als die Malerei, und ihr verdanke ich die Gesundheit eines Dreißigjährigen. Sie ist mein einziger Gedanke, und alle Ränkespiele sind mir recht, um ihr ganz anzugehören; das heißt, ich versenke mich in meine Arbeit wie Newton (der als keuscher Mann gestorben ist) sich in die Erforschung der Schwerkraft vertiefte …* (Eugène Delacroix: *Briefe und Tagebücher*, S. 60)

Delacroix ist zu diesem Zeitpunkt aber nicht mehr dreißig, sondern über sechzig Jahre alt. Die neue Unterkunft an der *Place de Furstemberg* wählt er auch deshalb, weil es ein ruhiger, angenehmer Ort ist, in dem er seine letzten Lebensjahre möglichst ungestört zu verbringen hofft. Einige bedeutende Würdigungen seiner Arbeit liegen gerade hinter ihm. Während der Weltausstellung in Paris (1855) wurde er neben Ingres als einer der führenden Maler Frankreichs ausgezeichnet, und kurze Zeit später haben seine langjährigen Bemühungen, als Mitglied in das *Institut de France* gewählt zu werden, endlich Erfolg. Vor zwanzig Jahren, schreibt er an einen Freund, hätte ihn diese Wahl wohl noch mehr erfreut. Er hätte Einfluss ausüben und eine Gruppe von guten Schülern ausbilden können. Doch auch die späte Wahl bereitet noch Genugtuung, er fühlt sich bestätigt und konzentriert sich ganz auf sein Alterswerk.

Ich betrete einen kleinen Innenhof und stehe kurz darauf im Erdgeschoss des Hauses Nr. 6, von dem aus eine schöne Treppe hinauf in den ersten Stock führt. Dort befinden sich die schlichten Wohnräume, in denen heute einige kleinere Bilder und Skizzen ausgestellt sind. Daneben begegnet man auch Souvenirs, die Delacroix von seiner Marokkoreise im Jahr 1832 mit nach Hause gebracht hat. Und schließlich gibt es noch Autographen (Briefe und Skizzenhefte), die einen Eindruck von den Vorarbeiten und Arbeitsstudien zu seinen Bildern vermitteln.

Die Wohnräume sind ein kleines, eher bescheidenes Museum, das einen nirgends an jenen Maler denken lässt, dessen große Ölgemälde man im Kopf hat: *die Dante-Barke* (1822), *Der Tod des Sardanapal* (1827) oder *Die Freiheit führt das Volk* (1830), heute allesamt im Louvre zu sehen.

Einen ganz anderen Eindruck erhalte ich, als ich die Wohnräume verlasse und nach draußen über eine schmale Stiege hinab zum Ateliergebäude gehe. Es steht ganz für sich, außerhalb des Wohngebäudes, in einem Garten, um dessen Anlage sich Delacroix sehr gekümmert haben soll. Im Grün dieses kleinen, ummauerten Bereichs fühlt man sich der Umgebung entrückt. Man schaut auf das weiße, freundliche Ateliergebäude mit dem hohen Atelierfenster und kann sich vorstellen, dass dieser Raum die eigentliche Zelle des Rückzugs war.

Die schriftlichen Dokumente dieses Rückzugs waren die Tagebücher und Briefe, in denen Delacroix immer wieder seinen Abstand von den kleinen und größeren Bühnen der Gesellschaft festhielt: *Man sollte ausschließlich den Umgang mit liebenswürdigen Menschen pflegen, auch wenn es nur wenige sind. In ihrer Gesellschaft ist das Frivole charmant; aber Frivolität im Salon von Leu-*

ten, die ihre Büros aufgeräumt und die Geschäftsbücher im Schrank versorgt haben, um einen Ball zu geben, und die ihren Angestellten die Sonntagsanzüge vorschreiben, um den Damen den Arm zu bieten! Da ziehe ich einen Bauerntanz vor … (Eugène Delacroix: *Briefe und Tagebücher*, S. 66)

Von noch größerer Bedeutung als diese abgrenzenden Kommentare zum gesellschaftlichen Leben ist das Studium bestimmter Schriftsteller (wie etwa Edgar Allan Poe oder Honoré de Balzac). Delacroix ist ein eifriger Leser, der seine Lektüren gewissenhaft vermerkt und die starken Eindrücke, die von ihnen oft ausgehen, minuziös festhält. Häufig denkt er über die Unterschiede zwischen Literatur und Kunst, Dichten und Malen, nach, und er unternimmt solche Vergleiche mit einer Präzision, die sein Schreiben und Reflektieren durchaus zu dem eines guten Schriftstellers macht: *Der Dichter hält sich an das Nacheinander des Geschehens, der Maler an die Gleichzeitigkeit. Ein Beispiel: Vor meinen Augen baden Vögel in einer kleinen Lache. Bei Regen tropft Wasser von der Bleiabdeckung eines flachen Dachvorsprungs, so entsteht die Lache. Auf einen Blick sehe ich eine ganze Menge, die der Dichter nicht erwähnen und keinesfalls beschreiben kann, er liefe sonst Gefahr, langweilig zu sein und Bände zu füllen mit Eindrücken, die nur unzulänglich wiederzugeben sind. Man beachte: Ich konzentriere mich nur auf einen Moment des Geschehens. Der Vogel taucht ins Wasser: ich sehe seine Farbe, die silbrige Unterseite seiner Flügelchen, die Farbe, seine zarte Gestalt, die Wassertropfen, die er im Sonnenstrahl verspritzt. Hier manifestiert sich das Unvermögen der Dichtkunst.* (Eugène Delacroix: *Briefe und Tagebücher*, S. 96/97)

Immer wieder geht sein Blick auch zurück zu den großen italienischen Meistern des sechzehnten und siebzehnten Jahrhunderts. Raffael, Michelangelo, Tizian, Veronese – Delacroix scheint ihre Werke bis ins letzte Detail im Kopf zu haben und versucht, im Blick auf diese großen Vorbilder Grundsätzliches zu formulieren. Seine Tagebücher lesen sich wie ununterbrochene Dialoge und Auseinandersetzungen mit den Meistern. Ihr Rang bleibt dabei nicht gleich, sie steigen und fallen im Ansehen je nach den Perspektiven, die Delacroix zu einem bestimmten Zeitpunkt einnimmt. Als Leser seiner eruptiven Aufzeichnungen fühlt man sich in einen Sog fortlaufender Korrekturen versetzt, man spürt die enorme Unruhe, die Delacroix bewegt und ihn die gewagten und hochdramatischen Themen und Motive für seine Bilder finden lässt.

Dieses dauernde Theoretisieren und die Suche nach neuen, treffenden Begriffen für Malerei und Bildhauerei durchziehen seine schriftlichen Überlegungen ein Leben lang. In ihrer Gesamtheit sollten sie ein kleines Kompendium einer aktuellen Reflexion über Kunst ergeben, ein *Dictionnaire des Beaux-Arts*. Delacroix hat daran penibel und mit der ihm eigenen Besessenheit gearbeitet, weil er deutlicher als seine Zeitgenossen spürte, dass die traditionellen Begriffe nicht mehr ausreichten, das Nervöse, Unruhige und Irritierende der modernen Linien- oder Farbgebung zu bezeichnen: *In der Natur gibt es keine Parallelen, weder gerade noch kurvige. Es wäre interessant nachzuweisen, ob nicht die regelmäßigen Linien nur ein Produkt des menschlichen Gehirns sind. Die Tiere verwenden nie solche in ihren Konstruktionen, ich meine in den regelmäßig angelegten Gebilden wie etwa Kokon oder Wabe.* (Eugène Delacroix: *Briefe und Tagebücher*, S. 138)

Zum Schluss meines Rundgangs betrete ich das Atelier. Es ist ein einzelner, sehr hoher Raum, der durch die zum Himmel hin ansteigenden Atelierfenster viel Licht bezieht. Ich stehe vor einem dieser Fenster und schaue hinunter in den grünen Garten. In dieser Oase von geschützter Wohnung, Atelierzelle und geschlossenem Garten entsteht in den letzten sechs Lebensjahren Delacroix' Alterswerk. Er sucht nach immer einfacherer, stärkerer Konzentration auf das Wesentliche. Gesellschaftliche Kontakte bedeuten ihm schließlich überhaupt nichts mehr.

Sein malerisches Testament sollen die beiden großen Bilder in *Saint-Sulpice* sein. Auf ihnen kämpft Jakob mit dem Engel, und Heliodor wird von einem unheimlichen Reiter auf einem sich aufbäumenden Pferd aus dem Tempel von Jerusalem vertrieben, wo er den Tempelschatz rauben wollte. Die letzte Aufzeichnung seines Tagebuchs lautet: *Ein Fest für das Auge zu sein, das ist das höchste Verdienst eines Bildes.* (Eugène Delacroix: *Briefe und Tagebücher*, S. 61)

Ich gehe die kleine Stiege zu den Wohnräumen wieder hinauf, ich blicke noch einmal zurück: das Atelier und der Garten. Dann durchquere ich ein letztes Mal die Wohnräume und gehe die schöne Treppe hinunter zum Ausgang.

Ich habe das Gefühl, in einem stillen Refugium mit großer Ausstrahlung auf *Saint-Germain-des-Prés* gewesen zu sein: dort, wo die Linien der künstlerischen Moderne des neunzehnten Jahrhunderts zusammenlaufen. Und ich vermute, dass der Maler Henri Fantin-Latour (1836-1904) auch diese Perspektive vor Augen hatte, als er seine *Hommage à Delacroix* ein Jahr nach dessen Tod malte.

Auf dem Gruppenporträt erkennt man die jüngeren Maler der zweiten Hälfte dieses Jahrhunderts (wie Edouard Manet, James Whistler und Henri Fantin-Latour selbst), die sich um ein Porträtbild im Hintergrund scharen, auf dem Eugène Delacroix zu erkennen ist. Auch der Dichter Charles Baudelaire ist zu sehen. In seinen Essays über den Kunstsalon von 1846 hat er Delacroix den suggestivsten aller Maler und – noch emphatischer – »den Maler des neunzehnten Jahrhunderts« genannt.

Draußen, auf der *Place de Furstemberg*, steht die junge Verkäuferin des *Maison de Chou* wieder im Freien und raucht eine Zigarette. Wie hätte Delacroix sie gesehen, was hätte er an ihr beobachtet? *Von meinem Fenster aus schaue ich einem Parkettleger zu, der mit entblößtem Oberkörper in der Galerie arbeitet. Ich vergleiche die Farbe seines Körpers mit jener Außenmauer und stelle fest, wie farbig die Fleischtöne sind im Unterschied zu jenen der unbelebten Materie. Dieselbe Beobachtung habe ich gestern auf der Place Saint-Sulpice gemacht, als ein Bürschchen auf die von der Sonne beschienene Brunnenfigur geklettert war. In den Helligkeiten ein mattes Orange, in den schattigen Übergängen die kräftigsten Violett und goldige Reflexe in den Schatten, die sich vom Erdboden abhoben. Orange und Violett wirkten wechselweise stark und schwach oder mischten sich. Der Goldton spielte ins Grün. Das Fleisch erscheint nur draußen in freier Luft, und vor allem im Sonnenlicht, in seiner wahren Farbe.* (Eugène Delacroix: *Briefe und Tagebücher*, S. 147)

Die Zentrale von Saint-Germain-des-Prés 1

Von der *Place de Furstemberg* aus gehe ich zur *Rue de l'Abbaye* und biege nach rechts ab. Ich befinde mich nun in der Nähe der alten großen Abteianlage *Saint-Germain-des-Prés*, von der heute vor allem noch die Kirche erhalten ist. Die frühere Größe der Abtei ist aber spürbar, denn der Kirchenbezirk erscheint wie eine Insel, die ihre Umgebung auf Distanz hält.

Das Gelände unmittelbar vor der erhaltenen romanischen Kirche mit dem schönen gotischen Chor wirkt wie ein weiter, offener Kirchplatz, und auch nach den Seiten hin tut sich viel freies Gelände auf. Die Kirche selbst, deren massiver Turm von weither zu sehen ist, wirkt trotz ihrer herausgehobenen Lage inmitten des Großstadtverkehrs wie eine schlichte Dorfkirche. Gerade diese Einfachheit hat sie so beliebt gemacht, und noch heute halten sich viele Spaziergänger gerne in ihrer Nähe auf.

Nach ihrer Errichtung im sechsten Jahrhundert beherbergte sie kostbare und seltene Reliquien, die von den merowingischen Königen aus Spanien nach Paris gebracht worden waren. Eine Zeitlang war sie die Grabstätte dieser Könige und später – nach Umbau und Renovierung – die Abteikirche eines bedeutenden Benediktinerklosters. Das Ende der Abtei kam mit der Französischen Revolution, als in der Kirche fast ein ganzes Jahrzehnt lang eine Fabrik zur Herstellung von Salpetersäure untergebracht war. Erst 1803 wurden wieder Gottesdienste in ihr gefeiert, und danach begannen die umfangreichen Renovierungsarbeiten.

Ich habe den runden *Square Laurent-Prache*, der sich links von der Kirche befindet, immer sehr gemocht. Der Besucher begegnet dort einem Bronzekopf Picassos, den er seinem Freund Guillaume Apollinaire widmete. Es ist der Kopf einer jungen Frau (wohl der von Picassos Lebensgefährtin Dora Maar), die mit weit geöffneten Augen auf jenen weiten Platz starrt, der einmal so etwas wie der große Landeplatz für die Künstler, Schriftsteller, Musiker, Theaterleute, Fotografen oder Filmschaffenden von *Saint-Germain-des-Prés* gewesen ist.

Die unmittelbare Umgebung von Kirche und Platz kann man mit gutem Grund als die eigentliche Zentrale dieses einzigartigen intellektuellen Raums betrachten, in dem sich die verschiedenen Kreise, Zirkel und »Familien« begegneten und vom frühen Morgen bis spät in die Nacht austauschten. Die meisten Mitglieder dieser Gruppen und Zirkel wohnten in Hotels und verbrachten tagsüber mehrere Stunden in den nah gelegenen Cafés und Bars.

Bevor ich die bekanntesten aufsuche, geht mein Blick vom *Square Laurent-Prache* aus hinauf zu einem Eckhaus, das schräg gegenüber, in der *Rue Bonaparte* steht. Im unteren Stock ist dort das Café *Le Bonaparte* untergebracht. Im vierten Stock dieses Hauses befand sich jene Wohnung, in der Jean-Paul Sartre seit September 1946 zusammen mit seiner Mutter lebte. Von ihren Fenstern aus blickte er direkt auf den Platz vor der Abteikirche und das *Café Les Deux Magots* (der Kirche gegenüber). Was auch immer in der Zentrale geschah, Sartre hatte es vor Augen, konnte es beobachten und seine Schlüsse daraus ziehen.

Es gibt viele Fotografien, die ihn bei seiner Arbeit in dieser Wohnung zeigen. Fast immer trägt er eine Krawatte und sitzt vor einem alten, mit Papieren übersäten Schreibtisch, während im Hintergrund eine schlichte, keineswegs überfüllte Bücherwand zu erkennen ist. Andere Fotografien betonen weniger den Arbeitsraum als die mythischen Aspekte dieses Domizils. Sie zeigen ihn am Fenster, mit dem Blick nach draußen, während sich hinter ihm die Silhouette der berühmten Kirche abzeichnet.

Fast könnte man glauben, in dem aufmerksamen, geduldig blickenden und dunkel gekleideten Mann einen Priester oder sogar den Pfarrer jener Kirche zu erblicken, deren Glockenturm im Hintergrund aufragt. Er scheint sich keine Sorgen um seine Gläubigen zu machen, sondern wirkt erkennbar entspannt. Die gute Laune ist das Resultat der intensiven, bereichernden und nie langweiligen Kontakte, die er mit den Gläubigen und Ungläubigen pflegt.

Verlässt er sein Domizil in der Frühe, begegnet er in einem der nahen Cafés zudem seiner Lebensgefährtin, die stets als eine der ersten Gäste dort eintrifft. Sie wird im hinteren Be-

PAUL PROUTÉ

reich des Cafés sitzen, vor einem der großen Fenster, und sie wird ohne Unterbrechung genau das tun, was auch Sartre schon bald nach seinem Eintreffen im Café tun wird: Schreiben! Die Lebensgefährtin heißt Simone de Beauvoir, wir kennen sie längst, aber hier, in der Zentrale von *Saint-Germain-des-Prés*, lernen wir sie noch einmal neu kennen.

Auch von ihr gibt es viele Fotografien, und eine der bekanntesten ist von Robert Doisneau (Doisneau: *Mein Paris*, S. 110). Sie zeigt Simone de Beauvoir im Jahr 1944 in einer Ecke des *Café Les Deux Magots*. Sie sitzt allein an einem Tisch und schreibt. Niemand sonst ist im Café anwesend, der hohe, fast tempelartig wirkende Raum scheint den Atem anzuhalten, um etwas von der starken Konzentration und der immensen Energie aufzunehmen, die von dieser Schreibenden ausgehen. Sie trägt eine einfache, helle Bluse und hält den Kopf etwas schräg. Der Blick geht nach unten, auf die Seite, die sie gerade mit einem Stift Zeile für Zeile füllt.

Tage, an denen sie sich nicht diesem Schreiben ausliefert, darf es nicht geben. Seit den Jugendjahren hat sie es sich zur Gewohnheit gemacht, ihr Denken und Fühlen genau zu beobachten und sich davon zu berichten. Auf großen karierten Seiten, von denen sie eine jede in zwei Spalten aufteilt, führt sie Tagebuch (Simone de Beauvoir: *Cahiers de jeunesse 1926-1930*). Die konzentrierten Rechenschaftsberichte dieser Tagebücher sind die Grundlage für die weitere Arbeit. Aus den Motiven und Themen der Notate filtert sie die Motive und Themen ihrer Essays und Romane. Die Arbeit am Selbst wird auf diese Weise verwandelt in ein fortlaufendes literarisches Arbeiten.

Studiert man weitere Fotografien, fällt einem sofort auf, wie hellwach sie wirkt. Hochgradig aufmerksam, immer ganz bei der Sache, ausgestattet mit einer großen Aufnahmefähigkeit. Sie gibt sich stark, zielstrebig, nicht leicht zu irritieren oder zu beirren. Ist sie mit anderen zusammen, scheint sie sehr genau zuzuhören und im Stillen darüber nachzudenken, welcher Stimme ihre meisten Sympathien gehören.

In den Tagebucheintragungen der Jugendjahre spielt dieses Moment lange Zeit eine bedeutende Rolle. Sie studiert an der Sorbonne, bereitet sich auf das Lehramtsexamen vor und hört den jungen Kommilitonen zu, von denen ihr manche den Hof machen, während andere auch noch versuchen, ihr die Welt zu erklären. Was hat X heute zu ihr gesagt – und wie hat Y genau das wenige Stunden später kommentiert? Das hält sie fest, bis aus einer zunächst flüchtigen Bekanntschaft mit einem dieser Studenten, dem ein wenig älteren Jean-Paul Sartre, eine Freundschaft und schließlich eine Liebesbeziehung wird.

In ihrem ersten Memoirenband (*Memoiren einer Tochter aus gutem Hause*) hat Simone de Beauvoir die Entwicklung dieser Freundschaft und Liebe in den späten zwanziger Jahren auf ganz besondere Weise geschildert. Sie erzählt dort nämlich lange Zeit nicht von einem Dasein zu zweit, sondern stellt die Person Sartres und die starke Wirkung, die er auf sie ausübte, in den Vordergrund. Viele emphatische und in der Erinnerung vom Rausch des Kennenlernens geprägte Seiten lang konzentriert sie sich auf ihr Gegenüber und spürt den beinahe magnetischen Fähigkeiten nach, denen sie sich ausgesetzt fühlte. Wer also ist Sartre – oder: Was ist er nicht alles? Und warum nimmt er sie so stark für sich ein?

Seit er sich ihr genähert hat, kommen sie nicht mehr voneinander los. Jeden Tag sind sie viele Stunden zu Fuß unterwegs, entlang der Seine, bei den Bouquinisten, ziellos umherstreifend. Am Abend gehen sie ins Kino, und später sitzen sie weitere Stunden zusammen in einem Café oder Bistro. Was sie vor allem an ihm fasziniert, hat ein Freund in einem einzigen Satz zusammengefasst. Der Student Sartre, hat dieser Freund gesagt, »hört nie auf zu denken«.

Genau das beschäftigt die junge Studentin Simone de Beauvoir über alle Maßen. Schon bald glaubt sie ernsthaft, dass eine nicht mit Sartre verbrachte Stunde verlorene Zeit sei. Die Art, wie er die Welt betrachtet und angeht, zieht sie mit hinein in ein unaufhörliches Analysieren, wie sie es bisher noch nie erlebt hat. Die sonst so spröde und widerständige Umgebung scheint sich in diesem Denken aufzulösen, und nichts ist zu gering, als dass man sich ihm nicht widmen könnte: *Er kannte keine Erschlaffung, Schläfrigkeit, Gedankenflucht, Abschweifung, Ermattung, aber auch keine Vorsicht und keinen Respekt. Er interessierte sich für alles und nahm niemals etwas als selbstverständlich hin. Wenn er einem Objekt gegenüberstand, so schob er es nicht um eines Mythos, eines Wortes, eines Eindrucks, einer vorgefaßten Idee willen beiseite, sondern schaute es an und ließ es nicht wieder fallen, bevor er nicht sein Wie und Wohin und jeden ihm möglicherweise innewohnenden Sinn verstanden hatte. Er fragte sich nicht, was man denken müßte oder was zu denken pikant oder interessant sein könnte, sondern nur danach, was er wirklich dachte.* (Simone de Beauvoir: *Memoiren einer Tochter aus gutem Hause*, S. 326)

Es ist die Methode einer besonders kunstvollen »Konversation«, mit der Sartre seine noch kaum zwanzigjährige Freundin und Geliebte für sich einnimmt. Er hält keine Vorträge und doziert nicht, sondern er lässt sie an seinen Überlegungen teilnehmen. Der Rausch nicht aufhörender Analysen soll sie beide gleichzeitig erfassen und jenen Einklang des Denkens ergeben, der das gemeinsame Empfinden nach sich ziehen könnte.

Diese »Methode« färbt auch auf die Praxis des Lebens ab. Sie lässt den jungen Denker Sartre als einen Menschen erscheinen, der nichts so sehr liebt wie seine Freiheit und Autarkie. Während die anderen Studenten im Verlauf der Prüfungen und Examina damit beschäftigt sind, das zukünftige Leben in Paris oder in der Provinz zu planen, träumt der junge Sartre von Reisen um die ganze Welt und von Trinkstunden mit den Hafenarbeitern in Istanbul oder abenteuerlichen Ausfahrten mit den Neuseelandfischern: *Er hatte gewiß nicht vor, das Leben eines in sein Studierzimmer eingeschlossenen Menschen zu führen; er verabscheute Routine und Hierarchie, Karriere, Haus und Heim, Rechte und Pflichten, den ganzen sogenannten Ernst des Lebens. Er fand sich nur schlecht mit der Vorstellung ab, einen Beruf, Kollegen, Vorgesetzte zu haben, Regeln beobachten und anderen auferlegen zu müssen; niemals würde er ein Familienvater, ja auch nur ein Ehemann werden.* (*Memoiren einer Tochter aus gutem Hause*, S. 317)

Jahrzehnte später, in den großen Jahren von *Saint-Germain-des-Prés*, ist aus diesen jugendlichen Vorsätzen und Ideen längst ein Programm geworden, das nur einige Abstriche vom Elan der Jugendpläne ertragen musste. Sowohl Sartre als auch Simone de Beauvoir haben sich kompromisslos an »das Schreiben« gehalten. Noch immer gibt es nichts Wichtigeres als die Dokumentation der Wandlungen des Selbst und all jener Prozesse der vielen Umgebungen, die an diesen Metamorphosen mitwirken. Routine, Hierarchien, Karriere, Haus und Heim werden weiter abgelehnt und kommen in den Erwägungen nirgends vor, ganz zu schweigen von Heirats- oder Familienplänen.

Das Paar Sartre – de Beauvoir erscheint vielmehr wie ein Zwillingspaar, dessen beide Bestandteile sich zwar kurzfristig voneinander lösen können, selbst voneinander getrennt aber immer noch etwas vom Anderen spiegeln und mit sich führen. Die beiden bleiben aufeinander bezogen, und je länger Trennungen dauern, desto stärker erneuern sich die wieder anziehenden Energien.

Ihr tägliches Schreiben und ihr gemeinsames Arbeiten sind im Laufe der Jahre zum leuchtenden Urbild der Zentrale von *Saint-Germain-des-Prés* geworden. Es ist ein Fleißprogramm enormen Ausmaßes, das die Freunde, Bekannten und all die kleinen, auf rasches Amusement gepolten Kreise immer wieder erstarren lässt. Ein einzelnes Paar sitzt Tag für Tag in immer neu eröffneten Schreib- und Studierstuben rund um die bescheidene Dorfkirche. Es stellt sein unaufhörliches Schreiben- und Begreifenwollen ohne jede Zurückhaltung aus, und es zieht sich vor den Augen der Öffentlichkeit ebenfalls täglich in die uralten Mönchsposen der Konzentration auf eine einzige Schreibseite zurück.

Die Fotografien der beiden Schreibenden erhalten dadurch rasch eine ikonische Bedeutung. Sie zeigen: Die Zentrale von *Saint-Germain-des-Prés* ist Tag und Nacht besetzt. Ohne Unterbrechung wird in ihr geschrieben, gedruckt und veröffentlicht. Die aktuellen Strömungen philosophischer oder literarischer Schulen werden aufgefangen und in etwas Eigenes, Anderes verwandelt. Das Ganze ist eine treue, stetige Arbeit am Modell einer priesterlichen Ekstase: dem eines Pfarrbüros von *Saint-Germain-des-Prés*, inklusive aller Geheimnisse, Ausschweifungen und Erotismen, die zu einem gut funktionierenden Pfarrbüro gehören.

Schauen wir noch ein wenig genauer hin (die Bilder sind zu anziehend), und hören wir, wie Simone de Beauvoir einen dieser intensiven Tage beschreibt und skizziert. Wir befinden uns in den letzten Jahren des Zweiten Weltkriegs, in den Hotelzimmern ist es tagsüber so kalt, dass man es nicht lange in ihnen aushält. Also hinaus, die Schreibutensilien zusammengepackt, schon gegen 8 Uhr, als das *Café de Flore* (nur wenige Meter vom *Café Les Deux Magots* entfernt) öffnet, ist Simone de Beauvoir zur Stelle.

Boubal, der Wirt mit der grünen Schürze, empfängt sie. Mit seiner blonden Frau wohnt er im ersten Stock und kommt jeden Morgen über eine Innentreppe herunter. In den frühen Stunden ist er gereizt und hat kein freundliches Wort für die Angestellten. Weitere Stammgäste erscheinen und setzen sich an die schönen Marmortische. Sie wollen lesen und etwas arbeiten, aber niemand ist in diesem Metier so gut wie Simone de Beauvoir. Karikaturen zeigen sie und Sartre während dieser Schreibexzesse. Sartre gönnt sich dann und wann zumindest noch ein Getränk und schleicht dann ein paar Minuten durch den Raum, während sie so schnell schreibt, dass eine beschriebene Seite nach der andern auf den Boden segelt, wo all diese Seiten ein kleines Wellenmeer von frischen Texten bilden.

Gegen zehn Uhr kommen die Journalisten und diskutieren die aktuellen Themen des Tages, und schließlich sind die jungen Nichtstuer da, die trinken, rauchen, flirten und laufend neue Liaisons mit den jungen Frauen im vorderen Bereich des Cafés eingehen. Kurz vor Mittag erscheinen einige Maler, Picasso zum Beispiel mit seiner Freundin Dora Maar, auch die Filmleute treffen ein sowie ältere Männer, die ihre jüngeren Freundinnen mit Karten- oder Dominospiel zu unterhalten versuchen.

Wenn es im Verlauf des Vormittags im Erdgeschoss zu voll wird, zieht Simone de Beauvoir sich mit Sartre zum Schreiben in den ersten Stock zurück. Sie sitzen nicht eng nebeneinander, aber doch so, dass sie das Schreibtempo des anderen mitbekommen. Boubal, der Wirt mit der grünen Schürze, passt auf, dass nicht zu viele Gäste stören. Die Füller, schreibt Simone de Beauvoir, seien nur so über das Papier gelaufen, und es sei wie in einem wunderbar disziplinierten Studiersaal gewesen.

Den Elan der studentischen Jahre an der Sorbonne haben die beiden also beibehalten. Noch immer haben sie etwas von jungen Studenten, nur dass sie sich jetzt eigene Themen und Ziele setzen. Erst wenn sie erschöpft sind, begeben sie sich wieder hinunter ins Erdgeschoss, wo sie den Freunden (»der Familie«) begegnen.

Diese Treffen verlaufen in Zweiergesprächen, niemals sitzen mehrere Personen gemeinsam am Tisch. Sartre hat sich dieses Verfahren ausgedacht, er setzt weiter auf »Konversation«, und er betreibt die Methode, die er so genial beherrscht, noch immer am liebsten mit jeweils einer einzigen Frau. In solchen Gesprächen saugt er den Weltstoff auf, den er wenig später, im ersten Stock, wieder schreibend filtern und verarbeiten wird.

Die beiden traditionsreichen Cafés, das *Café Les Deux Magots* und das *Café de Flore*, sind die täglichen Anlaufstationen, in denen alle Aktivitäten der Zentrale zusammenlaufen. Beide Cafés sind sehr beliebt, und häufig folgt man nur einer Stimmung, die darüber entscheidet, wo man sich den Tag über aufhalten wird. Als zentrale Treffpunkte sind sie vor allem deshalb geeignet, weil sie eine Aufteilung der Gäste nach ihren unterschiedlichen Ansprüchen erlauben.

Wer auch immer sie aufsucht, muss sich entscheiden, wo er Platz nehmen wird. Es gibt den äußeren Saum (die Terrasse), wo sich all die versammeln, die nicht unendlich lang bleiben, sondern Kontakte pflegen oder initiieren wollen. Der Saum ist so etwas wie der »Anmachgürtel«, der sich von Stunde zu Stunde neu formiert und wo am Abend etwa ab sechs Uhr kaum noch Plätze zu bekommen sind.

Im Innern aber sind beide Cafés Restaurationen mit unterschiedlichen Ansprüchen. Hier geht es stiller und konzentrierter zu, denn hier sitzen die Zeitungsleser, die Briefschreiber oder die Schriftsteller unter all denen, die sich mehr Zeit lassen wollen. Die parallel gesetzten Tische dienen längeren Gesprächen, und die hohen Spiegel an den Wänden erlauben es, den gesamten Raum laufend daraufhin zu betrachten, wer sich gerade eingefunden und mit welcher anderen Person in ein solches Gespräch vertieft hat.

In diesem weiten Innenraum gibt es daher viele Möglichkeiten, sich zu platzieren: mit dem Blick in den Raum, an einem Zweiertisch (wie in Erwartung eines Gegenübers), eher zurückgezogen in einem Eckbereich oder auch in einer Gruppe, die sich an einem der Pfeiler oder in der Mitte zusammenfindet.

Noch heute erscheinen diese Innenräume der beiden Cafés als relativ hohe, weite Säle, die mit ihrem Dekor und ihrer Ausstattung auf ihre frühsten Jahre (die letzten Jahrzehnte des neunzehnten Jahrhunderts) verweisen. Kurz zuvor (1877) war der *Boulevard Saint-Germain* im Zuge der von Baron Haussmann seit der Mitte des neunzehnten Jahrhunderts betriebenen Neustrukturierung von Paris fertig gestellt geworden. Die breiten, schnurgerade verlaufenden Boulevard- und Sichtachsen waren zunächst auf dem rechten Seineufer entstanden, der *Boulevard Saint-Germain*, der das *Quartier Latin* und das *Quartier Saint-Germain-des-Prés* erschließen und miteinander verbinden sollte, war eine Art Nachzügler der Bauprojekte auf dem (reicheren) anderen Ufer.

Zum Zeitpunkt ihrer Eröffnung lagen beide Cafés also an dem neuen, hellen und von Bäumen gesäumten Durchstich durch die früher eng bebauten alten Viertel. Die Gäste schauten auf die frei geräumten modernen Verkehrslandschaften und erlebten gleichzeitig das Vorbeiziehen der Einheimischen und Fremden, die den Boulevard frequentierten. So ähnelte ein Besuch einem visuellen Programm von der Art des Films, der in diesen Jahren ebenfalls in Paris entstand. Man saß auf einem schmalen Stuhl an einem kleinen, runden Tisch und starrte auf die Wunder einer bewegten Welt, deren Bilder sich (damals ungewohnt) rasch veränderten.

Hatten die Gäste die Veränderungen der modernen Welt laufend im Blick, so hatten sie die alte Welt der schmalen Gassen und maroden Hotels, in denen viele von ihnen wohnten, noch im Rücken. Der *Boulevard* markierte daher einen Zwitterzustand: Er führte die Bilder der neuen Welten vor, war aber gleichzeitig die Außengrenze der alten, vertrauten.

Beide Cafés, genau auf dieser Grenze gelegen, erlaubten es den Gästen, sich zurückzulehnen und das Neue im Bewusstsein von dem, was sie am Alten hatten, zu betrachten und zu genießen. Die Aufenthalte in ihnen waren dichte, erlebnisreiche Stunden in einem Grenzgebiet, aus dem man sich in den Nächten wieder in die dunklen Schummerzonen nahe der Seine zurückzog.

Genau diese Empfindungen, das Gefühl, sich gleichsam probeweise in herausgehobenen Grenzbereichen zu bewegen, machten die beiden Cafés groß. Wie von selbst wurden sie dadurch zu Aktionsräumen der Avantgarden, die sich seit dem späten neunzehnten Jahrhundert in Paris zu Wort meldeten. Im *Café de Flore* und im *Café Les Deux Magots* wurde debattiert, wurden Manifeste geschrieben und Erklärungen verlesen. Studiert man heute ihre Geschichte, liest man in dichter, konzentrierter Form eine Geschichte der modernen Kulturszenarien der letzten beinahe einhundertfünfzig Jahre.

Die treibende Kraft dieser Geschichte ist die Literatur, und es sind die Schriftsteller, die laufend auch darauf aus waren, die verschiedenen Künste miteinander in Beziehung zu setzen und ihre wachsenden ästhetischen Möglichkeiten auszureizen. Das beginnt mit den Dichtern Rimbaud, Verlaine und Mallarmé im *Café Les Deux Magots* und setzt sich im frühen zwanzigsten Jahrhundert mit Guillaume Apollinaire und dem Kreis der Surrealisten im *Café de Flore* fort.

Längst mischen sich die Künstler (wie Picasso, Giacometti oder Zadkine) in die zunächst literarischen und von Theaterleuten geprägten Kreise, zu denen die großen Verleger gehören, deren Verlagshäuser sich in der Nähe befinden. In der Zeit der Besatzung durch die deutschen Truppen sind beide Cafés wenig später auch deshalb beliebt, weil sich die deutschen Besatzer von ihnen fernhalten. Es ist die Zeit, in der sich der philosophische Existentialismus formiert, der nach dem Ende des Krieges die Debatten beherrschen wird.

Zu diesem Zeitpunkt haben sich auch die Filmemacher und in ihrem Tross Schauspielerinnen und junge Frauen eingefunden, die ein Beobachter der Szenen (der Journalist Henri

Philippon) vielsagend als *hübsch und ambitioniert* beschrieben hat. Sie nehmen im äußeren Saum der Cafés Platz, und zu ihnen gesellen sich auch bald die professionellen Berichterstatter aus aller Welt: *Die großen Wochenzeitschriften und sogar einige französische sowie ausländische Tageszeitungen zogen in Erwägung, eigens Korrespondenten für das* Flore *abzustellen. Die von ihnen veröffentlichten Artikel und Photographien sollten eine riesige Menge Neugieriger auf den Boulevard Saint-Germain locken, die sich schließlich dauerhaft im* Flore *einrichteten.* (Henri Philippon: *Die heiligen Stätten*, S. 232)

Zu diesen Korrespondenten gehört die amerikanische Schriftstellerin und Journalistin Janet Flanner (1892-1978). Sie wohnt nur wenige Meter entfernt, im *Hôtel Saint-Germain-des-Prés* und schreibt regelmäßig für *The New Yorker*. Ihre Kolumne hat einen leicht ironischen, distanziert-kühlen Ton, mit dessen Hilfe sie den erhitzten Protagonisten und dem ekstatischen Treiben von *Paris, links der Seine* entgegentritt. Das Wetter, die Brotpreise, die neusten Theaterstücke, Ausstellungen in Museen und Galerien, die Marotten und Veröffentlichungen der Schriftsteller – Janet Flanner schreibt darüber sehr unterhaltsam, munter und mit einem gnadenlos lakonischen Blick, den ihre amerikanischen Leserinnen und Leser vor allem an ihr schätzen: *Gegenwärtig steht Paris in einer Hochblüte der Kultur. Für den, der hier lebt, gibt es viel zu sehen und zu hören – eine Mischung aus geistigen Genüssen und Tingeltangel. Die Hotels einschließlich der Badewannen sind überfüllt von Touristen aus aller Herren Länder, und es fehlt ihnen nicht am nötigen Bargeld, um alles mitzunehmen … Besucher, die auf ein Nachtleben mit Jazzmusik Wert legen, kommen zweifellos auf dem linken Seineufer in St. Germain-des-Prés auf ihre Kosten, ein Viertel, das heute zu dem geworden ist, was Montparnasse einmal war. Krankhafte Sucht nach engen ge-*

schlossenen Räumen ist in St. Germain große Mode; sie herrscht in den Kellerlokalen, von denen ein paar noch aus dem achtzehnten Jahrhundert stammen und immer noch keine Lüftung haben ... Samuel Beckett ist ein Ire, der Anfang der dreißiger Jahre nach Paris kam und hier gänzlich unter den Einfluss von James Joyce geriet, den er vorher schon bewundert hatte und dem er sich hier anschloss. Seither ist Beckett vor allem als Einsiedler bekannt geworden, der sich weigerte, Leute zu treffen ... Der Brotpreis ist um fünfzig Francs pro Kilo gestiegen; das ist ein Schreck für die Franzosen, die täglich ungefähr einen Meter davon essen ... Madame de Beauvoir war früher einmal Philosophielehrerin und ist heute Schriftstellerin und Journalistin. In Das zweite Geschlecht *übt sie alle drei Berufe aus. Ihre Untersuchung ist sorgfältig belegt, obschon vielleicht zu viele Fälle von frigiden, unglücklichen Frauen und zu wenig von zufriedenen angeführt werden. Die Zitate aus der gesamten Weltliteratur einschließlich Romanen – nur ein paar entstammen dem wissenschaftlichen Bereich – sind zahlreich und gelehrt. Das Buch ist eine trockene, verstiegene Arbeit, die eine intelligente entschlossene Frau, eine erfahrene Schriftstellerin und wachsame Beobachterin freimütig niedergeschrieben hat; dreitausend Jahre europäischer Kultur sind ihr Erbe, und nun hat sie etwas Entscheidendes auf dem Herzen, das sie sagen möchte ...* (Janet Flanner: *Pariser Tagebuch. 1945-1965*, S. 95 ff.)

Auch in den Nachkriegsjahrzehnten kann man immer wieder die neu sich zusammensetzenden Wellen beobachten, die um die älteste Kirche von Paris anbranden. Auf die Filmleute folgen die Modemacher Yves Saint Laurent, Karl Lagerfeld und andere, und aus den siebziger Jahren sind die großen Auftritte der Philosophen und universitären Lehrer (wie Jacques Derrida, Gilles Deleuze, Michel Foucault oder Roland Barthes) noch gut in Erinnerung.

Das Geheimnis, das diese kontinuierliche Folge von stets neuen Verbindungen, Mischungen oder gar Symbiosen zwischen den verschiedensten Künsten hervorbringt, ist aber vor allem eines der speziellen Psychomanien von *Paris, links der Seine.* All die Menschen, die an der kulturell so bedeutsamen Zentrale von *Saint-Germain-des-Prés* rings um die alte Dorfkirche mitarbeiten, transponieren das Private in den öffentlichen Raum. Sie entschlüpfen ihren Zimmern, Dachstuben und Ateliers und kommen mit dem Stall- und Bettgeruch in Räume, die durch die lange Verweildauer der Gäste selbst wieder zu Wohnräumen geworden sind.

So geht die Intimität der Einzelexistenzen langsam über in die intimen Szenen der Cafés. In ihnen kommen die Gruppen, Zirkel, Freundesverbände und »Familien« erst ganz zu sich. Denn hier verbindet sich das Private mit einem höheren, gemeinsamen Privaten, das in den vielen unterschiedlichen Formen der »Konversation« jeweils auf den Punkt gebracht wird. Man kann philosophische Debatten führen, man kann aber auch darüber nachdenken, ob es nicht angebracht wäre, sich eine Katze zu halten, mit dem Rauchen aufzuhören oder nur noch Mandelmilch zu trinken. Alles ist von gleichem Interesse, denn alles ist »privat« im Spiegel des »Öffentlichen«, das nach Erklärungen und Begriffen (und damit nach Festlegungen) verlangt.

Die starke Anziehung, die beide Cafés haben und die zu laufend neuen Zudringlichkeiten der Öffentlichkeit auch außerhalb der Dorfkirchenkreise führt, gründet also in einem fortwährenden Spiel, in dem die privaten Rollen eingetauscht werden in kurzfristig besetzte Rollen der Gruppenamusements. Jede Person hat dadurch mehrere Identitäten, die des nahen Wohnraums und die der Auftritte, Umzüge und Feste in der Umgebung.

Die Ekstase dieser unaufhörlichen Verwandlungen hat die Legenden und den Mythos von *Saint-Germain-des-Prés* hervorgebracht. Doch so wie früher gibt es diese Ekstase nicht mehr. Heutzutage sitzen die Gäste da wie Zuschauer, die darauf warten, dass der alte Film noch einmal von vorne beginnt. Sartre möge um die Ecke biegen, und Simone de Beauvoir möge erneut unzählige Seiten an einem einzigen Tag füllen. Und die Speisen und Getränke sind jetzt derart teuer, dass sie zu nichts mehr inspirieren und auch nichts mehr begleiten. Getrunken und gegessen wird museal, mit spitzen Fingern, in lächerlich kleinen Mengen.

Phasen des Stillstands und der vorübergehenden Erschöpfung hat es jedoch immer gegeben. Und die Geschichte beweist, dass der Furor jederzeit und unerwartet wieder von neuem ausbrechen kann.

Will man sich jedoch an den Schwung, die Frische, die Lebendigkeit und die besonderen Atmosphären der Zentrale von *Saint-Germain-des-Prés* noch einmal in (wohltuend animierender) nostalgischer Manier erinnern, so ist dafür kaum ein anderes Buch besser geeignet als der große Roman *Les Mandarins*. Simone Beauvoir hat ihn 1954 veröffentlicht, er hat ihr den lang begehrten höchsten französischen Literaturpreis, den Prix Goncourt, eingebracht.

Schon der Titel ist geschickt gewählt und treffend. Er spielt auf jene Hofbeamte und Gelehrte im alten China an, die in der Kultur des großen Reiches bedeutende Funktionen hatten. Sie durchliefen ein strenges System der Qualifikation und Ausbildung für hohe Ämter in der Verwaltung, und sie waren Lehrer, Diplomaten oder Berater des kaiserlichen Hofs.

Simone de Beauvoir übersetzt das schillernde und vielfältige Bedeutungsspektrum des Mandarin-Begriffs auf das *Paris, links der Seine* seit dem Ende der Besatzungszeit und seit den ersten Nachkriegsjahren. Die Zirkel, Kreise und Familien der Szenen in und um die beiden zentralen Cafés werden von einigen Wortführern geprägt, die den Ton angeben und die Themen der Debatten bestimmen. Sie sind die modernen Mandarine mit einer jeweils besonderen biographischen Konturierung, mit deutlich voneinander abgegrenzten Zielen und Interessen sowie einer sich an ihnen ausrichtenden Gefolgschaft.

Rasch haben bereits die ersten Leser dieses umfangreichen, panoramatischen Romans erkannt, auf welche realen Personen Simone de Beauvoir mit dem Entwurf ihrer Protagonisten anspielte. Die Figur des Robert Dubreuilh erhielt Züge von Jean-Paul Sartre, Henri Perron erinnerte an Albert Camus, Victor Scriassine hatte Ähnlichkeiten mit Arthur Koestler – und in der Gestalt der Anne Dubreuilh porträtierte sich die Autorin selbst.

Das Gemeinsame der Figuren war ihre linksintellektuelle Orientierung, die jedoch von jeder unterschiedlich interpretiert und gelebt wurde. Hier, in der Spannung zwischen theoretischer, politischer Zielsetzung und praktischem, privatem Handeln, waren die typischen Milieus von *Paris, links der Seine* besonders vielversprechend zu fixieren. Immer ging es dabei um die Diskrepanzen zwischen Gesagtem, Entworfenem und Getanem, Empfundenem. Beide Daseinsbereiche formierten unterschiedliche Welten mit unterschiedlichen Emotionen und Sprachen und kamen nirgends zur Deckung.

Die offensichtlichen Ungereimtheiten und klaffenden Wunden in diesen spannungsreichen Verhältnissen zu markieren ist im Roman vor allem die Aufgabe der Erzählerin Anne, die von Beruf nicht zufällig Psychologin ist. Sie nimmt an den Debatten und Diskussionen der Kreise teil und bezieht ebenfalls

Stellung, ist darüber hinaus aber auch die Analytikerin, die Klarheit über die unterschiedlichen Positionen gewinnen will.

Mit diesem erzählerischen Programm und der Ausrichtung auf das Genre des großen Zeitromans traf Simone de Beauvoir genau die Stimmungen und Atmosphären der Nachkriegsjahre. Nach dem Ende der Besatzungszeit stellt die neu erworbene Freiheit große Ansprüche an Denken und Handeln: Soll man eine Partei gründen? Wie soll sie aussehen? Welches Programm soll man ihr geben? Wie ist dieses Programm von den revolutionären und stalinistischen Programmen der Sowjetunion abzugrenzen? Oder verzehrt eine Parteigründung zu viel vom intellektuellen Elan? Soll man nicht lieber für eine linksintellektuelle Zeitung arbeiten und neue literarisch-politische Zeitschriften gründen? Und wie steht es um das Schreiben von Erzählungen, Romanen, Dramen oder Drehbüchern? Ist dieses Schreiben noch zeitgemäß oder sollte es nicht hinter den aktuelleren politischen Themen zurücktreten?

Solche damals brennenden Fragen werden in langen Dialogpartien skizziert und beinahe penibel bis ins letzte Argument hin und her gewendet. Simone de Beauvoir griff dabei auf Notate zurück, die sie sich von realen Debatten unter den Kaffeehausbesuchern von *Saint-Germain* gemacht hatte. Das verlieh dem Roman Züge des Dokumentarischen und damit eine Lebendigkeit, die ihn zu einem Spiegel der damaligen Lebensverhältnisse machte.

Wie ein roter Faden durchzieht auch diesen Roman das Thema des »Schreibens«: Was schreiben, wie schreiben, für wen schreiben, warum schreiben – es sind diese Fragen, die für eine ununterbrochene Unruhe unter den vor allem schreibenden Protagonisten sorgt. Immer wieder beugen sie sich über noch leere Seiten, nehmen einen neuen Anlauf, rekapitulieren, vergleichen das Gestern mit dem Heute, geraten ins Stocken – wie in dieser typischen Passage: *Er stieg die Treppe hoch. Er verzehrte sich danach, wieder zu schreiben. Und er beglückwünschte sich bei dem Gedanken, dass dieser Roman nicht für einen Sou erbaulich sein würde: er hatte noch keine Vorstellung von dem, was er machen wollte, sein einziges Bestreben war es, sich zwecklos damit zu amüsieren, aufrichtig zu sein. Er legte seine Skizzen vor sich hin: fast hundert Seiten. Es war gut, dass er sie einen Monat lang hatte ruhen lassen, jetzt würde er sie mit neuen Augen wieder lesen. Zunächst gab er sich dem Vergnügen hin, in diesen wohlüberlegten Sätzen so viele Eindrücke und Erinnerungen eingeflochten zu finden, und dann überkam ihn allmählich Unruhe. Was wollte er aus alldem machen? Diese Schreibübungen hatten weder Kopf noch Schwanz.* (Simone de Beauvoir: *Die Mandarins von Paris*, S. 195/196)

Das Schreiben ist jene unbedingte, herausfordernde Tätigkeit, auf die alle Lebensprozesse zulaufen. Erst im Schreiben sind sie fixiert und umfassend gegenwärtig, und nur so sind die Themen und Szenen genauer greifbar. Das Geschriebene hat dann seine eigene Strahlkraft, es bewegt und lenkt die unruhigen Gesellschaften, die sich tagaus, tagein in ihren Debatten verlieren. Gerade deshalb ist es in Zeiten, in denen es an Orientierung fehlt, so notwendig.

Keine Frage also, dass »das Schreiben« etwas enorm Anziehendes, Brennendes hat, nach dem man sich »verzehrt«. Erbaulich darf es freilich nicht sein, was aber dann? Eine genaue Vorstellung von Ton und Gestus gibt es noch nicht, sie muss erst gefunden und entwickelt werden. Vielleicht ist es zunächst einmal am einfachsten, auf das zweckfreie Amüsement zu setzen. Wie steht es damit? Die bisher gemachten Skizzen lesen sich fürs Erste gut. Vertieft man sich jedoch länger in sie, stellt sich eine starke Unruhe ein. Es sind bloße Skizzen, sie treffen die Gegenwart und das Vorhandene noch nicht so, dass es spürbar wird.

Laufend geraten Erzählen und Beschreiben so an eine Grenze und einen plötzlichen Halt. Die Fragen häufen sich und ziehen den Protagonisten den sicher geglaubten Boden unter den Füßen weg. In den Einsamkeiten »des Schreibens« sind sie hilflos wie Kinder, die »das Schreiben« ganz von vorne lernen und sich beibringen müssen: *Er schob den Papierstoß weg. Eine schlechte Methode war es, den Stoff aneinander zu reihen wie es der Zufall gab. Man mußte so wie gewöhnlich anfangen, von einer globalen Form, einem präzisen Vorhaben ausgehen. Von welchem Vorhaben denn? Welche Wahrheit möchte ich denn ausdrücken? Meine Wahrheit – was bedeutet das denn eigentlich? Er starrte mit leerem Kopf auf das weiße Papier. Mit leeren Händen ins Leere zu greifen, wie erschreckend das ist!* (Simone de Beauvoir: *Die Mandarins von Paris*, S. 197)

Gerahmt werden diese zentralen Fragen und die Suche nach dem angemessenen Schreiben aber durch die Ausbreitung der Interieurs und der typischen Räumlichkeiten von *Saint-Germain*. Die Bars und Cafés, die Restaurants und Hotels, die Wege entlang der Seine und der schmalen Straßen – sie bilden den farbig skizzierten Hintergrund für den fortwährenden mündlichen Austausch der Figuren. In solchen Passagen fixiert der Roman den Alltag und seine Bewältigung bis hin zur Dokumentation der Speisen und Getränke sowie der persönlichen Vorlieben oder Abneigungen der Figuren für alles, was sie umgibt.

Les Mandarins wurde auf diese Weise zur umfassenden Chronik dieses intellektuellen Pfarrbezirks und seiner Leidenschaften und machte seine zuvor noch eher versteckten und nicht deutlich genug fixierten Auseinandersetzungen und Widersprüche weltweit bekannt.

Die Zentrale von Saint-Germain-des-Prés 2

Im *Café de Flore* serviert man wie seit ewigen Zeiten verschiedene Salate, Sandwichs, Schinken und Käse, auch kleine Kuchen, Eis und Desserts. Und auch im *Café Les Deux Magots* spielen die Getränke noch immer die Hauptrolle, so dass die Speisen (harmlos, lässig und wie nebenbei auf kleinen Tellern drapiert) als Beiwerk erscheinen. Starken Appetit oder gar Hunger haben diese beiden Cafés noch nie gestillt, dafür waren sie auch nicht gedacht. Wenn man sich in der Zentrale von *Saint-Germain-des-Prés* eine längere Mahlzeit gönnen wollte, überquerte man den *Boulevard Saint-Germain* und betrat die traditionsreiche *Brasserie Lipp.*

Heute sind nicht die (zum Teil unfassbar schlechten und überteuerten) Speisen ein Grund, dieses alte elsässische Restaurant aufzusuchen, sondern die Besonderheiten der Inneneinrichtung. Nach dem verlorenen Krieg von 1870/1871, der das Elsass in das Deutsche Reich eingliederte, zogen viele elsässische Wirte in die französische Hauptstadt. Zu ihnen gehörte auch Léonard Lipp, der sein Restaurant, an die Heimat erinnernd, *Brasserie des Bords du Rhin* nennen wollte. Die Pariser machten daraus eine *Brasserie Lipp* und erfreuten sich an einem Dekor, das den Geschmack der Belle Époque genau traf: lang gestreckte, bis zu den bemalten Decken reichende Spiegel, eingefasst von bunten Kacheln mit Tier- und Blumenmotiven, schlichte Holzstühle und kleine Tische, in Reih und Glied.

Léon-Paul Fargue, der über das alte Paris vor dem Zweiten Weltkrieg als »Wanderer durch Paris« ein noch heute lesenswertes Buch geschrieben hat, erzählt, wie er die Brasserie in den ersten Jahren des zwanzigsten Jahrhunderts zum ersten Mal betrat und auf die Spur jener Verwandten geriet, die für die schönen Kacheln verantwortlich waren: *Es ist etwa dreißig Jahre her, dass ich Lipp zum ersten Mal betreten habe, eine wenig bekannte Brasserie, die mein Onkel und mein Vater, Spezialisten auf dem Gebiet, mit Keramiken und Mosaiken ausgestattet hatten. In jener Epoche machten alle Keramiker so ziemlich dasselbe. Stil Manufaktur von Sèvres, Deck oder Sarreguemines. Die Urheber unterschieden sich nur durch die Herstellung, das Emaillierungsverfahren oder den Brand, die mehr oder weniger vollkommene Glasur. Heute, wenn ich mich vor diese Wandfüllungen setze, die ich jedes Mal mit Zärtlichkeit und Melancholie betrachte, versetze ich mich zurück in die alte Zeit, wo ich noch niemand in der Brasserie kannte.* (Léon-Paul Fargue: *Der Wanderer durch Paris*, S. 153)

In den späten dreißiger Jahren kennt Léon-Paul Fargue jedoch alle Welt. Wann immer es möglich ist, findet er sich in der *Brasserie Lipp* ein. Man trinkt dort gutes elsässisches Bier, isst deftige Speisen und bespricht mit den vielen Bekannten und Freunden, die unablässig in die schmale Flucht des Erdgeschosses strömen, was am Tag alles vorgefallen ist. Politiker haben hier ihren Stammplatz, Journalisten nutzen ihre Anwesenheit für Kontakte – und das alles dauert bis tief in die Nacht: *Jedoch wüsste man nicht dreißig Zeilen in einer Pariser Zeitung zu schreiben, ein Bild zu malen oder deutlich seine Meinung auf dem Gebiet der Politik zu bekunden, ohne wenigstens einen Abend in der Woche dieser Brasserie zu widmen, die heute ebenso unerlässlich für das Pariser Dekor ist und für das gute Funktionieren des pittoresk Sozialen wie das Ministerium des Innern … Lipp ist ganz gewiss einer der*

Le Bonaparte
RESTAURA
SAUF
RUE GUILLAUME APOLLINAIRE
CAFE

Plätze, der einzige vielleicht, wo man für einen halben Liter den getreuen und vollkommenen Überblick eines politischen oder intellektuellen französischen Tages erhält. Man versteht es deshalb besser, dass um halb drei Uhr früh das Lipp'sche Personal vergeblich versucht, alle Lichter dieser Agentur zu löschen, dieses Rechnungshofes des Evénément Parisien, dass es vergeblich versucht, den Nachzüglern jede Art von Getränk zu verweigern und dass man den Gästen die Mülleimer vor die Füße schubsen muss, um sie hinauszubefördern. (Léon-Paul Fargue: *Der Wanderer durch Paris*, S. 156)

Die starke Ausrichtung auf das Politische hat den Ruf der *Brasserie Lipp* seit diesen Jahren geprägt. Die teilweise heftigen und polemischen Auseinandersetzungen zwischen den konträren politischen Lagern machten auch vor dieser weiteren Zentrale von *Saint-Germain-des-Prés* nicht Halt. Es gibt zahllose Berichte über handgreiflich gewordene Gäste, über Saalschlachten und jenen Trubel nach Mitternacht, in den sich schließlich auch jene Gäste mischten, die nach einer Theateraufführung oder einem Varietébesuch Lust bekamen, sich für wenigstens ein paar Minuten heftiger zu bewegen und auszutoben: *Lipp ist noch eine Brasserie der Gruppen, der Gesellschaften, der Nachtschwärmer, Schüler der École des Beaux-Arts, die mit ohrenbetäubendem Lärm ihren Einzug halten und Wandspiegel des Hauses mit Bierspritzern abspülen, Zellen der Linken, Abteilungen der Rechten, allerlei Freimaurerei, Jugend, die vom engstirnigsten Patriotismus zum weltweiten Internationalismus übergeht und umgekehrt. Eine Art Binnenmeer, in das sich alle Bäche ergießen, alle politischen Ströme dieses sonderbaren zwanzigsten Jahrhunderts. Auch darf man sich nicht darüber wundern, dass sich hier bisweilen Stürme erheben und das sechste Pariser Arrondissement verdüstern.* (Léon-Paul Fargue: *Der Wanderer durch Paris*, S. 156/157)

Wie aber steht es heute damit? Mein Gott! Wie oft bin ich dem Charme der *Brasserie Lipp* erlegen, der bis zur kleinen Terrasse hin ausstrahlt. Wagt man sich ins Innere, blendet einen der Anblick des funkelnden Dekors, und man glaubt, genau am richtigen Ort zu sein, um während der kommenden zwei Stunden eine gute Mahlzeit zu genießen. Die große Karte bietet zunächst Austern, dann aber auch Suppen und erstaunlich viele kleinere Speisen an, und zu den besonderen Spezialitäten unter den Hauptgerichten zählen natürlich die Sauerkrautplatte, die elsässischen Würste oder die Kalbsnieren.

Wird man am Eingang von einem der Kellner abgefangen und ins obere Stockwerk zu den vielen anderen Touristen abgeschoben, ist jedoch bereits alles verloren. Für die nächsten Stunden lebt man in einer »geschlossenen Gesellschaft« von jenen Höllenausmaßen, die Jean-Paul Sartre in seinem gleichnamigen Theaterstück (*Huis clos*) an den Protagonisten durchexerzierte. Die Kellner lassen all ihre jahrelang geprobte und erlernte Arroganz an einem aus und haben für die armen Gesellen aus dem Ausland (die im oberen Stock zusammengepfercht werden) nichts als Spott und Hohn übrig. Und dann servieren sie einem Speisen, die man eher einer Mensaküche als der Küche einer ruhmreichen Pariser Institution zutrauen würde.

Also – was soll ich machen?! Auf die schönen Innenräume der *Brasserie Lipp* verzichten? Konsequenten Verzicht üben? Nein, das doch nicht. Ich habe inzwischen eine Methode entwickelt, die mich bleiben und doch (in Maßen) genießen lässt, ich nenne sie die Hemingway-Methode. Sie lehnt sich eng an eine berühmte Passage aus einer von Ernest Hemingways Skizzen an, die er in seinem Paris-Buch *Paris – ein Fest fürs Leben* gesammelt hat.

Er ist in dieser Szene als junger, noch unbekannter Schriftsteller im Paris der zwanziger Jahre unterwegs. Sein geringes Einkommen verdient er durch Artikel, die er für amerikanische Zeitungen schreibt. Die daneben entstehenden Erzählungen und Kurzgeschichten werden damals noch sehr häufig von Verlegern oder Zeitschriftenherausgebern abgelehnt. Oft muss er sich daher so bescheiden, dass er den halben Tag hungert und Freunden am späten Mittag vorheuchelt, längst gegessen zu haben. Hungern, macht er sich vor, sei durchaus gesund, und wenn man hungrig sei, werde die Aufmerksamkeit für die Welt geschärft.

In einem besonders hilflosen Moment aber beschließt er, alle Hungervorsätze und Hungerlobreden zu vergessen und sich zu gestehen, dass Essen »etwas Wunderbares« sei: *Du wirst jetzt bei Lipp etwas essen und auch etwas trinken. Zu Lipp war es ein Katzensprung, und jedes Lokal auf dem Weg, das mein Magen so schnell wahrnahm wie meine Augen oder meine Nase, versüßte mir den Gang zusätzlich. In der* brasserie *waren nur wenige Leute, und als ich mich auf die Bank an der Wand mit dem Spiegel im Rücken und einem Tisch vor mir setzte und der Kellner fragte, ob ich ein Bier haben wolle, bat ich um ein* distingué, *den großen Glaskrug, der einen Liter fasst, und einen Kartoffelsalat. Das Bier war sehr kalt und trank sich wunderbar. Die* pommes à l'huile *waren fest und mariniert und das Olivenöl köstlich. Ich mahlte schwarzen Pfeffer auf die Kartoffeln und tränkte das Brot mit Olivenöl. Nach dem ersten tiefen Schluck Bier trank und aß ich sehr langsam. Als ich die* pommes à l'huile *aufgegessen hatte, bestellte ich noch eine Portion und einen* cervelas. *Das war eine Wurst wie eine große dicke Frankfurter, längs halbiert und mit einer speziellen Senfsauce. Ich wischte mit dem Brot das ganze Öl und die ganze Sauce auf und trank das Bier langsam, bis es nicht mehr so kalt war, dann trank ich es aus und bestellte ein* demi *und sah zu, wie es gezapft wurde. Es schien kälter als das* distingué, *und ich trank es gleich zur Hälfte aus.* (Ernest Hemingway: *Paris, ein Fest fürs Leben*, S. 73/74)

Woraus also besteht die Hemingway-Methode, die helfen könnte, in der *Brasserie Lipp* ohne Reue zu verweilen? Zunächst einmal erinnere ich mich daran, dass diese Brasserie den ganzen Tag geöffnet hat. Am besten gehe ich hin, wenn sie relativ leer ist, am späten Mittag oder am frühen Nachmittag. Im Erdgeschoss sind dann viele der kleinen Tische frei, und niemand wird mich ins obere Stockwerk abschieben.

Ich bestelle ein großes helles oder dunkelbraunes elsässisches Bier im Krug und dazu eine Lyoner Wurst (*cervelas*) in dicken Scheiben, begleitet von einem Kartoffel- oder Selleriesalat. Dazu wird frisches Brot gereicht sowie etwas Olivenöl, das ich zusätzlich bestelle. Ich lasse mir wie Hemingway Zeit und verzehre Wurst und Salate in Ruhe, wozu ich (ebenfalls in Ruhe) das kühle Bier trinke. Habe ich ausgetrunken, bestelle ich noch ein kleines, und wenn es nicht sehr kühl ist, lasse ich es zurückwandern und warte, bis es dem Kellner gelingt, mir ein besonders kühles zu servieren.

Auf diese Weise schaffe ich es bis zu einer Verweildauer von einer Stunde oder gar anderthalb Stunden. An manchen Tagen lasse ich mich gehen und bestelle noch etwas, erneut aber nur eine Kleinigkeit, also kein Hauptgericht und erst recht nichts, was als besondere Spezialität deklariert wird. Heringsfilets mit Kartoffelsalat sind in Ordnung, gegrillte kleine Sardinen auch. Wenn ich übermütig werde, riskiere ich sogar eine Bestellung von Thunfischtatar. Danach aber ist auf jeden Fall Schluss. Selbst den obligatorischen Kaffee lasse ich aus.

Gelingt mir eine solche Verzehr- und Verweilzeit in einer fast leeren *Brasserie Lipp*, ist das Ganze ein wirklicher Genuss. Habe ich dann noch die entsprechenden (weiterführenden) Paris-Lektüren dabei, zeigt sich auch der letzte Kellner begeistert und fragt von sich aus nach, was er mir noch Gutes tun könne.

Das Sitzen, Lesen und Schauen entwickelt durch die alten Umgebungen etwas Retardierendes, Träumerisches, so dass ich manchmal sogar an Szenen meiner eigenen Jugend denke.

Als junger Schriftsteller saß ich in den achtziger Jahren häufig draußen auf der Terrasse des *Lipp* und wartete auf meine Pariser Freunde. Die Fotografin Isolde Ohlbaum hat mich dort einmal entdeckt und ein Foto von meinem »deutschen Verweilen« gemacht. Ich sitze still da, ich blicke zur Seite, ich stütze den Kopf (wie ein ernster Melancholiker) auf, während hinter mir auf einer großen Tafel die traditionellen Speisen der *Brasserie* wie ein Dekorum erscheinen (Isolde Ohlbaum: *Bilder des literarischen Lebens*, S. 248).

Doch noch einen Kaffee? Auch der junge Hemingway denkt natürlich an einen Kaffee. Vielleicht gegenüber im *Deux Magots*? Lieber nicht, das könnte zu teuer werden, und außerdem wäre er nicht allein, sondern müsste sich auf Gespräche mit Bekannten oder Freunden einstellen, denen er dort möglicherweise begegnen würde. Also wählt er den schnellsten Weg zurück in Gegenden, wo man ihn ungestört arbeiten lässt.

Ich aber habe gegenüber, im *Café Les Deux Magots*, eine Verabredung, die ich nicht vergessen habe. Arlette, die junge Kunststudentin, erwartet mich schon, und wir bestellen jenen *Café crème*, den Hemingway anderswo bestellt hat. Rasch kommen wir auf das Thema, das mich interessiert: die feinen Spielarten der Pariser Konversation. Welche gibt es genau und wie könnte man sie unterscheiden?

Arlette glaubt, dass es »Konversation« in den verschiedensten Formaten gibt, die von einfachen bis zu sehr raffinierten reichen. Ein Grundmodell wäre zum Beispiel das schlichte Gespräch mit gegenseitigem Fragen und knappem Antworten, bei dem keiner der beiden Partner zu lange solistisch agieren sollte. Ein solcher Austausch vollziehe sich in sehr raschem Tempo und dürfe in keiner Sekunde zum Erliegen kommen. Arlette betont das, weil sie von ihren deutschen Gesprächspartnern ein erheblich langsameres Tempo gewohnt ist. »Meine Berliner Freunde sagen ein paar Sätze und schweigen, dann sagen sie erneut etwas und schauen mich an, und wenn ich geantwortet habe, lassen sie sich meine Antwort zunächst durch den Kopf gehen, bevor sie wieder etwas sagen.«

Ein solcher Austausch in Zeitlupe erscheint Arlette langweilig und behäbig. Um sich etwas mitzuteilen und auszutauschen, braucht man nach ihrer Meinung keine »Kantische Attitüde«. Diese bestehe darin, sich in den Pausen des Dialogs laufend dahingehend zu befragen, ob er auch vernünftig oder weitgehend genug angelegt sei.

Mitteilung und Austausch in rascherem Tempo führten stattdessen zu schnellen, unerwarteten Assoziationen. Das Gespräch stocke nicht und münde nie in feierliche Pausen, sondern springe von Thema zu Thema. Ein gutes Gelingen dieses Formats beweise sich dadurch, dass das Gespräch sogar an Tempo zunehme. Ein leichter Schwindel müsse sich einstellen, das sei ein gutes Zeichen. Am Ende habe man keinen Sinn mehr für die Umgebung und ihre Reize, man habe vielmehr eine rasante Fahrt zurückgelegt und befinde sich gedanklich häufig in anderen Regionen.

»Und wie geht es in solchen Fällen weiter?«, will ich wissen. Arlette weiß zu berichten, dass die Dialogpartner nach einer solchen lebhaften Tour durch die anstehenden neusten Themen oft das Lokal oder den Ort wechseln. »Sie haben den Kontakt zu dem Raum, in dem sie sich getroffen haben, verloren, sie schwirren aus und lassen sich wie muntere Vögel an einem anderen Ort nieder, um von neuem mit ihrem dialogischen Gesang zu beginnen.«

Und weiter? Wie sieht die nächsthöhere Stufe der »Konversation« aus? Die nächsthöhere ist, wie Arlette ausdrücklich betont, sehr beliebt. Es handelt sich um eine Gesprächsform, in deren Verlauf einer der beiden Dialogpartner zum Erzähler wird. Er oder sie fixiert ein Motiv, ein Thema, eine andere Person oder eine Figurenkonstellation – und schildert in weit ausholenden Erzählbögen davon, wie er oder sie sich dazu verhält.

Handelt es sich dabei also vielleicht um eine Art Therapiesitzung? Man erzählt einem anderen Menschen aus dem eigenen Leben, mit dem Ziel, ein bestimmtes »Lebensproblem« exakter zu fassen und wenn möglich sogar zu klären? Arlette schüttelt den Kopf. Nein, um Therapie geht es ganz und gar nicht, es geht um das Erzählen. Einer der beiden Gesprächspartner entwickelt in einem längeren Erzählanlauf das, was Arlette »das Proust'sche Temperament« nennt: ganz zurückgehen bis zum Anfang einer Geschichte, die ersten Beobachtungen sammeln und ausschmücken, sie Stufe für Stufe weiter entwickeln – und das alles so, als bewegte man sich aus dem eigenen biographischen Raum hinaus in den Raum eines figurenreichen Romans. Auf diese Weise verfolge man bestimmte »Lebenslinien« (Herkunft, Kindheitsträume, Freundschaften, Niederlagen, Entbehrungen, kleine Erfolge etc.), um sich von sich selbst in literarischer Spiegelung zu entfremden. Aus dem eigenen, kleinen biographischen Ich werde das Ich einer breiteren, auserzählten Geschichte.

Und welchen Anteil hat der Zuhörer an diesem Erzählen? Verfolgt er es stumm? Kommentiert er es? Greift er ein? Um Himmels willen, nein! Er darf das Erzählen weder kommentieren noch in es eingreifen, denn das würde den Erzählfluss sofort zum Erliegen bringen. Stumm sollte er aber auch nicht bleiben, denn auch das würde dazu führen, dass der Erzählfluss versiegt.

Der Zuhörer sollte die Erzählung vielmehr zustimmend begleiten, indem er kleinere Motive wiederholt, um Nuancen ergänzt oder mit einer geringfügigen Bemerkung vertieft und bestätigt. Das aber sollte reichen, denn eine solche Erzählung entsteht wie ein Traum, der sich von Szene zu Szene vortastet und jederzeit langsam enden oder plötzlich abbrechen kann. »Mmm …, richtig …, das ist so …, ah ja …, ich weiß …, das kenne ich auch … ja, das war damals so …« – von dieser Art könnten die begleitenden Bemerkungen sein, mit deren Hilfe der Zuhörer das Erzählen stabilisiert und unterstützt.

Zwei Personen begeben sich so in einen geschlossenen imaginären Raum, dem einer Erzählung. Läuft sie irgendwann aus, bestünde die Rolle des Zuhörers darin, selbst zum Erzähler zu werden und einen neuen imaginären Raum zu eröffnen. Das wäre ein Rollentausch, der prinzipiell immer weiter gehen könnte, eine ganze Nacht lang, bis die beiden Partner sich auserzählt haben. Tête-à-Tête-Format – so nennt Arlette diese besondere Form der Konversation.

Ich begreife und vermute, dass Arlette dieser Form der Konversation in Berlin wohl ebenfalls nur selten begegnet ist. Ja, das stimme, und es liege wohl daran, dass die deutschen Schriftsteller (vor allem die Erzähler und Romanciers) ihre Leserschaft nicht zum Erzählen erzogen und angeleitet hätten. In Frankreich wachse man mit vielen literarischen Texten auf, und dieser Kanon werde in allen Schulen gelesen. Nicht immer handle es sich dabei um die großen, anspruchsvollen Werke, sondern eher um solche, die ein intensiver Abdruck dessen seien, was man unter *civilisation française* verstehe: ein Ensemble von kulturellen Mentalitäten, die jedem Franzosen und jeder Französin selbstverständlich und vertraut seien und von denen er oder sie sagen würden, dass sie das Leben als Franzose oder Französin bestimmen und prägen.

Um sich dieser Mentalitäten bewusst zu werden, bedürften wir, fährt Arlette fort, der Literatur. Dabei komme es jedoch nicht nur darauf an, Erzählungen und Romane genau zu lesen, sich mit Figuren und ihren Lebensverhältnissen vertraut zu machen und sie mit den eigenen zu vergleichen. Ebenso wichtig sei es vielmehr, auch von diesen Lektüren zu berichten und die Erfahrungen, die man als Leser mache, mit anderen Lesern auszutauschen. Das Bewusstsein von kulturellen Mentalitäten werde sprachlich geformt und erhalte Stabilität und eine individuelle Struktur, je nach dem persönlichen Temperament.

Genau diese Aufgabe hätten in den vergangenen Jahrhunderten die vielen Salons übernommen, in denen vor allem weibliche Gastgeberinnen einen Zirkel von Bekannten und Freunden meist einmal in der Woche zum Gespräch und Austausch eingeladen hätten. Salons hätten in diesem Sinn das sprachliche Profil ihrer Mitglieder enorm geprägt, wobei die Gastgeberin die wichtige Aufgabe übernommen habe, den Kreis der Anwesenden so in ein gemeinsames Reden und Debattieren einzubeziehen, dass jeder in der ihm eigenen Weise zu Wort gekommen sei (Chantal Thomas: *Die Kunst der Konversation*).

Die Gastgeberin als anregende, aufmerksame, hellwache Moderatorin, die Gäste als ein Zirkel von Erzählern, die in diesen geselligen Kreisen Sprechen, Reden und Denken proben und formen – das seien ideale Konstellationen für die rhetorische Bildung gewesen, die in Frankreich bis heute eine sehr große Rolle spiele.

In eigener Form sprechen, reden und erzählen zu können – das mache den Menschen nämlich in hohem Maße aus, und die unterschiedlichen Formate der »Konversation« seien nichts anderes als rhetorische Trainingsprogramme, denen man sich ein Leben lang unterziehe.

Ich frage, ob es außer dem »schlichten Dialog« und dem »Tête-à-Tête-Format« noch eine höhere Form gebe. Sozusagen eine Königsklasse, das Schwierigste überhaupt?

Arlette nickt, ja. Sie bestehe darin, dass einer der beiden Dialogpartner sich in einem großen, lang anhaltenden, unablässig steigernden Monolog über ein Motiv oder Thema errege. Ein solcher Monolog habe etwas Dramatisches, Bühnenreifes und könne bis zur völligen Verausgabung führen. Er sei weder vorbereitet noch irgendwie erwartbar, sondern entstehe aus dem Nichts. Plötzlich, von einem Moment auf den andern, habe eine Sprecherin oder Sprecher das jeweilige, packende Thema gefunden und werde von dessen Behandlung und Durchführung aufs Äußerste in Mitleidenschaft gezogen.

Der Zuhörer habe hier keine andere Aufgabe als die eines stummen Gegenübers und eines Requisits der kleinen Bühne, deren Konturen immer sichtbarer würden. Die reale Umgebung in einem bestimmten Raum (einem Café, einem Restaurant, einer Wohnung) verblasse während eines solchen Monologs nämlich zusehends und verwandle sich schließlich ganz in eine Bühnenszenerie. So präge der heftige Auftritt den Raum und mache auch ihn zu einem Statisten.

Ich frage, wie ein solches Format ende. Etwa indem der Dialogpartner das Gehörte aufgreife, kommentiere oder weiterführe? Arlette macht eine wegwerfende Handbewegung. Ach was. Ein solches Format ende fast immer mit abrupter Trennung. Gemeint sei keine Trennung im Streit, denn zu einer direkten Auseinandersetzung oder einer Konfrontation sei es ja gar nicht gekommen. Der Monolog richte sich auch keineswegs gegen den Zuhörer, er entzünde sich vielmehr in einem plötzlichen Vakuum, und der Zuhörer gebe dem Solisten die Gelegenheit, sich in ekstatischer Rede »zu erbrechen«.

Hinterher befalle den Solisten deswegen oft eine leichte oder auch starke Scham. Und genau deshalb nehme er rasch Abschied und mache sich davon. Abrupte Trennung, auseinander, Abbau der Spannungen! – das sei die Devise.

Die mildere Variante (selten durchgeführt und gespielt) bestehe in einem langen Verstummen der beiden Partner. Man leere sein Glas, schaue zu Boden oder auf den kleinen, runden Marmortisch des Cafés, verweile eine Weile hilflos – dann räuspere man sich wieder und beschließe, den Abend vielleicht anderswo fortzusetzen. Oder auch nicht. Oder doch. Oder auf keinen Fall. Oder nächstens mal wieder … – so in der Art.

Ich denke noch ein wenig (in anscheinend typisch »deutscher Manier«) darüber nach und erwähne dann die beiden großen Holzfiguren, die an einem Pfeiler des *Café Les Deux Magots* in prunkvollen, bunten Gewändern auf bequemen Thronen sitzen. Sie sind die beiden Weisen, die dem Café ihren Namen gegeben haben. Entstanden sind sie bereits im neunzehnten Jahrhundert ganz in der Nähe. Anscheinend verkörperten die beiden Herren einmal wohlhabende Händler, die einen großen Laden und Lager mit asiatischen Waren führten.

Ich denke daran, dass die beiden Weisen schweigen. Sie schauen offen und freundlich, aber ohne großes Interesse in die Ferne, sie scheinen keiner besonderen Form von »Konversation« zu bedürfen. In bestimmter Hinsicht sind die beiden ein Vorbild. Sie schauen sich nicht einmal an, sondern blicken in ganz verschiedene Richtungen. Gemeinsam mustern und kontrollieren sie den Raum. Sie können sich stumm aufeinander verlassen, denn sie kennen sich gut. Seit langem arbeiten sie zusammen. Sie denken und empfinden ganz ähnlich, es sind Vertraute, die komplizierte »Konversation« als lästig empfänden.

Ich frage Arlette, ob dieses Format der »Nicht-Konversation« auch seine Anhänger habe. Ja, durchaus, auch dieses Format sei sehr beliebt. Es sei das Format der Liebenden. Stundenlang säßen sie in den hinteren Zonen dieses Cafés, hielten sich an der Hand oder berührten einander auf andere Weise. Kein Sitzen ohne lang dauernde, oft stumme Berührung! Das Sitzen als meditative Versenkung in das gleichmäßig flutende Liebesempfinden! Sehr schön. Sehr attraktiv. Aber unglaublich langweilig, an der Grenze zur Pose.

Ich bedanke mich bei Arlette für diesen Grundkurs in Sachen »Konversation« und berichte ihr davon, dass ich in vielen Texten immer wieder auf Sartres Konversationsgenie gestoßen sei. Ja, Arlette versteht, was ich meine. Sartre habe mit seinen oft erheblich jüngeren Freundinnen (die sich manchmal auch in Geliebte verwandelten) wohl zunächst im »Tête-à-Tête«-Format gesprochen und sie mit viel Geduld in die Königsliga der eruptiven Monologe geführt.

Ich antworte darauf nicht, aber ich erinnere mich an eine Passage aus den *Memoiren einer Tochter aus gutem Hause*, in der Simone de Beauvoir ihre ersten Begegnungen mit Jean-Paul Sartre beschreibt. Dort heißt es: *Wir sprachen von unendlich vielen Dingen, vor allem aber über ein Thema, das mich mehr als alles andere interessierte, nämlich über mich. Wenn andere Leute mein Wesen zu deuten behaupteten, so taten sie es, indem sie mich als einen Annex ihrer eigenen Welt betrachteten, was mich verdroß. Sartre hingegen versuchte meinen Platz in meinem eigenen System zu respektieren, er begriff mich im Lichte meiner Werte und Projekte. Er hörte mir nie ohne Begeisterung zu …* (Simone de Beauvoir: *Memoiren einer Tochter aus gutem Hause*, S. 326)

Schließlich sage ich noch, dass ich es als schade empfände, mich in all diesen Formaten nicht selbst versuchen zu können, ich sei jetzt geradezu erpicht auf einen solchen Versuch. Arlette scheint zu befürchten, dass ich mit diesen Übungen gleich loslegen könnte, deshalb schaut sie auf die Uhr und erklärt, dass sie nun aufbrechen müsse.

Abrupte Trennung?! Nun gut, ich verstehe natürlich, dass Arlette mir nicht noch mehr Zeit widmen kann. Freuen würde ich mich aber über ein Wiedersehen – und genau das sage ich auch. Arlette lacht wieder und fragt, welches Thema wir bei einem solchen Wiedersehen zusammen angehen sollten. Ich schlage vor, dass ich mich in diesem Fall im »Tête-à-Tête-Format« versuchen würde.

In Ordnung. Und wovon würde ich dann erzählen? Ich sage, dass ich gerne über Roland Barthes (1915-1980) sprechen würde. Er habe nicht weit von hier gewohnt und sei ein Leben lang ein sehr treuer Bewohner von *Saint-Germain-des-Prés* gewesen.

Natürlich hat Arlette einige Bücher von diesem großen Zeichendeuter, Schriftsteller und Philosophen gelesen. Sie weiß aber nicht, dass er an den Folgen eines Unfalls in der Nähe des *Collège de France* gestorben ist. Wollen wir uns also dort treffen? Im Gedenken an Roland Barthes?

Ich antworte, dass Roland Barthes häufig mit seinen Schülern und Freunden im *Quartier Latin* gegessen habe. Und wo? Zum Beispiel im Restaurant *Balzar.* »Also gut«, beschließt Arlette unser Gespräch, »dann treffen wir uns dort zum gemeinsamen Essen.«

Arlette eilt davon, und ich bestelle nach dem Café noch ein Glas Portwein. Dann sitze ich still da und komme mir vor, als wäre ich ein Verwandter der beiden chinesischen Weisen. Meditation ..., das gerade Gehörte noch einmal (in »deutscher Manier«, wie Arlette sagen würde) durchdenken!

Freie und artifizielle »Konversation« war und ist also die zentrale Praxis der vielen Stimmen von *Paris, links der Seine.* Im Grunde handelt es sich um verschiedene Formen der wechselseitigen Anregung: Motiv-, Themen- und Euphorieübertragung, mit dem Ziel, unerwartete, neue Perspektiven zu entdecken.

Mit Hilfe solcher Methoden haben die »Avantgarden« dieses schmalen Streifens am linken Ufer der Seine ihre Programme erfunden und ihren Nachfolgern ein rasches, assoziatives und zupackendes Denken vererbt. Ein jeder, der in diese Milieus einstieg und aufgenommen wurde, durchlief eine Schule des Sprechens, mit dem Anspruch, aus sich eine Figur, eine Gestalt, eine Person zu machen: Teil eines Mythos, Bühnenfigur auf einer der vielen Fotografien, die von diesen einzigartigen Terrains ikonische Zeichen entwarfen.

Ich überlege und denke noch etwas weiter: Sind nicht die meisten schriftlichen Texte von *Paris, links der Seine* Ableger von mündlicher »Konversation«? Auffällig ist jedenfalls, dass es erstaunlich viele literarische Texte gibt, die sich an mündlichen Formen orientieren: Dramen, Drehbücher, Manifeste, Artikel, Essays, Interviews, Chansons (und sehr wenig Lyrik!) – sowie Romane mit ausufernden langen Dialogpartien.

Die vielen Formate einer freien, artifiziellen »Konversation« außerhalb der typischen traditionellen Formate, die von Macht und Herrschaft sowie von den sozialen Regimen der Unterordnung und Klassifikation geprägt sind, haben die Kulturen von *Paris, links der Seine* hervorgebracht. Sie entstanden in Kaffeehäusern, angeregt und begleitet von Schauspielern und Theaterleuten, und sie wurden von Schriftstellern fixiert und von Philosophen beleuchtet. Die Musiker haben dazu die Lautatmosphären geschaffen, und die Maler, Zeichner und Bildhauer die Bildlichkeit.

Und damit die Nachwelt diese Szenen auch als »authentisch« empfand, fotografierten die Fotografen und filmten die Filmleute das alles, und zwar in dem Bewusstsein, artifiziell gestaltetes und inszeniertes Leben zu filmen, das sich auf raffinierte Weise so ausstellte, als handelte es sich um Szenen eines fröhlichen, turbulenten Kindergeburtstags.

Der Bauch von Saint-Germain-des-Prés

Der *Boulevard Saint-Germain* beginnt im Osten an der Seine und durchschneidet das fünfte und sechste Arrondissement, bis er wieder auf die Seine zubiegt und dort auch endet. Die schmalen Straßen und alten Zonen entlang des Flusses, die er rahmt und begrenzt, haben gegen alle Versuche, sie zu öffnen und durch weitere breite Sichtachsen besser zugänglich zu machen, heftigen Widerstand geleistet.

So stößt die über zwanzig Meter breite *Rue de Rennes*, vom *Boulevard Montparnasse* herkommend, gegenüber der Kirche *Saint-Germain-des-Prés* auf den *Boulevard Saint-Germain.* Geplant war, sie bis zur Seine fortzusetzen und das alte *Quartier* zu durchschneiden. Dieser Entwurf, der ein Teil der Neustrukturierung von Paris unter Baron Haussmann war, wurde jedoch nicht verwirklicht.

Dadurch haben sich die fast dörflichen, intimen Atmosphären bis heute erhalten. Zwar sind inzwischen viele kleine Läden und Geschäfte verschwunden oder wurden durch eher spezialisierte ersetzt, die jeweils nur ein einziges Produkt in vielen Variationen präsentieren. Andererseits haben die großen Luxusmarken aber auch keinen prägenden Einzug in diese flussnahen Terrains gehalten. Noch immer gibt es dort sehr viele Galerien, Buchhandlungen und Antiquariate und relativ wenige Restaurants oder Bars (die wenigen guten wie das *Allard*, das *Le Procope* und einige andere habe ich fast alle genannt und besucht, ein traditionsreiches Bistro werde ich noch vorstellen).

Die beiden großen Cafés, *Les Deux Magots* und *Flore*, sowie die *Brasserie Lipp* sind längst touristische Bühnen geworden, sie zählen also nicht, wenn man sich auf die Suche nach den eigentlichen gastronomischen Genusszonen von *Paris, links der Seine* macht. Um sie zu finden, muss ich die Grenze des *Boulevard Saint-Germain* überqueren und mich ein wenig weiter (nach Süden hin) von der Seine entfernen.

Bevor ich das tue, stoße ich jedoch genau gegenüber der Kirche *Saint-Germain-des-Prés* auf ein Bronze-Denkmal des Schriftstellers und Philosophen Denis Diderot (1713-1784), der auf einem breiten, bequemen Sessel sitzt. Aus Anlass seines hundertsten Todestages von dem Bildhauer Jean Gautherin entworfen, besticht dieses Denkmal dadurch, dass es den großen Aufklärer und Enzyklopädisten nicht in feierlicher Pose, sondern in lebendiger Aktion zeigt.

Er beugt sich weit nach vorn und stützt sich mit der linken Hand auf eine Armlehne. Anscheinend fixiert er etwas

86
Saint-Mandé
Parc Zoologique
0 min

oder wird von einer Idee oder einem Gedanken erregt. In der rechten Hand hält er leicht erhoben eine Feder, die diese Erregung begleitet: gleich wird er das Gesehene und Gedachte aufzeichnen und festhalten. Der Körper sitzt nicht gerade und aufrecht, sondern schräg, der Ellenbogen der Rechten stützt sich auf ein Knie, der linke Fuß stößt nach vorn, während der rechte den Kontakt mit dem Sessel hält. Unter dem Sessel liegt eine verrutschte Pyramide von Büchern. Diderot hat sie anscheinend benutzt, dann aber beiseitegeschoben, das eigene Sehen und Denken ist ihm in diesem Moment wichtiger, so dass die Bücher lästig, wie vernachlässigenswerte Staubfänger, erscheinen.

Die gesamte Aktion wirkt wie eine frühe Momentaufnahme, und man merkt ihr an, dass der Bildhauer Gautherin (1840-1890) bereits viele Fotografien mit Menschen in Aktion gesehen hat. Auch deshalb vermeidet er den Gestus traditioneller Denkmäler, die Personen in erstarrten und erhabenen Posen zeigen, losgelöst von ihrer Kunst oder ihrem Metier, an der Pforte zum dauerhaften Ruhm.

Mit solchen Erwägungen ist Gautherins Diderot am wenigsten beschäftigt. Er schaut nicht nur interessiert, sondern geradezu enthusiasmiert, etwas hat ihn gepackt und zieht ihn beinahe aus dem Sessel, während die Feder (das Instrument, das diese plötzliche Begeisterung einfangen wird) schreibbereit ist. All diese Momente charakterisieren auf treffende Weise einen Denker, der mit seinen verschiedenen Fähigkeiten einer der bedeutendsten Ahnheren der vielen Kulturen von *Paris, links der Seine* war.

Denis Diderot beherrschte mehrere literarische Genres. Er war ein bedeutender Erzähler und Romanautor, er war aber auch Dramatiker, Kunstkritiker und Journalist, er schrieb Essays und Tausende von Artikeln für die von ihm mitherausgegebene *Encyclopédie*.

Wie später Jean-Paul Sartre erregte er besondere Aufmerksamkeit als genauer und hocherregbarer Voyeur, der jede Beobachtung denkend begleitete und die jeweilige Umgebung laufend sezierte. Auch er war ein Schriftsteller, der vom gesprochenen Wort, vom Gespräch und den vielfältigen Formen der Konversation ausging. Sein ganzes Werk ist ein einziges Monologisieren, das Gehör bei einem Gegenüber sucht und die möglichen Antworten dieses Gegenübers häufig genug mitnotiert.

Die eruptiven Wortkaskaden und die melodischen Satzphrasen folgen dabei unablässig jenem Organ, das für die Terrains von *Paris, links der Seine* zentral ist. Diderot beschreibt seine Funktionen und sein Wirken so, als wäre es unablässig in Bewegung und als reagierte es hochnervös und bestechend genau auf die sich rasch verändernden Pariser Szenen.

Indem er über »das Auge« schreibt, scheint er zugleich über jene zahllosen Bewegungen und Zuckungen zu schreiben, mit denen der Stadtkörper von Paris seine Spaziergänger und Passanten ununterbrochen in Atem hält: *Das Auge führt uns. Wir sind der Blinde, das Auge ist der Hund, der uns führt. Wenn aber das Auge nicht wirklich ein Lebewesen wäre, das sich verschiedenartigen Empfindungen ganz hingibt: wie könnte es uns dann führen? Das ist doch keine Sache der Gewohnheit. Die Hindernisse, denen es ausweicht, sind für das Auge doch in jedem Augenblick neu. Das Auge sieht; das Auge lebt; das Auge weicht den Hindernissen aus; das Auge führt uns und zwar sicher; das Auge täuscht sich nur über Dinge, die es nicht sieht; das Auge wird plötzlich getroffen und steht still; das Auge treibt zur Eile, zögert, macht eine Wendung, achtet auf seine eigene Erhaltung…*(Denis Diderot: *Schriften zur Kunst*, S. 28)

Von seinem Denkmal am *Boulevard Saint-Germain* (Nr. 145) schaut Denis Diderot auf die Straßen und Plätze, wo er jahrzehntelang gewohnt, die Kaffeehäuser besucht und sich mit seinen philosophischen Freunden getroffen hat. Er streckt sich ihnen entgegen, als lauerte er noch immer darauf, ihre Dialoge und Szenen mitzubekommen. Wegen dieses lodernden Enthusiasmus mag ich dieses Denkmal besonders, es markiert einen Fluchtpunkt des *Quartiers*, das hinter ihm in ganz andere Zonen und Atmosphären übergeht.

All die kleinen Bars und Restaurants, die in den flussnahen Terrains von *Saint-Germain-des-Prés* nicht existieren, findet man hier nämlich in großer, kaum überschaubarer Zahl. Es ist, als hätten sie sich wie ein Schwarm in dieses südlichere Abseits geflüchtet und ganz in der Nähe des früheren und seit kurzem wieder zugänglichen *Marché Saint-Germain* auf engstem Raum niedergelassen.

Viele Tage könnte man damit zubringen, sie genauer kennenzulernen, ich kann jedoch nur einige hervorheben, um mich auf meinen weiteren Wegen nicht zu lange aufzuhalten.

Im Ganzen handelt es sich um eine Zone, die vom *Boulevard Saint-Germain* im Norden, der *Rue Bonaparte* im Westen, der *Rue de Seine* im Osten und der *Rue Saint-Sulpice* im Süden begrenzt wird. Ihr geheimes Zentrum ist, wie schon gesagt, das frühere Marktgelände, das sich seit dem siebzehnten Jahrhundert in enger Nachbarschaft zur Abtei *Saint-Germain* befand. Die große Markthalle (*4-6 Rue Lobineau*), die im neunzehnten Jahrhundert errichtet wurde, ist in den letzten Jahren umgestaltet und mehreren neuen Verwendungsmöglichkeiten zugeführt worden.

Heute gibt es unter der Erde Tiefgaragen, ein Schwimmbad

und einen Fitnessbereich, im Erdgeschoss eine große Halle mit Lebensmitteln aller Art (Fleisch, Wurst, Käse, Brot, Obst, Gemüse etc.) sowie vielen offenen Verkaufszonen (Schuhe, Kleidung etc.), die von einigen kleineren Bars im Außenbereich umlagert sind. Im oberen Stock sind das Musikkonservatorium und Kindergärten sowie ein großes Auditorium für Veranstaltungen und Vorträge untergebracht. Das Ganze ist ein Prestigeprojekt des sechsten Arrondissements und erinnert höchstens noch mit seinen außen entlang laufenden Arkaden an den Bau vergangener Jahrhunderte.

So ist der *nouveau marché Saint-Germain* vor allem ein Gelände für junge, eilige, kaufstarke Besucher, die das Bild des alten *Quartiers* wieder mehr prägen sollen. In seiner unmittelbaren Umgebung sind ebenfalls Läden eröffnet worden, die dem raschen Verzehr dienen, was unter anderem auch dazu geführt hat, dass einige ältere Bistros wie etwa das traditionsreiche *Aux Charpentiers* in der *Rue Mabillon*, dem ich einmal einen begeisterten Hymnus gewidmet habe, schließen mussten (Hanns-Josef Ortheil: *Die Pariser Abende des Roland Barthes*, S. 78-82). Die Marktatmosphäre früherer Zeiten findet man auf den ersten Blick nicht mehr, doch es gibt im Umkreis der renovierten Markthallen viele singuläre Etablissements, die einen Besuch wert sind.

Wenn ich mich dem Gelände nähere, werde ich wachsam sein und an den gesichtslosen neuen Restaurants und Bars vorbeigehen, die auf raschen Umsatz zielen und Allerweltsspeisen in schlechter Qualität zu hohen Preisen anbieten. Dem *Boulevard Saint-Germain* folge ich noch einige Schritte und biege dann nach rechts in die *Rue de Montfaucon* ein.

Auf der linken Seite (in Nr. 3) befindet sich eine kleine Aus-

ternbar mit bequemen Sitzmöglichkeiten (*Huîtrerie Régis*), in der es Austern aus Marennes Oléron gibt. Marennes Oléron ist eines der bekanntesten Austernzuchtgebiete Europas, an der Atlantikküste, etwas nördlich von Bordeaux, gelegen. In der *Huîtrerie Régis* kann man die einfachen *Les Fines de Claires* oder die Steigerungsstufe der *Les Spéciales de Claires*, aber auch die unter Austernliebhabern hoch geschätzten *Les Pousses en Claires* probieren (oder mitnehmen). Gut beraten wird man außerdem im Blick auf den jeweils passenden Weißwein, der ebenfalls aus der südwestlichen Region Frankreichs stammen sollte.

Die *Huîtrerie Régis* ist am späten Morgen oder frühen Mittag (ab 12 Uhr) genau die richtige Einstimmung auf meinen Gang in den Bauch von *Saint-Germain-des-Prés*. Verlasse ich sie nach dem Genuss von einem Dutzend bester Austern, treffe ich auf die *Rue Clément* und damit auf das viereckige Arkadenkarree des *nouveau marché Saint-Germain*. Ich gehe rechts weiter und erreiche die *Rue Mabillon*, gehe einige Schritte nach links, und dann weiter, hinein in die *Rue Guisarde*.

Damit befinde ich mich in einem Areal, in dem es fast ausschließlich und dicht nebeneinander kleine Bars, Pubs, Crêperien, Bistros oder Restaurants gibt. An den Wochenenden der warmen Monate sind die dazu gehörenden schmalen und alten Straßen (*Rue Guisarde*, *Rue Princesse* und *Rue des Canettes*) voller junger Menschen, die draußen bis weit in die Nacht trinken und feiern. Es gibt neben den traditionellen französischen Restaurants auch italienische, spanische oder vietnamesische (wie zum Beispiel das recht gute *Le Palanquin* in *12 Rue Princesse*). Ich aber gehe meist in das seit 1970 bestehende (und mittags stark frequentierte) Bistro *Chez Fernand* (*19 Rue Guisarde*).

Hat man Glück, findet man in dem schlauchartigen, sich weit ins Hausinnere erstreckenden Raum einen Platz im hinteren, ruhigeren Bereich. Dort kann man verfolgen, wie die einfachen, aber guten Speisen durch den Spalt einer kleinen Durchreiche in den Händen der schwarz gekleideten, sehr flinken und freundlichen Kellnerinnen und Kellner landen und von ihnen an die dicht nebeneinanderstehenden Tische getragen werden. Die rot-weißen karierten Tischdecken, die schlichten Karaffen mit Landwein und die kleinen Brotkörbe betonen den Bistro-Charakter.

Als Entrée kann ich einen Salat mit grünen Bohnen, Zwiebeln, Kürbiskernen und etwas Gänseleber, aber auch eine *Tarte* mit Ziegenkäse oder besonders große Weinbergschnecken mit Kräuterbutter bestellen. Lachs oder eine massive Kalbsniere oder das viel bestellte *Bœuf Bourguignon* gibt es als Hauptgericht, und als Dessert sollte man unbedingt *Le mythique café gourmand de Chez Fernand* wählen, eine Variation kleiner, sehr delikater Süßspeisen, die auf einem schmalen, länglichen Teller kunstvoll präsentiert werden.

Im *Chez Fernand* verweilen die Gäste nicht lange, es ist keine Intimzone des Genusses wie das *Allard*, sondern ein Bistro, in dem man sich in der Mittagspause oder zu einem eher kurzen Beisammensein am Abend trifft. Kleine Runden von geselligen Essern, die angeregt und leidenschaftlich diskutieren, trifft man hier, und die jungen Kellnerinnen und Kellner nehmen an diesen Diskursen in erfrischend legerer und humorvoller Weise teil. Höchstens anderthalb Stunden bleibt man, die Gäste wechseln rasch und kommen fast täglich wieder, denn die Atmosphäre hier ist angenehm: entspannt, locker und uneitel.

Vom *Chez Fernand* in der *Rue Guisarde* gehe ich zurück Richtung Markthalle und biege von der *Rue Mabillon* aus in die *Rue Lobineau* ein. Die lang gestreckten Arkaden der Halle liegen nun direkt vor mir, und an der Ecke zur *Rue de Seine* erreiche ich die feine Pâtisserie von Gérard Mulot. Der Meister hat in Paris mehrere Läden und ist seit Jahrzehnten im *Quartier Saint-Germain-des-Prés* ansässig.

Er präsentiert seine Schokoladen, Macarons und Desserts wie modische Kollektionen, und er unterrichtet seine Kunden in Seminaren als ein Künstler, der nicht einfach nur Süßspeisen herstellt und verkauft, sondern sie auch als Teil einer umfassenderen Ästhetik versteht.

Außerdem gibt es sehr guten Tee, der zu den mit großer Finesse hergestellten süßen Delikatessen passt, die alle nicht groß sind, sondern halbiert auf der Zunge zergehen sollen. Zwei Bissen sind das richtige, passende Maß für einen solchen Genuss, Süßspeisen von dieser hochkulinarischen Art sind Konzentrate, die sich nicht aufblähen, sondern wie winzige Mahlzeiten schmecken, die aus vielen unterschiedlichen Aromen und Valeurs bestehen.

Bei Gérard Mulot decke ich mich für den weiteren Rundgang und den abschließenden Aufenthalt im *Jardin du Luxembourg* ein. Geht es aber auf den Abend zu, kenne ich eine weitere sehr angenehme Adresse, wo ich nicht tafeln, wohl aber ausgezeichnete Weine probieren kann. Es handelt sich um *La Crèmerie*, einen kleinen, stets überfüllten Raum (*9 Rue des Quatre-Vents*), in der ein gut gelaunter, junger Besitzer einen durch Frankreichs Weingegenden führt.

Zunächst fragt er nach den Wünschen (Geschmacksrichtungen) des Gastes und angelt aus den bis zur Decke reichenden hohen Regalen ein oder zwei Flaschen. Nun lässt er kosten, einen Schluck, noch einen und serviert schon einmal ein halbes Glas, damit man sich an den jeweiligen Wein gewöhnen oder notfalls doch einen anderen wählen kann.

In seiner winzigen Küche zaubert er dann kleine Teller mit etwas Schinken, Käse oder Burrata (einem sehr delikaten Mozzarella aus Kuhmilch), die als Begleitung zum Wein gereicht werden. Größere, warme Speisen gibt es nicht, *La Crèmerie* ist eine Art Weinprobierstube, in der die Gäste, je länger der Abend dauert, in immer bessere Laune geraten. Mittags ist diese unauffällige Insel des Genusses ebenfalls geöffnet – ihren vollen Charme entfaltet sie aber erst abends, wenn an den wenigen Tischen probiert, getrunken und die verschiedenen Weine oft ausführlich kommentiert werden. Man sollte unbedingt telefonisch reservieren.

Gegen 23 Uhr wird meist geschlossen, es sei denn, der junge Besitzer ist an ein Thema geraten, das noch dringend bis Mitternacht diskutiert werden muss. Dann schließt er, setzt sich zu seinen Gästen und unterhält sie so interessant, dass alle bleiben, weiter probieren und den nächsten Tag abschreiben.

Wege zum Jardin du Luxembourg

Ich gehe die *Rue des Quatre-Vents* zurück und erneut in die *Rue Lobineau*, treffe auf die *Rue Mabillon* und wende mich nach links, auf die große *Place Saint-Sulpice* zu. An der nächsten Ecke (Nr. 8) befindet sich das *Café de la Mairie*, das mit seinen typischen Korbstühlen und seiner schlichten Inneneinrichtung das klassische Gegenbild zu den gar nicht weit entfernten Luxuscafés am *Boulevard Saint-Germain* ist.

Im *Café de la Mairie* treffen sich die Bewohner des *Quartiers*.

Hier trinken sie frühmorgens ihren ersten Café und am Vormittag ihr erstes Glas Wein. Sie lesen die neusten Pariser Zeitungen (wie in den frühen fünfziger Jahren der Schriftsteller Albert Camus auf dem Weg zu seiner täglichen Arbeit im Verlagshaus Gallimard), oder sie schauen einfach lange auf den weiten Platz, der nach den Gängen durch die alten, schmalen Straßen etwas Befreiendes und Erlösendes hat. Im *Café de la Mairie* kommt man zur Ruhe, entspannt sich und widmet sich schauend, betrachtend den Szenen ringsum.

Genau das hat der Schriftsteller Georges Perec (1936-1982) an drei Tagen im Oktober 1974 gemacht. Er hat zu verschiedenen Tageszeiten in diesem Café Platz genommen und akribisch notiert, was sich um ihn herum tut. Alltägliche, aber auch kuriose Dinge passieren. Gute Bekannte kommen vorbei (und sehen Perec nicht), bestimmte Passanten erscheinen mehrmals, auf Hin- und Rückwegen, Busse machen vor dem Café Halt, es gibt unendlich viel zu sehen, und gleichzeitig ist es wohltuend, sich den zahlreichen Bewegungen nacheinander in Ruhe zu widmen und sie genau zu studieren. Damit begegnet Perec dem unaufhörlichen Gehen und Strömen in den Straßen, er löst Details und einzelne Momente heraus und versucht, sie besser zu verstehen und zu klassifizieren.

Am 18. Oktober 1874 notiert er ab 12.40 Uhr: *Mehrere Dutzend, mehrere Hundert gleichzeitiger Handlungen, Mikro-Ereignisse, von denen jedes mit spezifischen Haltungen, motorischen Akten, Energieaufwendungen verbunden ist:*

Gespräche zu zweit, Gespräche zu dritt, Gespräche zu mehreren: die Lippenbewegung, die Gesten, der Ausdruck

Fortbewegungsformen: Gehen, Zweirad (ohne Motor, mit Motor), Automobile (Privatwagen, Firmenwagen, Mietwagen, Fahrschule),

Nutzfahrzeuge, Stadtreinigung, öffentliche Verkehrsmittel, Touristenbusse

Art und Weise des Tragens (mit der Hand, unter dem Arm, auf dem Rücken)

Art und Weise des Ziehens (Einkaufsroller)

Grad der Entschlossenheit oder der Motiviertheit: warten, flanieren, bummeln, irren, gehen, auf etwas zurennen, sich stürzen (auf ein freies Taxi zum Beispiel), suchen, Zeit vertrödeln, zögern, mit entschlossenen Schritten gehen

Körperhaltungen: Sitzen (in den Bussen, in den Autos, in den Cafés, auf den Bänken)

Stehen (an den Bushaltestellen, vor einem Schaufenster (Laffont, Bestattungsunternehmen), neben einem Taxi (während man zahlt) ... (Georges Perec: *Versuch, einen Platz in Paris zu erfassen*, S. 16/17)

Perecs Text besteht aus vielen kleinen Standbildern, mit deren Fixierung die Erlebnisformen von *Saint-Germain-des-Prés* möglichst neutral porträtiert werden sollen. Es gibt Menschen, die wie Typen erscheinen und sich entsprechend verhalten, aber es gibt auch Solitäre, die ihren Geschmack modisch ausstellen. Das ewige Ankommen und Abfahren der Busse markiert einen gleichbleibenden Takt, während in der Umgebung Geschäfte abgewickelt, Besorgungen getätigt oder einfach nur kurze Begegnungen inszeniert werden. Mitten in diesen menschlichen Aktionen erscheinen aber auch immer wieder die Tauben, die in Perecs genauem Blick etwas Poetisches erhalten: *Erneut drehen die Tauben ihre Platzrunde. Was ist der Auslöser für diese gemeinsame Bewegung; sie scheint weder mit einem äußeren Reiz (Explosion, Detonation, Lichtveränderung, Regen usw.) noch mit einer besonderen Motivation in Zusammenhang zu stehen; sie scheint völlig unmotiviert; die Vögel fliegen plötzlich auf, drehen eine Platzrunde, kehren zurück und lassen sich wieder auf der Regenrinne des Rathauses*

nieder. (Georges Perec: *Versuch, einen Platz in Paris zu erfassen*, S. 23)

So erkennt Georges Perec einen der zentralen Plätze von *Saint-Germain-des-Prés* als eine Bühne, wo Menschen, Tiere und Verkehrsmittel ihre kurzen Auftritte haben. Nacheinander gelesen, ergeben seine kurzen Notate ein panoramatisches Bild, dessen Einzelheiten aufflackern, deutlicher werden und wieder verschwimmen. Auf diese Weise verwandeln sich die Standbilder durch Reihung in einen Film, der den weiten Platz über mehrere Stunden ohne Veränderung des Kameraauges erfasst und seine Geschichte zu einem bestimmten Zeitpunkt in größtmöglicher Exaktheit schreibt. Am 20. Oktober 1974 endet der Text, und man liest seine letzten Eintragungen wie melancholische Zeilen eines langsam ausklingenden Gesangs:

Der 96er

Touristen fotografieren sich vor der Kirche

Der Kirchenvorplatz ist leer. Ein Touristenbus (Peters Reisen), leer, überquert ihn

Der 63er

Es ist fünf vor zwei

Die Tauben befinden sich auf der zentralen Fläche des Platzes. Sie fliegen alle gleichzeitig auf.

Vier Kinder. Ein Hund. Ein kleiner Sonnenstrahl. Der 96er.

Es ist zwei Uhr.

(Georges Perec: *Versuch, einen Platz in Paris zu erfassen*, S. 55)

Ich verlasse das *Café de la Mairie* und begebe mich auf die weite Fläche des Platzes, die Georges Perec zum Schluss ins Auge gefasst hatte. Soll ich den gewaltigen, wenig anziehenden Koloss einer Kirche, vor der ich nun stehe, betreten? Natürlich, denn in *Saint-Sulpice* begegne ich den Altersbildern von Eugène Delacroix (*Jakobs Kampf mit dem Engel / Heliodors Vertreibung aus dem Tempel*), von denen ich bereits während der Besichtigung seines Ateliers berichtet habe.

Kehre ich nach Betrachtung dieser in der Dunkelheit der großen Kirche besonders dramatisch aufleuchtenden Bilder wieder zurück auf den Platz, führen zwei sehr schmale Straßen nach Süden, zu einer weiteren zentralen Öffnung des *Quartiers*. Die große *Place Saint-Sulpice* ist nämlich gleichsam eine Vorstufe zur Weite des *Jardin du Luxembourg*, der sich in der Ferne schon mit seinen hohen Gittern ankündigt. Um ihn zu erreichen, kann ich die *Rue Servandoni* oder die *Rue Férou* wählen.

In der *Rue Servandoni* komme ich zu dem Haus (Nr. 11), in dem Roland Barthes jahrzehntelang mit seiner Mutter gewohnt hat. Direkt gegenüber befindet sich das kleine, aber höchst intime Restaurant *Le Bon Saint Pourçain*, wo ich Roland Barthes (und der Nähe zu seinem langjährigen Wohnraum) zuliebe viele Stunden meines Lebens verbracht habe. Was habe ich dort getan? Vorzüglich in einer gewissen Abgeschiedenheit, fern von den lauten Zonen des *Quartiers*, gegessen und getrunken? Ja, auch. Vor allem aber habe ich dort über zahlreiche biographische Details des bedeutenden Zeichendeuters sowie ihre Verbindung zu seinen Werken nachgedacht. Gleichsam vor seiner früheren Haustür sitzend, habe ich an einem Buch geschrieben, das Barthes' Ästhetik auf ihn selbst und seine eigene Zeichensprache zu beziehen versuchte (Hanns-Josef Ortheil: *Die Pariser Abende des Roland Barthes*).

Ich schleiche die schmale *Rue Servandoni*, in der ich jedes Haus kenne, auf und ab, noch heute erscheint es mir so, als wäre ich an diese Straße gekettet.

Im Haus Nr. 20 befand sich früher eine kleine Pension, in der die sechzehnjährige Juliette Gréco einmal gewohnt hat. Als sie im Oktober 1943 mit wenig mehr als einer Metro-Karte in der Tasche allein nach Paris kam, waren Mutter und Schwester von der Gestapo verhaftet worden. Juliette Gréco lebte in einem winzigen Zimmer im fünften Stock und hatte das Glück, einem jungen Kunststudenten mit Namen Bernard Quentin zu begegnen. Er erfand für sie eine besondere Garderobe, maskulin und ein wenig zu groß, die sie bei gemeinsamen abendlichen Unternehmungen im *Quartier* trug. Dadurch fiel sie auf, sie machte die Bekanntschaft vieler Akteure des Viertels und wurde schon bald zu einer ihrer zentralen Figuren.

Ich wechsle schließlich von der *Rue Servandoni* in die parallele, fast ebenso schmale *Rue Férou*. In Nr. 2 bis stoße ich auf eine schmale Tür, die früher der Eingang zum Atelier von Man Ray (1890-1976) war. 1951 ist er mit seiner Frau Juliet (1911-1991) hierher gezogen. Oberhalb der Garage neben der Eingangstür erkennt man die hochgezogenen Glasfenster des Ateliers, das gleichzeitig Arbeits- und Wohnraum war. Der Künstler hat hier gearbeitet und Freunde und Bekannte empfangen. Viele von ihnen haben sich nach seinem Tod bemüht, das einzigartige Atelier zu erhalten (oder sogar für die Öffentlichkeit zugänglich zu machen), dieses Vorhaben ist jedoch gescheitert.

Vielleicht hätten wir daher kaum eine Vorstellung von der Besonderheit dieser Anlage, wenn nicht im Jahr 1974 Herbert Molderings, ein deutscher Kurator und Kunsthistoriker, dort zu Gast gewesen wäre. Molderings hat die unterschiedlichen Räumlichkeiten fotografiert und so ihre spezielle Ästhetik für einen Betrachter erhalten: *Alles in diesem Atelier war von Man Ray selbst fabriziert worden. Es gab darin kein Möbelstück, das nicht seine Hand verriet. Der Großteil der Einrichtung bestand überhaupt nicht aus Möbeln im kommerziellen Sinne, sondern aus zu Tischen, Schränken und Regalen umfunktionierten Brettern und Kisten. Man Ray saß in einem mit Kissen ausgepolsterten Holzsessel, den er bereits Anfang der Dreißigerjahre gebaut und über den Krieg gerettet hatte. Dessen auffälligstes Detail war ein in die Armlehne eingelassenes kleines Messingrohr, in das Man Ray ab und zu die Asche seiner Zigarre abklopfte.* (Herbert Molderings: *Atelier Man Ray*, S. 9)

Molderings' Fotografien und Kommentare machen die Atelier- und Wohnräume Schritt für Schritt zugänglich. Es gibt einen »Salon« für den Empfang der Gäste, und es gibt einen Schlafraum, ein Fotolabor und den eigentlichen Atelierraum. Zahllose Objekte an den Wänden, auf Tischen oder schmalen Schränken verwandeln diese Fluchten in museale Intimsphären. Aus einer ehemaligen Lagerhalle entstand so ein Kosmos, der ganz und gar auf die Passionen und den Geschmack eines einzelnen Menschen hin komponiert war: *Nichts in dieser Wohnung war Konfektionsware, nichts normiert durch fremden Geschmack, alle Dinge waren Produkte seiner Fantasie. Kaum war man aus der lärmenden Stadt in ihre Atmosphäre getreten, begann eine andere Welt. Eine Welt, in der die Dinge dem Besucher stumme Rätsel aufgaben, in der der Zufall, das spielerische Zusammenfügen und eine fröhliche Nutzlosigkeit vorherrschten. Man Rays Wohnung war eine einzige Werkstatt der Assoziationen, die, weil im hohen Maße individueller Natur, nur verschlüsselt mit dem Fremden kommunizierten.* (Herbert Molderings: *Atelier Man Ray*, S. 10)

Das Atelier von Man Ray ist ein erzählerischer, poetischer Kosmos gewesen, inspiriert durch die Avantgarden des Dadaismus und des Surrealismus, denen sich der Künstler eine Zeitlang zugehörig fühlte. Mir erscheint es kein Zufall, dass es sich ganz in der Nähe des *Jardin du Luxembourg* befand, denn das Gelände dieses großen Parks hat die Künstler, Schriftsteller und Musiker wie kaum ein anderes in *Paris, links der Seine* zu einer singulären, als poetisch empfundenen Auszeit inspiriert und verführt.

Auf sehr besondere Weise ist diese grüne, weite Fläche, die sich nach außen durch einen hohen Gitterzaun abschirmt, eine Oase, in der die verschiedenen Lebensalter und die unterschiedlichsten sozialen Schichten Zuflucht suchen. Betritt man das Gelände durch den Eingang rechts neben dem *Musée du Luxembourg* (*19 Rue de Vaugirard*), spürt man sofort diese einzigartige Atmosphäre. Die Bewegungen werden langsamer, man geht lang gezogene Alleen entlang, und man sucht wenig später einen Platz, an den man sich zurückziehen kann.

Erstaunlich ist, wie sehr die Spaziergänger, Läufer, Tennis-, Basketball- oder Boulespieler auf den ihnen zugeteilten Flächen unter sich bleiben. Und noch erstaunlicher ist, dass sich sehr wenige Gruppen oder größere Ansammlungen von Menschen durch diesen Park bewegen. Die meisten Besucher kommen allein oder zu zweit, und sie bleiben genau das auch während ihres mehr oder minder langen Aufenthalts. Um ihnen den gewünschten Rückzug zu ermöglichen, gibt es neben den obligatorischen Bänken entlang der Alleen viele grüne Einzelsitze oder kleine Sessel, die hin und her bewegt und genau dort postiert werden können, wo man es sich wünscht.

Vom Morgen bis zur Abenddämmerung (wenn die Trillerpfeifen der Parkwächter die Besucher vertreiben und hinausbitten, damit der *Jardin* zur Stille zurückfinden kann) strömen die Menschen aus allen Himmelsrichtungen herbei. Im Osten, wo die Kuppel des *Pantheons* gut sichtbar ist, grenzt das *Quartier Latin* mit seinen Universitäten, Bibliotheken und Buchhandlungen an. Von hier kommen die Studenten, Professoren und Buchfetischisten, die sich mit ihren Büchern, Zeitschriften und Zeitungen zu ausgiebigen Lektüren zurückziehen. Westlich und südlich liegt das *Quartier Montparnasse* mit seinen traditionsreichen Cafés und Restaurants und den lang gezogenen Boulevards, von wo viele Kinder mit ihren Müttern oder Kindermädchen eintreffen, und nördlich liegt *Saint-Germain-des-Prés*, die Sphäre der Älteren, die Tag für Tag hierherkommen, um Schach, Karten oder den halben Tag lang, bis zum Abend Boule zu spielen.

Die Kinder eilen mit ihren Müttern oder in anderer Begleitung zunächst zu dem großen Wasserbecken, das sich vor dem *Palais du Luxembourg* befindet. Sie bringen kleine Segelboote mit oder leihen sie aus und sitzen später an den Rändern des Beckens, um die Fahrten ihres Bootes zu beobachten und zu kommentieren.

Die Kinder am Rand des Beckens, begleitet von Erwachsenen – das ist seit vielen Jahrzehnten ein fast ikonisches Bild, von dem unzählige Pariser Familien eine eigene Aufnahme in ihren privaten Fotoarchiven haben. Vom Wasserbecken aus gehen die Wege weiter, unterhalten von anderen Kinderspielen, wie Frank Wedekind (1864-1918) sie schon vor langer Zeit beschrieben hat: *Um mich herum spielt eine Schar zehnjähriger Mädchen, alle mit nackten Beinen. Ich fühle mich wie im siebenten Himmel. Sie sind elegant angezogen, tragen hellgelbe Stiefeletten und kurze schwarze Socken. Ihre Bewegungen, wie sie über die Bänke wegklettern, sind harmlos und von einer traumhaften Grazie. Im Laufen und Springen setzen sie die Fußspitzen so energisch auf, daß ihnen die Kleidchen ins Gesicht schlagen.* (Frank Wedekind: *Gesammelte Briefe*)

TEAM
ilson
Babolat

Wie früher mischen sich auch heute die Kinder unter die spazierenden Erwachsenen und geraten bald in die Zonen noch anderer Vergnügungen, die sich in einiger Entfernung von dem herrschaftlichen Palais im Westen und Südwesten des Parks befinden. Diesen Bewegungen und Umzügen ist nun wiederum Erich Kästner (1899-1974) in einem Gedicht gefolgt: *Dieser Park liegt dicht beim Paradies. / Und die Blumen blühn, als wüßten sie's. / Kleine Knaben treiben große Reifen. / Kleine Mädchen tragen große Schleifen. / Was sie rufen, läßt sich schwer begreifen. / Denn die Stadt ist fremd. Und heißt Paris. /*

Alle Leute, auch die ernsten Herrn, / spüren hier: Die Erde ist ein Stern! / Und die Kinder haben hübsche Namen / und sind fast so schön wie auf Reklamen. / Selbst die Steinfiguren, meistens Damen, / lächelten (wenn sie nur dürften) gern. (Erich Kästner: *Herz auf Taille*, S. 79)

Weitab vom Palais gibt es dann ein Marionettentheater, dessen Vorführungen fast immer ausverkauft sind, und man trifft auf ein altes Kinderkarussell, dem bereits Rainer Maria Rilke (1875-1926) eines seiner schönsten Gedichte gewidmet hat. Hier zunächst der Text im Ganzen:

Das Karussell
Mit einem Dach und seinem Schatten dreht / sich eine kleine Weile der Bestand / von bunten Pferden, alle aus dem Land, / das lange zögert, eh es untergeht. / Zwar manche sind an Wagen angespannt, / doch alle haben Mut in ihren Mienen; / ein böser roter Löwe geht mit ihnen / und dann und wann ein weißer Elefant.

Sogar ein Hirsch ist da, ganz wie im Wald, / nur daß er einen Sattel trägt und drüber / ein kleines blaues Mädchen aufgeschnallt. /

Und auf dem Löwen reitet weiß ein Junge / und hält sich mit der kleinen heißen Hand, / dieweil der Löwe Zähne zeigt und Zunge.

Und dann und wann ein weißer Elefant.

Und auf den Pferden kommen sie vorüber; / auch Mädchen, helle, diesem Pferdesprunge / fast schon entwachsen; mitten in dem Schwunge / schauen sie auf, irgendwohin, herüber –

Und dann und wann ein weißer Elefant.

Und das geht hin und eilt sich, daß es endet / und kreist und dreht sich nur und hat kein Ziel. / Ein Rot, ein Grün, ein Grau vorbeigesendet, / ein kleines kaum begonnenes Profil –. / Und manchesmal ein Lächeln, hergewendet, / ein seliges, das blendet und verschwendet / an dieses atemlose blinde Spiel. (Rainer Maria Rilke: *Die schönsten Gedichte*, S. 80f.)

Lassen wir die große Schönheit dieses Gedichts auf uns wirken.

Ohne jede Ablenkung konzentriert es sich auf die Bewegung des Karussells, es ortet die bunten Pferde, folgt den angespannten Wagen, fixiert den (gegenüber den Pferden) schwerer und langsamer erscheinenden roten Löwen und verweilt im Blick auf jene Tiergestalt, die am auffälligsten und prägnantesten erscheint: dem weißen Elefanten: *Mit einem Dach und seinem Schatten dreht / sich eine kleine Weile der Bestand / von bunten Pferden, alle aus dem Land, / das lange zögert, eh es untergeht. / Zwar manche sind an Wagen angespannt, / doch alle haben Mut in ihren Mienen; / ein böser roter Löwe geht mit ihnen / und dann und wann ein weißer Elefant.*

Die Figuren des Karussells wurden vorgestellt, die langsame Drehbewegung wurde (im *und dann und wann*) eingefangen, wir sahen einen kurzen Film von wenigen Drehbewegungen. Danach aber sind einzelne Kinder dran, als Erstes ein Mädchen auf einem Hirsch, dann ein Junge auf dem Löwen. Kein kurzer Film mehr, vielmehr begleiten die Blicke jetzt gezielt jeweils eines der Kinder. Statt des Films entstehen zwei kurze

Momentaufnahmen: *Sogar ein Hirsch ist da, ganz wie im Wald, / nur daß er einen Sattel trägt und drüber / ein kleines blaues Mädchen aufgeschnallt. /*

Und auf dem Löwen reitet weiß ein Junge / und hält sich mit der kleinen heißen Hand, / dieweil der Löwe Zähne zeigt und Zunge.

Wir sehen nicht die Reaktionen der Kinder, sondern erleben ihre Körper als Farbtupfer: klein und blau das Mädchen, weiß der Junge. Dominanter als die Kinder bleiben weiter die Hauptfiguren, die des Karussells: der Hirsch mit einem Sattel, der Löwe mit Zähnen und Zunge. Ist das Karussell etwa stehen geblieben? Keineswegs: *Und dann und wann ein weißer Elefant.*

Löwe, Hirsch, Elefant – das sind die zentralen Protagonisten und Schmuckstücke. Zahlreicher aber sind die Pferde mit den Wagen. Sie werden zuletzt fixiert als eine eilige Schar, zu der die Schar der Mädchen gehört, die auf ihnen reiten. Von einzelnen Tier- und Menschenfiguren blendet das Gedicht hinüber zu den reitenden Scharen der Pferde und Mädchen: *Und auf den Pferden kommen sie vorüber; / auch Mädchen, helle, diesem Pferdesprunge / fast schon entwachsen; mitten in dem Schwunge / schauen sie auf, irgendwohin, herüber –*

Und weiter? Ist das Karussell etwa jetzt plötzlich zum Stillstand gekommen? Nein, noch immer nicht: *Und dann und wann ein weißer Elefant.*

Die letzte Strophe: Keine Tier- oder Menschenfiguren mehr, nur noch der beinahe schwindelerregende Blick auf die nicht endenwollende Bewegung. Ein erstes »und«, ein zweites, drittes, viertes, fünftes – langsam verschwimmen die vorher noch so konkret gesehenen Bilder. Höchstens die Farben bleiben, das Rot, das Grün, das Grau – und auf Seiten der Kinder das Profil eines Gesichts. Bis daraus, zum Schluss des Kreisens und Drehens, eine erste starke emotionale Reaktion entsteht: ein Lächeln, in dem alles liegt und zusammenkommt, was diese Minuten einer Karussellfahrt bewirkt, hervorgebracht und unsterblich gemacht haben: *Und das geht hin und eilt sich, daß es endet / und kreist und dreht sich nur und hat kein Ziel. / Ein Rot, ein Grün, ein Grau vorbeigesendet, / ein kleines kaum begonnenes Profil -. / Und manchesmal ein Lächeln, hergewendet, / ein seliges, das blendet und verschwendet / an dieses atemlose blinde Spiel.*

Man könnte viele Texte von Schriftstellern über den *Jardin* zitieren, die zeitlos wirken. Die Gegenwart hat sich kaum in dieses poetische Gelände eingeschlichen, es scheint so, als unterhielten sich die Menschen, sobald sie dieses Terrain betreten, mit Spielen, die es schon immer gegeben hat, und als kopierten sie mit ihren Bewegungen ihre Ahnen und Urahnen.

Das alte *Palais du Luxembourg*, bereits im frühen siebzehnten Jahrhundert als Schloss für Maria von Medici (die Witwe von Henri IV) erbaut, scheint darüber zu wachen. Die Gartenanlage mit dem großen Wasserbecken, den Blumenrabatten und den sich anschließenden Alleen wahrt die höfische, strenge Contenance, der sich noch die heutigen Besucher anpassen. Sie setzen sich, wie gesagt, zu den Kindern an die Ränder des Beckens, sie nehmen auf den Bänken Platz, oder sie legen sich auf das weite Grün zwischen den Alleen.

Im westlichen und südwestlichen Bezirk sind die strengen höfischen Gartenformationen dagegen zugunsten eines englischen Gartens verschwunden. Die Wege verlaufen nicht mehr gerade und stoßen in rechten Winkeln aufeinander, sondern kreisen wie schmale Pfade zwischen den Grasflächen und

Baumgruppen. Hier sitzen die vielen Einzelgänger, die Leser und Dialogpartner, nicht auf Bänken, sondern auf ihren gezielt auf ein Gegenüber oder ein Detail des Gartens ausgerichteten Stühlen.

Die spielenden, Marionettentheater schauenden oder auf Karussells fahrenden Kinder, die zurück zu ihren eigenen Spielen (Schach, Boule, Tennis etc.) findenden Erwachsenen, die eifrigen Läufer oder Turner – ihnen allen ist wenig an dem gelegen, was die Zentrale von *Saint-Germain* wenige hundert Meter entfernt (am *Boulevard Saint-Germain*) großgemacht hat: die Kunst der Konversation in mehreren Steigerungsgraden. Wenn es im *Jardin du Luxembourg* überhaupt so etwas wie Konversation gibt, dann wird nur geplaudert und ein Gespräch im lockeren, unterhaltenden Ton geführt.

Der schöne, weite Park ist als einzigartiges Refugium vielmehr ein magisches Sehnsuchtsobjekt der Rückverwandlung der Menschen ins altmodische Spiel, in spielerische Bewegung oder in Andeutungen von Liebesbegegnungen. Hier wird nicht debattiert, und hier werden keine Theorien gewendet oder Dramen gespielt. Man vergisst sogar die Leidenschaft des Beobachtens und Schauens und betrachtet oder prüft die Umgebung nicht auf ihre modischen, bühnenreifen Valenzen hin.

Angesagt ist vielmehr ein kompletter Rückzug, so dass viele der Herumgehenden und Herumsitzenden etwas beinahe Scheues, Verhaltenes zu haben scheinen. Das theatralische, gesellschaftliche Spiel der Konkurrenzen ist zu Ende, geblieben sind höchstens noch die uralten Rituale der Kindernachmittage, der pubertären Liebesanbahnungen oder des harmlos und ohne großen Ehrgeiz betriebenen Erwachsenensports.

Und so erscheint ein Gedicht Gérard de Nervals (1808-1855) symptomatisch für dieses Gelände. Es will ein Liebesgedicht oder zumindest ein Gedicht sein, in dem ein Liebesmoment spürbar wird. Ein Blick wird riskiert – und verliert schon im Moment seiner Entstehung an Kraft. Etwas ist da – und ist auch schon vorüber. Ein Lied, eine Blume sind Erinnerungssignale. Aber während sich bereits alles in Erinnerung verwandelt, sinkt auch das Vertrauen darauf, an diese Erinnerung anknüpfen zu können, in sich zusammen. Man könnte sagen: Das unveränderliche Dasein des *Jardin* holt den für frisch gehaltenen Liebesmoment ein. Dann wäre dieses Gedicht mehr als ein Abgesang auf die jugendliche Liebe. Es wäre ein Eingeständnis, dass die Liebe im *Jardin du Luxembourg* ihre Naivität sofort verliert: *Elle a passé, la jeune fille / Vive et preste comme un oiseau: / À la main une fleur qui brille, / À la bouche un refrain nouveau. /*

C'est peut-être la seule au monde / Dont le cœur au mien répondrait, / Qui venant dans ma nuit profonde / D'un seul regard l'éclaircirait! /

Mais non, – ma jeunesse est finie ... / Adieu, doux rayon qui m'as lui, / Parfum, jeune fille, harmonie ... / Le bonheur passait. – il a fui! /

Ein Blick – doch schon ging sie vorbei. / Ihr Schritt so leicht wie Vogelflug; / Sie sang ein frohes Lied dabei, / Ich sah die Blume, die sie trug. /

Hab ich in ihr das Herz erkannt, / Das unter allen mir bestimmt? / Sind unsre Seelen so verwandt, / Dass sie die Nacht von meiner nimmt? /

Doch nein – ich bin nicht jung wie sie! / Leb wohl, du Licht, das mich berührt, / Duft, Glück und Jugend, Harmonie / Hab ich zum letzten Mal gespürt. (Gérard de Nerval: *Œuvres*, S. 16)

Die Laufstege des Boulevards

Vom *Jardin du Luxembourg* aus gehe ich ein letztes Mal in die flussnahen Zonen von *Saint-Germain-des-Prés* zurück. Ich verlasse den Park dort, wo ich ihn betreten habe (neben dem *Musée du Luxembourg*), folge der *Rue de Vaugirard* einige Schritte nach links und biege dann nach rechts in die *Rue Bonaparte* ein. Ein schmaler Fußpfad (*Allée du Séminaire*) verläuft parallel zum Bürgersteig Richtung *Place Saint-Sulpice*, ich gehe die *Rue Bonaparte* immer weiter entlang, bis ich die *Rue du Four* erreiche. Ich wende mich nach links und stoße schließlich auf die breite *Rue de Rennes*, die ich nach rechts bis zum *Boulevard Saint-Germain* gehe.

Längst durchlaufe ich jetzt Gebiete, die mit dem Bauch von *Saint-Germain* (jetzt zur Rechten) nichts mehr zu tun haben. Vielmehr reihen sich nun die Modeläden der großen Marken aneinander. Die *Rue Bonaparte*, die *Rue du Four* und erst recht die *Rue de Rennes* sind beinahe ausschließlich Shopping-Terrains, und es gibt nur noch wenige kleine Lokale oder andere Abwechslung. Die Straßen sind deshalb leerer als gewohnt, hier sind vor allem jene Käuferinnen und Käufer unterwegs, die sich nach den neusten Modetrends umschauen und viel Zeit in den exquisiten Läden verbringen.

Das setzt sich auf dem *Boulevard Saint-Germain* fort. Folge ich ihm nach links, komme ich an unzähligen Läden, Boutiquen und Stores vorbei. Und plötzlich verwandeln sich die sonst eher unauffälligen Passanten des *Quartiers* in modebewusste Flaneure, die nach aktuellen Trends gekleidet sind. Die breiten Bürgersteige des Boulevards werden zu Laufstegen, und der weitere Spaziergang entwickelt sich zu einer *Fashion Show*.

Genau dafür ist ein Pariser Boulevard bestens geeignet. Seltsamerweise gibt es ähnlich großzügige Straßenzüge mit all ihren besonderen Bewegungsstrukturen in deutschen Großstädten kaum. Was ist das Einzigartige eines solchen Boulevards?

In seiner Mitte fließt (meist sogar auf mehreren Fahrspuren) der Autoverkehr. Die raschen Bewegungen und der Lärm werden durch hohe Platanen zu beiden Seiten des Mittelstreifens gedämpft. Visuell wirken sie wie ein Sichtspalier. Daran schließen sich die breiten Bürgersteige für die Fuß- und Spaziergänger an. Wichtig ist, dass sie keine Beengung spüren, sondern einander ebenfalls auf mehreren Bahnen bequem und in unterschiedlichen Tempi passieren können.

Ihre Aufmerksamkeit wird von den dicht an dicht gereihten Geschäften und Läden beansprucht. So wird der Blick abwechselnd nach vorn und zur Seite gelenkt. Dort schnappt er auf, was die Läden an Neuem präsentieren. Das führt zum Verweilen, zur Verlangsamung und vielleicht zum Betreten eines Geschäfts.

Banken, Versicherungen oder ähnliche Bürofilialen größerer Betriebe, die keine Schaufenster, sondern tote Steinflächen mit etwas Werbung anbieten, sind der Tod eines Boulevards. Um vital und voller unterschiedlicher Atmosphären des Konsums zu bleiben, braucht er ein ununterbrochenes Angebot von verschiedenartigen Läden und Geschäften. Und er braucht außerdem hohe, meist fünfstöckige Häuser, die noch Stockwerk für Stockwerk bewohnt sind.

21 Stade Charléty
ORPI

Durch die Anwohner wird ein Boulevard gleichsam geerdet und erscheint eingebettet in die Szenen und Aromen des Alltags. Er darf weder blassen Einkaufszentren noch überfüllten Shopping Malls ähneln, sondern sollte als eine eigene, von Verkehr, Spaziergängern, Einkäufern und Bewohnern durchflutete Erlebniszone erscheinen, die ihre ganze Schönheit vor allem an den frühen Abenden entfaltet.

Der Maler Camille Pissarro (1830-1903) hat einen solchen Boulevard-Abend in seinem Bild *Boulevard Montmartre bei Nacht* eingefangen. Die hellgraue Verkehrsachse in der Mitte, auf der sich die Lichter der Autos spiegeln. Daneben die Fluchten der hohen, bis zu den ersten Stockwerken reichenden dunklen Bäume, die glitzernden Läden mit ihren hellen Markisen, unter denen die Spaziergänger und Käufer verweilen und das Angebot mustern – und schließlich in den obersten Stockwerken die erleuchteten Fenster, die wie ein etwas sanfteres, matteres Gegenbild der helleren Ladenzonen erscheinen.

Pissarro hat die verschiedenen Elemente eines Boulevards ebenfalls genau studiert und porträtiert. Dadurch wird er als großstädtisches Lebensmodell deutlicher erkennbar. Es handelt sich um einen Kosmos, der die Spaziergänger, Passanten und Einkäufer eng mit den Läden und Geschäften verbindet. Indem sie diese Etablissements betreten, bestimmte Waren erwerben und sie benutzen, verwandeln sie sich in Gestalten des Laufstegs.

Hoch oben aber, über diesen Bühnen, gibt es Wohnungen, in denen das private und alltägliche Leben dominiert. Von Stockwerk zu Stockwerk nimmt die Magie der Laufstege ab. Die gekauften Waren verwandeln sich mit der Zeit in Gebrauchsgegenstände, und Menschen, die diese Waren zu bestimmten Zeiten vorführen, werden zu Bewohnern, die den Boulevard als »ihre Straße« verstehen und seine Zonen mit den Zimmern ihrer Wohnungen verbinden.

Es ist dieses Spiel kommunizierender Röhren, das den Boulevard zu einem attraktiven Lebensraum macht. Weder darf er über seine Bewohner verfügen und ihre Lebensformen dominieren, noch dürfen die Bewohner ihn wie eine alltägliche, unauffällige Straße behandeln. Eine gelungene Mischung aus diesen beiden Extremen macht einen lebendigen Boulevard aus.

Passend zu den übrigen Zonen von *Paris, links der Seine* hat der *Boulevard Saint-Germain* seine eigene Sprache. Es ist nicht die der Literatur oder der Philosophie, sondern die der Mode. Auch »Mode« kommt hier in Paris nicht ohne ein eigenes Vokabular, eigene Zeitschriften und Zentren der öffentlichen Kommunikation aus. Erst dadurch existiert sie überhaupt als ein starkes, viel beachtetes und prägendes kulturelles Motiv. »Geschmack« ist keine Willkür und bleibt keineswegs den wählerischen Käuferinnen und Käufern überlassen, sondern ist das Ergebnis von Vergleichen, Debatten und Urteilen, die etwas Definitives haben.

Der Meister der definitiven Geschmackslehren ist gegenwärtig Karl Lagerfeld, der eines seiner Geschäfte nicht zufällig am *Boulevard Saint-Germain* (Nr. 194) platziert hat. Lagerfeld hat selbst keine Aufsätze, Essays oder gar Bücher geschrieben – *I'm living my memoir, I don't need to write it*, lässt er vielmehr auf einer seiner Internet-Seiten (*www.karl.com*) verlauten. Alle Welt weiß jedoch, dass er eine große Privatbibliothek mit angeblich über 300 000 Büchern hat, zusammen mit dem Göttinger Verleger Steidl ein Verlagsprogramm verantwortet und nicht zuletzt nahe dem Seineufer (*7 Rue de Lille*) die Buchhandlung *Librairie 7L* unterhält, die vor allem Bücher zu den Themen Mode, Kunst, Architektur und Fotografie anbietet.

Durch all diese Aktivitäten ist Lagerfeld mit der Bücherwelt und ihren Akteuren eng verbunden und gerade deshalb eine typische Erscheinung von *Paris, links der Seine.* Er kultiviert das Genre des pointierten Aphorismus (mit unzähligen Sätzen von der Art: *I'm not a fortune teller, I'm a fashion tailor*) und das des ausführlichen Interviews oder Gesprächs. Er beherrscht dabei eine Technik, die viel Ähnlichkeit mit den Konversationstechniken der Zentrale von *Saint-Germain-des-Prés* hat, denn sie ist vor allem eine Technik des ausschweifenden Monologs, der in raschen Assoziationssprüngen unterschiedlichste Themen berührt.

Wie Lagerfeld solche längeren Interviews oder Gespräche im Einzelnen inszeniert und gestaltet, hat der Schriftsteller John von Düffel in seinem Buch *KL. Gespräch über die Unendlichkeit* (Köln 2015) eingefangen und beschrieben. Dort nähert sich ein fiktiver Interviewer, der mit Lagerfeld ein »philosophisches Gespräch« führen möchte, dem großen Mode-Rhetoriker und gerät Schritt für Schritt in die tückischen Fallen seiner Selbstdarstellung.

Dabei kommt auch zur Sprache, was Lagerfeld vom Bücherschreiben hält: *Jeder C-Promi faselt heute ein Buch zusammen und zieht damit durch die Talkshows, um noch mehr darüber zu faseln. Es gibt gar keinen Unterschied mehr zwischen Buch und Talk, zwischen Schreiben und Schwafeln ... Siebzehnjährige schreiben ihre Memoiren, Siebzigjährige schreiben sich jung. Die Talkshow ist wirklich das zweitschlimmste, was einem Buch passieren kann ... Prominenz schadet dem Buch. Dieser Satz müsste eigentlich in jeder Buchhandlung in Großbuchstaben über der Kasse stehen. Um ein wirklich gutes Buch zu schreiben, muss man unbekannt sein. Deswegen schreibt jeder Schriftstel-*

ler auch im Grunde nur eins. Wenn man prominent ist, ist es zu spät ... Eine Zeit lang habe ich tatsächlich gedacht, ich sollte vielleicht aufhören zu schwadronieren und anfangen zu schreiben. Den Gedanken hat vermutlich jeder irgendwann einmal, in einer schwachen Stunde. Aber dann hatte ich eine noch bessere Idee: Lass es lieber! Ich werde der einzige Prominente sein, von dem es kein Buch gibt. Das ist mein Beitrag zur Rettung der deutschen Literatur ... (John von Düffel: *KL*, S. 33/34)

Solche Passagen verdeutlichen scharf und genau, was Lagerfeld vorschwebt: Das gezielte Schwadronieren (oder »schwafeln«) soll kein Buch und damit nicht fixiert werden, sondern in steter Bewegung und »offen nach allen Seiten« bleiben. Als Sprecher, Rhetor und Gestalter einer aphorismenträchtigen, pointierten Sprache ist er ein besonders strenges und konsequentes Mitglied der Zirkel von *Paris, links der Seine*. Er kämpft für das elegante, unermüdliche, nicht zum fertigen Ergebnis kommende Sprechen und damit für einen Kult der Gegenwärtigkeit, der den Augenblick und das Momentane ehrt. Gerade das macht ihn zu einem sprechenden Akteur von »Mode«, die genau an dieser kultivierten Präsentation des Flüchtigen und Ephemeren interessiert ist.

Lagerfeld ist damit der vorläufig letzte berühmte Erbe einer langen Tradition einer »Sprache der Mode«, deren Bibel der Modeschöpfer Christian Dior in den fünfziger Jahren, den Glanzzeiten von *Saint-Germain-des-Prés*, geschrieben hat. Damals war Dior der gefeierte Nachkriegsstar eines »New Look«, dessen Zeichen und Komponenten er in einem privaten ABC der Mode erläuterte.

Dabei ging es keineswegs um Stilgesetze der Haute Couture, sondern eher um eine Ästhetik des »modischen Blicks«

und damit um eine Anleitung der Käuferinnen zu einer selbst gestalteten und bewussten Eleganz. Das Programm einer solchen Stilbildung sollte kein Programm für wenige, sondern für viele Frauen sein: *Viele Menschen verurteilen Haute Couture als einen Luxus, den sich nur reiche Menschen leisten können. In Wirklichkeit aber kann jede Frau elegant sein, ohne dass sie sich dafür in Unkosten stürzen müsste. Sie muss lediglich den Grundregeln der Mode folgen, ihre Kleider sorgfältig auswählen und darauf achten, dass sie zu ihrer Persönlichkeit passen. Stil beruht auf Schlichtheit, gutem Geschmack und Pflege, und all das kostet kein Geld.*

Die sanfte Pädagogik des »modischen Geschmacks« im Sinne Diors zielt letztlich auf eine Ästhetik der Selbstbeobachtung und fügt sich damit in vergleichbare ästhetische Modelle anderer Künste ein: *Zunächst müssen Sie sich selbst beobachten, um herauszufinden, welche Bedürfnisse Sie haben, was Ihnen steht und was nicht. Finden Sie die Farben, die Ihnen schmeicheln und Ihre natürliche Schönheit unterstreichen, und vermeiden Sie die anderen, die nichts für Sie tun. Wählen Sie schlicht geschnittene Kleider und achten Sie darauf, dass sie perfekt sitzen. Vor allem aber: Pflegen Sie Ihre Kleidung. Wenn Sie nicht sorgfältig mit Ihrer Garderobe umgehen, können Sie sich niemals stilvoll kleiden.* (Christian Dior: *Das kleine Buch der Mode*, S. 5)

Von A (»Abnäher«) bis Z (»Zobel«) entwirft Diors kleine Bibel eine Annäherung an grundlegende Faktoren und konkrete Details des persönlichen Geschmacks. Sie macht Vorschläge, stellt Fragen und lässt viele Freiheiten, indem sie immer wieder den subjektiven, komponierenden Blick einfordert: *Ein Akzent muss einen persönlichen Touch haben. Es kann die Art sein, wie Sie eine Schleife oder einen Schal binden, die Stelle, an der Sie eine Klammer anbringen, die Farbe der Blume, die Sie auswählen … Niemand außer Ihnen selbst hat das richtige Gespür dafür.* (Christian Dior: *Das kleine Buch der Mode*, S. 9/10)

Letztlich zielen Diors Empfehlungen einer modischen Wirkungsästhetik aber auf nichts anderes als jenes Lebensgefühl, das die Welten von *Paris, links der Seine* schon seit den Anfängen bestimmt und geprägt hat. Es ist die Empfindung eines andauernden Festes, das die spröden Alltagsmomente unterläuft oder ignoriert. Zur Teilnehmerin an diesem Fest wird man durch Gesten des Zelebrierens. Der Schlussappell von Diors Buch ist daher eine eindringliche Botschaft: Begeisterung, Freude – das sind für ihn die Elementarformen des Daseins, denen »die Mode« letztlich nur dient und zu deren Vervollkommnung sie beitragen soll: *Was immer Sie tun – ob bei der Arbeit oder in der Freizeit –, zelebrieren Sie das Leben! Genau darin liegt nämlich das Geheimnis der Schönheit und der Mode. Schönheit kann nicht wirken, wenn Sie sie nicht zelebrieren. Und genau so ist es mit der Mode: Ihre Garderobe will gut gewählt, gepflegt und zelebriert werden. Tragen Sie Ihre Kleider mit Begeisterung und Freude!* (Christian Dior: *Das kleine Buch der Mode*, S. 127)

So gesehen, ist »Mode« ein zentrales Moment der Szenen *links der Seine.* Sie organisiert eine bestimmte Lebenshaltung mit und fordert von ihren Schöpfern einen umfassenden Blick auf die Attribute des Alltags, die in »Eleganz« verwandelt werden sollen.

Dabei werden ihre Studios zu Werkstätten, die nicht nur der Herstellung von Kleidung dienen, sondern auch ein kleines Universum von all jenen Gegenständen und Dingen entwerfen, die am Körper eines Menschen oder in seiner unmittelbaren Nähe vorkommen und gebraucht werden. Bücher und zahlreiche Filme widmen sich seit einiger Zeit dem Studium solcher Studios, in denen die Modeschöpfer gleichsam als Regisseure von vielen Abteilungen operieren, die als Kollektiv Gesamtkunstwerke von Lebensszenen gestalten (Jéromine Savignon: *Le studio d'Yves Saint Laurent*).

In Karl Lagerfelds Store am *Boulevard Saint-Germain* befinde ich mich daher nicht nur in einem Laden mit vielerlei Kleidung, sondern in dem, was Lagerfeld selbst gerne *Karl's Welt* nennt. Die »Mode«, die er herstellt, soll so viele Lebensbereiche wie möglich prägen. Und sie soll begleitet werden von Büchern, die in Gestaltung und Herstellung den Esprit seiner Mode abbilden und mit verkörpern. Instrumentiert wird dieses breit angelegte Lebensspiel durch die Losungen und Sprüche des *Karlism*, die von den Freunden, Anhängern und Fans laufend abgerufen werden: *Trendy is the last stage before tacky* (*www.karl.com*).

Ich verlasse die Lagerfeld-Zone und biege vom *Boulevard Saint-Germain* nach rechts in die *Rue du Bac* ab. Von dort aus tauche ich in eine ganz andere Welt ein, sie wird beherrscht von einem der größten Verlagshäuser Frankreichs, dem Verlag von Gaston Gallimard.

Auf dem Weg zur Rue Saint-Benoît

Nach wenigen Schritten auf der *Rue du Bac* zweigt nach rechts die *Rue de Montalembert* ab, und ich stehe vor einem der bekanntesten Fünf-Sterne-Hotels von *Paris*, *links der Seine*, dem Hotel *Pont Royal*. Da es ganz in der Nähe des Verlags Gallimard liegt, war und ist es eine der ersten Adressen für die Verlagsbranche.

Die meisten angereisten Autorinnen und Autoren werden in diesem Hotel untergebracht, so dass man sich nach Gesprächen im Verlag hierher in eine entspanntere Atmosphäre zu einem eher lockeren Austausch zurückzieht. Dafür berühmt ist die Bar des Hotels, in der bereits in den zwanziger Jahren viele amerikanische Schriftsteller und Künstler aus aller Welt verkehrten. In den fünfziger Jahren trafen sich hier Albert Camus, Jean-Paul Sartre, Simone de Beauvoir oder Boris Vian mit ausländischen Autoren und nutzten deren Anwesenheit oft für eine Anwerbung zur Mitarbeit an gemeinsamen literarischen Projekten.

Heute ist das Hotel aber nicht nur wegen seiner Bar, sondern vor allem wegen seines Restaurants bekannt. Der französische Sternekoch Joël Robuchon hat hier einen neuen Typus von Lokal geschaffen, den er »Atelier« nennt. Die Gäste sitzen auf bequemen Barhockern rund um einen schwarzen Tresen, und die kleinen Speisen werden vor ihren Augen zubereitet und von den meist jungen Köchen mit kurzen Kommentaren serviert. Die Speisekarte besteht daher nicht aus der üblichen Folge von Vorspeise, Hauptgericht und Dessert, sondern aus einer langen Liste von kleinen Gerichten, auf der man überraschende Kombinationen von Delikatessen entdecken kann.

Man beginnt mit einer ersten Bestellung, und nach einer Weile steht ein großer, weißer Teller vor einem, auf dem kleine, in exzellenter Bouillon gekochte Hühnerstücke neben winzigen, mit Gänseleber gefüllten Ravioli, begleitet von einer intensiven Creme, liegen. Dazu empfiehlt eine junge Sommelière ein passendes Glas Wein, das diese Kombination perfekt unterläuft und ihr jegliche Schwere entzieht.

Die großen weißen Teller haben ihren hohen Preis, zweifellos. Kein Gast wird aber gedrängt, mehrere zu bestellen. Nach dem ersten könnte durchaus Schluss sein, und man könnte in die Feinschmecker-Szene dieses Zwei-Sterne-Restaurants eintauchen, das so ganz anders ist als die sonstigen feinen Stuben dieser Kategorie. Hier werden die einzelnen Speisen nämlich nicht in ehrfürchtiger Stille probiert und durch bedächtiges Kauen in ihre Einzelheiten zerlegt. Sie werden vielmehr besprochen und untersucht.

Man kostet, unterhält sich mit dem Koch, kostet erneut, fragt nach, wird über die Bestandteile und die Kochvorgänge aufgeklärt – und erlebt dasselbe bei den anderen Gästen, so dass man manchmal glaubt, in einem Kochseminar zu sitzen. Die Meinung des Gastes ist gefragt, und es kann durchaus vorkommen, dass der Koch den weißen Teller noch einmal zurückzieht, um ein winziges Detail zu verändern oder zu ergänzen.

Ein solcher »Atelier«-Besuch dauert, auch wenn man nicht viele »Speisen« bestellt, seine Zeit, macht aber großes Vergnügen. Die gängigen Gesprächsthemen (Politik, Wirtschaft, Kultur) sind verpönt, und fast alle Gäste widmen sich ihren Tellern mit einer Beflissenheit, die etwas Ansteckendes hat.

Schon bald kreisen die Gespräche um andere Pariser Kochszenen, sie werden verglichen, Details hervorgehoben, und man fühlt sich mit der Zeit wie ein Eingeweihter, der einem seltsamen Geheimclub angehört. Es ist der Club jener Esser, die fast ausschließlich Restaurants aufsuchen, die mindestens einen Michelin-Stern erhalten haben. In ganz Paris steht ihnen ein großer Nährboden zur Verfügung, *Paris, links der Seine* beherbergt jedoch typischerweise nur sehr wenige dieser Gourmettempel.

Die Rue Montalembert geht nach dem Hotel *Pont Royal* und einem weiteren Luxushotel in die *Rue Gaston Gallimard* über. Ihr Name erweist dem bedeutenden Verleger Gaston Gallimard (1881-1975) Reverenz, der das französische Verlagswesen wie kaum ein anderer geprägt hat.

Auf der rechten Seite der Straße erkennt man den großen Gebäudekomplex der Gallimard-Verlage, dessen Mitarbeiter manchmal rauchend und debattierend draußen vor den schlichten Türen stehen. An einem Bau erkennt man die Großbuchstaben *NRF*, die auf die frühste Gründung Gallimards, die Literaturzeitschrift *Nouvelle Revue française* (1908 gegründet), verweisen. Kurze Zeit später rief Gallimard (u. a. zusammen mit dem Schriftsteller André Gide, der einer seiner engsten Mitarbeiter und Berater wurde) den Verlag *Éditions Gallimard* ins Leben.

Ich biege nach rechts, in die *Rue de l'Université*, ab, wo mich die Gallimard-Trakte und -Büros noch einige Zeit begleiten. Es ist eine schmale, stille Straße, in der sich inzwischen auch einige kleinere Verlage niedergelassen haben. Immobilienläden und Antiquitätengeschäfte, aber keine Cafés oder Restaurants sind hier zu finden. Stattdessen trifft man viele Menschen, die zu Fuß in großer Eile auf dem Weg zu den alles beherrschenden Gallimard-Bauten sind. Sie wirken konzentriert und etwas abwesend, und nicht wenige sind mit einer Akten- oder Laptoptasche unterwegs.

Am Mittag, gegen 12.30 Uhr, fluten sie alle die *Rue de l'Université* entlang wieder zurück und biegen nach rechts in die *Rue Saint-Benoît* ein. Dort suchen sie für eine nicht allzu ausgedehnte Mittagsmahlzeit ein legendär gewordenes Bistro auf, dessen Innenräume sich seit Jahrzehnten nicht verändert zu haben scheinen.

Es ist das *Le Petit Saint Benoît*, das seine Gäste an schönen und warmen Tagen auch an kleinen Tischen auf dem Bürgersteig

empfängt. Charakteristischer sind jedoch die beiden Innenräume, ein kleiner Empfangsraum mit wenigen Tischen und einem alten Tresen, und ein etwas größerer Essraum, schlicht und so angenehm wohnlich, wie man es sich als Gast nur wünschen kann. Treten Sie ein in das unsterbliche Paris, das Paris der wahren Bistros, rufen einem die Besitzer auf ihren Internetseiten zu – hier treffen sich seit 1901 Generationen von Intellektuellen, Künstlern und Schriftstellern in einem bis heute zeitlosen Ambiente!

Auf den Schiefertafeln zu beiden Seiten der Tür stehen in Kreideschrift die Gerichte vom Tag, und wenn man ins Innere gelangt ist, hat man sofort den leicht häuslichen, lauwarmen Dunst der Speisen in der Nase. Eine Kellnerin führt einen zu einem der vielen sehr schmalen Tische, auf denen eine weiße Papiertischdecke, die umgestülpten Gläser und das Besteck bereits auf den Gast warten. Man muss früh genug erscheinen, denn gegen 13 Uhr sind alle Plätze besetzt, und die Gallimard-Lektoren diskutieren längst angeregt die neusten Manuskripte.

Die Gerichte sind genau so schlicht wie die unveränderte Innenausstattung. Es sind die bekannten Klassiker der alten französischen Küche. Eine Fischsuppe? Eine Gemüsesuppe? Eine Zwiebelsuppe, gratiniert? Oder als Vorspeise doch lieber Schnecken, Froschschenkel, Heringe? Als Hauptgericht könnte es ein Pilzrisotto, Bœuf Bourguignon, Ente oder frisch angemachtes Rindertatar mit natürlich selbst gemachten Frites geben. Und zum Dessert? Mousse au chocolat oder eine Crème brûlée.

Die gut gelaunte und schlagfertige Kellnerin notiert die Bestellung auf der weißen Papiertischdecke und bringt rasch eine Karaffe Wein und eine große Flasche Wasser. Sie ist mit den Gästen im Gespräch und erfährt in den Mittagsstunden mehr Neues über die Umgebung als aus sämtlichen Zeitungen.

Nach wenigen Minuten und nach dem ersten Schluck Wein ist man eingestimmt. Man ist Teil dieser brodelnden, heiteren Gesellschaften, man unterhält sich, erzählt selbst und versucht sich in Konversation, wobei jetzt das Thema ausschließlich das *Quartier* ist, seine Geschichten, seine Macken, seine Traditionen. Immer wieder wird man gefragt, wie man ausgerechnet in dieses Bistro gelangt ist. Folgte man einem Tipp? Aber von wem kam er? Und wurde man nicht vom stark antiquierten Äußeren abgeschreckt? Nein, wirklich nicht?

Ich könnte antworten, dass ich gerade die alten, aussterbenden Pariser Bistros liebe und dass *Le Petit Saint Benoît* genau in diese Kategorie von Lokalen gehört. Was macht solche Bistros aus? Und warum gefallen sie mir so?

Zunächst einmal sind es Begegnungsstätten für die Bewohner eines *Quartiers*, die sich beinahe täglich einfinden. Der Wirt und die Kellnerinnen bilden die Anlaufstation und ordnen mit raschen Gesten den Verkehr. Sie begrüßen, weisen Tische zu, führen die unterschiedlichen Gäste zusammen und sorgen dafür, dass die Stammkunden ihre vertrauten Plätze einnehmen.

Von großer Bedeutung ist auch der Raum. Er sollte sich nicht aufspielen und keine starke Dramaturgie unterschiedlicher Zonen entfalten, sondern so unauffällig und konventionell sein, dass man ihn gar nicht bemerkt. Der Gast sollte das Gefühl haben, nach Hause zu kommen, und er sollte diese Heimkehr mit Worten unterstreichen, die anfänglich nicht viel bedeuten oder hermachen. Man spricht kurz über das Wetter oder eine Neuigkeit von der Straße, man nimmt Kontakt zu den anderen Gästen auf, die dicht neben einem sitzen.

Daher könnte man sagen: Der Gast *verschwindet* in einem Bistro. Die Kellnerinnen und Kellner umtanzen und hätscheln ihn nicht, sondern nehmen ihn auf und reihen ihn in die murmelnden Gesellschaften der anderen Gäste ein. Dort bleibt er verborgen. Er redet nicht viel von sich selbst, und er stellt sich erst recht nicht als großer Kenner bestimmter Themen oder Stoffe dar. So einfach wie die Gerichte, die er bestellt, sollte auch sein kleiner Auftritt geraten: ankommen, sich einfügen, mitreden, sich wieder lösen und das Weite suchen.

Eine starke Beziehung unterhält das Bistro zur Straße vor der Tür. Viele Passanten kommen einfach nur auf einen Schluck hinein und schmiegen sich in die Runden nahe dem Tresen. Es gelingt ihnen nicht, an dem vertrauten Bistro vorbeizugehen, es würde ihnen geradezu etwas fehlen, wenn sie es nicht zumindest kurz, auf einen Schluck, aufgesucht hätten.

Daher ist ein Bistro eine Institution, die aus den Passanten soziale Individuen macht. Es holt den Vorübergehenden aus seiner Anonymität und macht aus ihm ein geselliges, Kontakt suchendes und sich durch diesen Kontakt definierendes Wesen.

Ein solches Wesen hat (wie der Wirt und die Kellnerinnen) nur einen Vornamen. »Ah, Henri, da bist du ja wieder!«, ruft der Wirt dem Eintretenden zu. Henri ist ein angesehener Rechtsanwalt und bekannter Strafverteidiger – das interessiert in diesem Moment aber ganz und gar nicht. Henri ist vielmehr der große Junge, der drei Straßen weiter sein Büro hat und ausschließlich Weißwein aus dem Burgund trinkt. Diesen Schluck sucht und bekommt Henri, dann wird er lächeln und sich wohlfühlen – und man wird von ihm einige Bonmots zu hören bekommen, die seine Umgebung unterhalten.

All diese stark rituellen Szenen behalten jedoch immer etwas Flüchtiges. Sie verlangen keinen tieferen Ernst, keine langen Reflexionen, überhaupt nichts an »Vertiefung«. Vielmehr sollten die Stimmungen und Atmosphären abrupt wechseln und dadurch etwas Spielerisches behalten. Nicht der Konflikt, sondern der Kontrast ist von Bedeutung.

Der Ethnologe Marc Augé hat dem Pariser Bistro eine Liebeserklärung in Form eines Buches gewidmet, in dem er das Flüchtige eines Bistros in Zusammenhang bringt mit der Fotografie. Für die großen Pariser Fotografen war gerade das Bistro mit all seiner Unmittelbarkeit der ideale Ort für das Einfangen eines unverwechselbaren Moments. Ein erstauntes Gesicht, eine Mimik der Verblüffung, eine sonst unbeachtete Geste – ein Bistro bietet genau das in großer Fülle.

Es lässt die Menschen bei sich bleiben und entlockt ihnen kurze, starke Reaktionen, durch die sie zu Spielern in einem Ensemble werden. Sie sind keine Protagonisten, Helden, Hauptfiguren, sondern sie bleiben immer Mitglieder eines solchen Ensembles und damit Gestalten in einer Reihe: *Das Bistro ist der Ort einer Vermischung der Gattungen, von Tragödie und Komödie, der nichtssagenden Worte und des vielsagenden Schweigens, des lauten Lachens, des unterdrückten Seufzers und der diffusen Melancholie. Die angedeuteten Gesten und flüchtigen Ausdrücke, die vorübergehenden Schatten und plötzlichen Aufheiterungen haben bekanntlich den Blick von Fotografen angezogen, und wenn Cartier-Bresson, Doisneau und andere im Herzen der Pariser Bistros spontan Szenen festhalten konnten, deren Detailaufnahmen zu Klassikern wurden, dann verstanden sie es darüber hinaus auch, die irritierende und zeitlose Präsenz von Kör-*

pern und Gesichtern einzufangen. (Marc Augé: *Das Pariser Bistro*, S. 60)

All das könnte ich also auf die Frage, warum ich die alten Pariser Bistros so liebe, antworten. Sie geben mir wie keine anderen Lokale das Gefühl, von den Bewohnern aufgenommen und als Gast anerkannt zu sein.

Im Fall des *Le Petit Saint Benoît* kommt jedoch noch etwas anderes, Wichtiges hinzu. Ich bin nämlich seit langem sein Gast, weil mich ein bestimmtes Foto einmal hierhergeführt hat. Es ist ein Foto von Robert Doisneau, das die Schriftstellerin Marguerite Duras (1914-1996) draußen auf der Terrasse des Bistros zeigt.

Sie sitzt allein an einem Tisch, trägt einen Mantel und raucht eine Zigarette, die sie in der linken Hand hält. Die Mahlzeit ist anscheinend vorüber, und sie ist bereit zum Aufbruch. Die anderen Tische sind verwaist, was den Eindruck ihres Alleinseins noch verstärkt. Vor ihr auf dem Tisch steht eine geleerte Karaffe und ein halbvolles Wasserglas. Ihre Lippen sind leicht geschminkt, und die kurzen dunklen Haare fallen in die Stirn. Marguerite Duras schaut den Fotografen nicht an. Sie blickt lächelnd an ihm vorbei. Warum lächelt sie? Was ist passiert? Was steht bevor?

Marguerite Duras auf der Terrasse des Le Petit Saint Benoît im Jahr 1955 ist ein sehr schönes, mysteriöses Foto. Es zeigt eine damals längst berühmte Schriftstellerin, die nur sich selbst zu trauen scheint und mit ihren eigenen Geschichten beschäftigt ist. Das *Le Petit Saint Benoît* war ihr Stammlokal, denn sie wohnte seit 1942 in dem mehrstöckigen Haus direkt gegenüber.

In der Nähe von Saigon geboren, war sie 1932 zum Studium nach Paris gekommen. Kurz nach ihrem Einzug in die Wohnung erschien ihr erstes Buch, und von da an veröffentlichte sie kontinuierlich Romane, Erzählungen und Bühnenstücke. Bekannt wurde sie auch durch ihre Drehbücher wie etwa das zu Alain Resnais' Film *Hiroshima, mon amour*. Fast alle ihre Romane wurden ins Deutsche übersetzt, jedoch erst der Roman *L'amant* (*Der Liebhaber*) wurde ein großer Publikumserfolg.

Seit 2007 liegen auch ihre *Hefte aus Kriegszeiten* auf Deutsch vor. In diesem Buch sind erzählerische Studien, Übungen und Entwürfe für viele spätere Erzählungen und Romane enthalten, die sie unmittelbar nach ihrem Einzug in das Haus Nr. 5 der *Rue Saint-Benoît* geschrieben hat.

Im vierten Heft trifft man immer wieder auf eine bestimmte Personenkonstellation. Die Erzählerin beobachtet die kurzen Auftritte eines Straßenfegers und die Gespräche zwischen ihrer Concierge (Madame F. oder Fossé) und einer Nachbarin (Mademoiselle G. oder Ginsbourg). Der Alltag in der *Rue Saint-Benoît* wird auf diese Weise eingefangen: *Manchmal, wenn der Straßenfeger ein bisschen früher als sonst begonnen hat, die Rue Saint-Benoît zu fegen, oder wenn Madame Fossé sich in ihrem Zeitplan verspätet hat, trifft es sich, dass er gerade auf der Höhe der Nummer fünf fegt, wenn Madame Fossé und Mademoiselle Ginsbourg von ihren Türschwellen aus miteinander reden, dann mischt er sich auf Madame Fossés inständige Bitte hin in das Gespräch ein. Das Gespräch nimmt dann eine allgemeinere und philosophischere Wendung. Es ist von ihren jeweiligen Stellen die Rede und von den Vorteilen und Nachteilen derselben. Der Straßenfeger sagt, sein Beruf sei hart im Winter, besonders, wenn es schneit. Madame Fossé ist knapper, sie sagt, Straßenfeger sei ein Beruf, ihrer nicht. Sie sagt ihm, dass er, wenn er seine Arbeit getan habe, fertig sei, dass er außerhalb seiner Arbeitszeiten tun und lassen könne, was er wolle, während sie nie fertig sei und sogar nachts Concierge bliebe, immer von der Klingel geweckt würde und keinen Urlaub nehmen könne … Mademoiselle Ginsbourg nimmt selten an den Gesprächen des Straßenfegers teil, dessen politische Ansichten sie nicht teilt. Da jeder von der Stelle aus redet, an der er sich befindet, das heißt von den Hausschwellen und von der Straßenmitte aus, sprechen sie laut, und ihre Stimmen erreichen mich hell und deutlich. Im Sommer, wenn die Sonne rosa und safrangelb zwischen dem Gerüst der Medizinischen Fakultät hervorbricht, erreichen mich ihre Stimmen, vermischt mit dem lauten Geräusch der Schritte der Passanten auf dem Zementgehsteig, und an manchen Tagen schläfern sie mich noch mehr ein, an anderen durchbohren sie mich wie Lichtpfeile, überschwemmen mich mit einer so intensiven Helligkeit, dass ich nicht wieder einschlafen kann.* (Marguerite Duras: *Hefte aus Kriegszeiten*, S. 280/281)

Oft bin ich mittags einer der letzten Gäste des *Le Petit Saint Benoît*. Ich habe mit einigen Freunden gegessen, doch die sind längst verschwunden. Ich dagegen finde es besonders angenehm, mir in dieser schmalen Straße mit Blick auf Marguerite Duras' Wohnung Zeit zu lassen.

Jedes Mal denke ich auf eine so intensive Art an sie, dass es mich wundert. Ich habe das Foto von Robert Doisneau vor Augen, und ich schaue nach dem Platz, wo sie gesessen haben muss. Dann erinnere ich mich an ihre Erzählung vom Straßenfeger und den beiden Frauen und versuche mir vorzustellen, wie Marguerite Duras am frühen Morgen diese Gespräche belauschte.

Wo aber steht die Sonne heute, am Mittag? Welcher Teil der Straße liegt im Schatten? Wenn ich gegen 12.30 Uhr Platz nehme, hüllt mich das Sonnenlicht ein. Am Ende meines Aufenthalts, gegen 14.30 Uhr, ist das Licht längst auf die andere

Straßenseite gewandert. Während dieser Veränderungen war wie in früheren Tagen ein Straßenfeger unterwegs, und meist bewegte er sich genau auf der Straßenmitte.

Als einer der letzten Gäste des *Le Petit Saint Benoît* werde ich zum Leser und Zuschauer einer Duras-Erzählung. Ich verfolge jede Bewegung in der Straße und überlege, ob eine Schilderung dieser Szenen die Erzählung von Marguerite Duras fortsetzen könnte. In Gedanken schreibe ich einen alten Text von Marguerite Duras in der Gegenwart weiter. Und warum?

Von allen Personen, Gestalten und Figuren des legendären *Paris, links der Seine* ist mir Marguerite Duras am nächsten. Fast alle ihre Romane und Erzählungen habe ich in den letzten Jahrzehnten gelesen, und es hat keinen Paris-Aufenthalt gegeben, während dessen ich nicht eines ihrer Bücher noch einmal vor Ort gelesen hätte.

Der tiefere Grund meiner intensiven Beschäftigung mit ihrem Werk und ihrer Person ist mir aber verborgen. Sie übt eine mir selbst nicht ganz erklärliche Anziehungskraft auf mich aus. Wenn ich einen ihrer Texte (auf Französisch) lese, glaube ich eine dunkle, feste Stimme zu hören, die ich jedes Mal für eine mir sehr nahe Stimme aus meinem eigenen Familienumkreis halte. Als hätten wir gemeinsame Vorfahren! Oder als fühlten oder erlebten wir die Welt ähnlich!

Das ist alles nur Träumerei, ich weiß es und gerate dennoch bei jeder Betrachtung von Fotografien, auf denen sie übrigens häufig allein oder nur mit sehr wenigen Begleitpersonen abgebildet ist, in eine gewisse Aufregung oder Schwärmerei (Christiane Blot-Labarrère: *Album Marguerite Duras*).

Die bekannten Fotografien mit den großen Zirkeln der Zentrale von *Saint-Germain-des-Prés* kommen ohne sie aus. Sie hat ihr Leben und Schreiben nicht täglich von der Wohnung in ein Café verlagert, vielmehr war sie die treue Bewohnerin einer einzigen Straße, der *Rue Saint-Benoît*, in der sie horchend, lauschend die Weltgeräusche registrierte. Das genügte, um große Prosa zu schreiben.

Als einer der letzten Gäste des *Le Petit Saint Benoît* gehöre ich (ebenfalls allein, ruhig, stumm geworden) zu ihrem Kosmos. Ich trinke einen doppelten Espresso und warte auf die kleine Geste, mit der eine der Kellnerinnen mein Sitzen belohnt. Sie kennt mich seit Jahren, und sie weiß, was ich zum Abschied erwarte: ein kleines, letztes Glas Rotwein aus dem Südwesten Frankreichs, einen vollen, kräftigen Schluck, der mich auf den Weg schickt.

Zuletzt erinnere ich mich noch, dass 1948 in dieser Straße einmal ein später berühmt gewordener Nachtclub, *Le Club Saint-Germain* (Haus Nr. 13), eröffnet wurde. Das *Tabou* (vgl. S. 35ff.) war vielen einheimischen Besuchern zu touristisch geworden, und so gründete eine kleine Gruppe von ihnen einen zweiten Club, der jedoch ebenfalls bald überlaufen war. Juliette Gréco und Boris Vian standen hier häufig am Eingang und versuchten, den Zustrom zu kanalisieren. Das aber war kaum möglich, denn *Le Club Saint-Germain* wurde durch die Auftritte von Duke Ellington, Charlie Parker oder Max Roach schon bald die erste Pariser Adresse für guten, amerikanischen Jazz.

Marguerite Duras hat in ihren *Heften aus Kriegszeiten* auch auf die Eröffnung dieses Clubs reagiert. Plötzlich hatte sich ihre Straße verändert und wurde nachts von Geräuschen durchflutet, die sich an die Stelle der früheren intimen Gespräche zwischen einem Straßenfeger und zwei Frauen drängten: *An Schlaf ist nicht mehr zu denken. Die Eröffnung des Clubs Saint-Germain-des-Prés hat die Rue Saint-Benoît auf den Kopf gestellt. Die ganze Nacht nichts als Motorenbrummen, Hupen, zugeworfene Autotüren. Es ist praktisch unmöglich, vor drei Uhr morgens ein Auge zuzumachen. Vermerken wir, dass es in der Rue Saint-Benoît, fast auf der Höhe des Clubs Saint-Germain, ein Hospiz für alte Leute gibt. Vermerken wir zum Beispiel auch, dass allein die Nummer 5 elf Kinder beherbergt. Und vermerken wir, dass ein anderes* Tabou *in der Impasse des Deux-Anges aufmachen wird. Das sind dann drei Nachtclubs in einer schmalen und (unleserlich) Straße. Könnte man aus der Rue Saint-Benoît nicht eine Einbahnstraße machen? Und erreichen, dass das (unleserlich) auf dem Platz Saint-Germain geschieht, wo Parkreihen vorgesehen sind? Und wo die Lautstärke, angesichts der Größe des Platzes, erträglicher wäre?* (Marguerite Duras: *Hefte aus Kriegszeiten*, S. 311)

Ein Foto, das drei Jahre vor ihrem Tod im Jahr 1996 entstand, zeigt Marguerite Duras am Schreibtisch in ihrer Wohnung. Sie hat die schwere Brille, die sie lange Jahre getragen hat, abgelegt, und sie blickt den Fotografen direkt an (was sie sonst fast nie tut).

Vor ihr liegen viele anscheinend frisch beschriebene und mit zahlreichen Korrekturen versehene Blätter. Sie stützt das Kinn auf die rechte Hand. Die dichten Haare hat sie nach hinten gekämmt. Sie horcht und lauscht noch immer, längst ist sie eine Figur des nicht endenwollenden Schreibens, fest gebunden an die täglich entworfenen und unermüdlich überarbeiteten Seiten (Christiane Blot-Labarrère: *Album Marguerite Duras*, S. 224/225).

Rue de l'Odéon

Mit meinem Besuch des *Le Petit Saint Benoît* und meinem Aufenthalt im Kosmos von Marguerite Duras beende ich meine Gänge durch *Saint-Germain-des-Prés*. Ich kehre zum breiten Boulevard zurück und gehe nach links, an den bekannten und so oft aufgesuchten Stätten entlang. Ein letzter Blick gilt der *Brasserie Lipp*, dem *Café de Flore* und dem *Café Les Deux Magots*, dann passiere ich die alte Abteikirche. Ich überquere den Boulevard und erkenne zwischen seinen hohen Platanen das Denkmal von Denis Diderot. Ich lasse es hinter mir und biege schließlich nach rechts in die *Rue de l'Odéon* ein.

Damit habe ich das *Quartier Latin*, das Viertel der Universitäten, Kollegien und Buchhandlungen betreten. Kaum einen passenderen Einstieg könnte ich mir denken als einen Besuch des *Café Les Éditeurs*, das nur wenige Schritte vor mir liegt (*4 Carrefour de l'Odéon*).

Es ist von morgens acht Uhr bis tief in die Nacht durchgehend geöffnet und bietet seinen Gästen zu jeder Tageszeit die passenden Getränke und Speisen. Schon von weitem leuchten seine roten und bequemen Ledersessel, die den Eindruck eines ganz besonderen Clubs vermitteln. Es ist der Club der Verleger, der Verlagsangestellten, der Autoren und der Kritiker, vor allem aber ist es der Club der begeisterten Leser, die hier sofort jenen Stoff finden, ohne den sie nicht leben können.

Denn die Wände des *Les Éditeurs* sind im Erdgeschoss voll mit bis zur Decke gefüllten Bücherregalen, aus denen man seine Lektüren frei wählen kann. Zu den auf kleinen, schmalen Tischen servierten Gerichten stellt sich der Gast das Passende zusammen und liest sich in Büchern fest, an die er bis zum Betreten dieser Räume nicht einmal gedacht hatte.

Das Licht von außen findet nicht hinein in diese noble Kammersymphonie von roten Sesseln und dunkelbraunen Tischchen, stattdessen dominieren die Leuchten und Lampen, die alle etwas von Leselampen zu haben scheinen. So kehren die Gäste in einem nur schwach ausgeleuchteten Dunkel ein, das sie anhält, sich leise zu verständigen oder sich gleich zu einer einsamen Lektüre zurückzuziehen.

Ganz anders als das *Café de Flore* oder das *Café Les Deux Magots* ist das *Les Éditeurs* keine Anlaufstelle für neugierige Besucher aus aller Welt, die sich den Ritualen der Pariser Konversation aussetzen wollen. Vielmehr ist es ein Café der Schweigsamen und der kleinen Zirkel, deren Themen vor allem Literatur und Philosophie sind.

Wollen diese Gäste ein ausschweifenderes Leben führen, wechseln sie in den ersten Stock. Dort gibt es größere, runde Tische, und dort ist für eine ausgiebigere Mahlzeit gedeckt. Aber auch hier, wo man den Bewegungen auf den nahen Straßen noch weiter entrückt ist und geradezu in einem Bücherhimmel zu schweben scheint, behalten die Räumlichkeiten etwas von einem leicht geheimnisvollen Clubambiente.

Suchte man nach der optimalen Steigerung dieses Daseins, könnte man für eine ausgewählte Tischgesellschaft einen eigenen Raum (mit langer Tafel) mieten, wo die Versammlung der Gäste vollends etwas Verschwörerisches hätte. Denn genau hierin, im diskreten Anklang von Verschwörung, Zusammenhalt und Geheimbund, besteht das eigentliche Geheimnis des *Les Éditeurs*.

Wollte man einen Thriller für intellektuelle Leser schreiben, könnte die erste Szene hier spielen. Eine junge Frau würde das Café betreten, sie wäre mit einem Unbekannten telefonisch verabredet. Er hat sie hierher bestellt, denn er hat ihr angeblich eine lebenswichtige Mitteilung zu machen. Wie erkennt sie diesen geheimnisvollen Fremden? Daran, dass er ein Glas frisch gepressten Zitronensaft sowie eine kleine Karaffe mit Wasser bestellt hat! Außerdem hält er ein Buch des Schriftstellers Léo Malet (1909-1996) in der Hand, der einen Zyklus von spannenden Kriminalromanen (*Die neuen Geheimnisse von Paris*) schrieb, von denen jeder in einem anderen Pariser Arrondissement spielt.

Die junge Frau nimmt Platz und entdeckt den Unbekannten schnell. Er nippt an seinem Glas mit Zitronensaft und spült mit Wasser nach. Dann greift er in die Innentasche seines Sakkos und zieht einen befremdlichen, Angst einflößenden Gegenstand heraus. Er schiebt ihn lässig, ohne hinzuschauen, zwischen die beiden Gläser, es ist …

Kriminalromane in der Tradition von Léo Malet oder Georges Simenon schreiben sich im *Les Éditeurs* von ganz allein. Man braucht nur einen etwas abgelegenen Platz (zum Beispiel auf einer der kleinen, besonders schönen Emporen) zu wählen, sich in Malet oder Simenon einzulesen – und schon beginnt die Fantasie zu arbeiten: *Catherine Folle war eine junge Frau von dreiundzwanzig Jahren, die gerade eine Stelle als Buchhändlerin in einer Pariser Buchhandlung angetreten hatte. An einem trüben Nachmittag betrat sie das* Café Les Éditeurs, *in dem sie ein Unbekannter erwartete …* (Hanns-Josef Ortheil: *Der Zitronensafttrinker*, i. Vorb.)

Schon um hellwach zu bleiben und der Fantasie freien Lauf zu lassen, esse ich im *Les Éditeurs* niemals ein größeres Gericht, sondern höchstens eine Kleinigkeit. Ich komme in dieses geheimnisvoll erscheinende, ambitiöse Café (in dem an bestimmten Abenden auch Autorenlesungen stattfinden) vor allem, um in seinen Büchern zu lesen und etwas zu trinken, was ich sonst nie während einer Lektüre trinke. Es muss etwas sehr Herbes, Anregendes, Nicht-Alkoholisches sein – und so bestelle ich (zur leichten Verblüffung des Kellners) entweder frisch ausgepressten Zitronen- oder Grapefruitsaft. Dazu ein Mineralwasser der Marke *Badoit*, die vor einiger Zeit einen eleganten Ableger, das *Badoit rouge*, erhalten hat. Es handelt sich um ein besonders intensiv, fein und geradezu schäumend perlendes Mineralwasser, das wie eine wilde Fontäne ins Glas schießt.

Der milchig erscheinende, schwere, vor sich hin wabernde Saft und das schäumende Mineralwasser – sie bilden ein unschlagbares Duo, das mich wach und konzentriert sein lässt. Beide Getränke erinnern mich aber auch an bestimmte Momente meiner Kindheit, in der ich auf langen Wanderungen zur Erfrischung Zitronensaft erhielt. Mein Vater führte in seinem Rucksack oft einen Beutel kleiner Zitronen mit sich, schnitt sie mit einem Schweizer Taschenmesser durch und presste ihren Saft mit seiner kräftigen Hand aus. Vier Zitronen ergaben ein kleines Glas, und ich trank den Saft sehr langsam, ohne jede Beigabe von Zucker.

Kehrten wir in einer Wirtschaft ein, gab es zum ausgepressten Saft noch ein Glas Mineralwasser. Beides zusammen sollte verhindern, dass ich mich von übersüßten Limonaden verführen ließ. Diese Strategie meines Vaters ist aufgegangen, noch heute trinke ich Zitronen-, Limetten- oder Grapefruitsaft, wann immer es möglich ist – und oft habe ich ein Schweizer Taschenmesser dabei, das ich aus der Tasche ziehe und zu Saft- und Wasserglas hinzulege, um die Früchte zu zerschneiden und dann mit der Hand auszupressen …

PATYKA

Die bitteren und die perlenden kleinen Getränke waren aber auch eine beliebte Stärkung für Wanderungen in den Bergen oder in steilem Gelände. Und – was soll ich sagen?! Ist dies vielleicht letztlich der Grund, warum ich diese Getränke auch im *Les Éditeurs* bestelle?!

Wenn ich das Café verlasse, geht es nämlich bergauf. Die *Rue de l'Odéon* steigt kontinuierlich an, bis zur Höhe des *Odéon-Théâtre de l'Europe*, meines Lieblingstheaters in *Paris, links der Seine*. Von ihm aus geht es später noch weiter hinauf, bis zur Höhe des *Pantheons*. Der Spaziergänger im *Quartier Latin* wird angehalten, einen kleinen Berg zu erklimmen, es handelt sich um den allmählichen Anstieg zu den Höhen des Wissens und den Gräbern all jener Schriftsteller oder Wissenschaftler, die zu diesem Wissen beigetragen und es vermehrt haben.

In der *Rue de l'Odéon* wartet nach dem *Café Les Éditeurs* aber zunächst die Nummer 7 auf mich. In diesem Haus eröffnete am 15. November 1915 eine junge, dreiundzwanzigjährige Frau mit Namen Adrienne Monnier (1892-1955) zusammen mit einer Freundin eine literarische Buchhandlung, die später eine der bekanntesten Buchhandlungen von Paris wurde: *La Maison des Amis des Livres*.

Adrienne Monnier liebte die Bücher auf eine Weise, die jeden Leser, der Bücher liebt, ehrfürchtig macht. Sie wollte so viele gute wie möglich um sich haben, und sie wollte ihre Freude an Büchern mit vielen Menschen, die über diese Bücher sprachen, teilen.

Adrienne Monnier war aber nicht nur eine begnadete, gut zuhörende, sich ihren Lesern widmende Buchhändlerin, sondern auch Lyrikerin, Herausgeberin einer literarischen Zeitschrift und Verlegerin. Walter Benjamin hat ihre Gedichte ins Deutsche übersetzt, ihre Zeitschrift *Le Navire d'Argent* machte die französischen Leser mit den großen englischen und amerikanischen Lyrikern (wie T. S. Eliot oder William Carlos Williams) bekannt, und in ihrem Verlag veröffentlichte sie die französische Erstausgabe des *Ulysses* von James Joyce.

Wie die *Rue Saint-Benoît* in meinen Augen die Straße der Marguerite Duras ist, so ist die *Rue de l'Odéon* die Straße der Adrienne Monnier. Allerdings erinnert in der *Rue de l'Odéon* nichts mehr an Adrienne Monnier. Ihre Buchhandlung ist längst verschwunden, und die schmale, gerade, ansteigende Straße gibt sich so still und unauffällig, als trauerte sie den großen Szenen von früher nach.

Was also tun? Weitergehen?! Einen Moment verweilen?! Lange Zeit war das nur schwer möglich, denn es gab in der *Rue de l'Odéon* kleine Galerien, verspielte Papierhandlungen und einen exzellenten Kaviarladen (*Caviar Neuvic, 16 Rue de l'Odéon*), aber kein intimes Lokal, in dem man sich in Ruhe an Adrienne Monnier und ihre Buchhandlung hätte erinnern können.

Seit einiger Zeit ist das anders, denn man trifft im Haus Nr. 6 nun auf einen Weinladen (*Ambassade de Bourgogne*), in dem ausschließlich Weine aus dem Burgund verkauft und zum Kosten angeboten werden. Statt mit Büchern (wie im *Les Éditeurs*) sind die Regale der Wände in dem zur Straße hin gelegenen Verkaufsraum bis zur Decke mit Weinflaschen gefüllt. Man sitzt an kreisrunden, kleinen Tischen mit heller Marmorplatte und bestellt einen weißen oder einen roten Wein vom Tagesangebot. Möchte man dazu etwas essen, werden Teller mit sehr gutem burgundischen Schinken oder eine Käseauswahl oder ein würziger Linsensalat serviert.

Hätte ich vor, länger zu bleiben, würde ich die Treppe hinabgehen, wo mich ein großer Weinkeller erwartet. Jedes Mal wenn ich ihn betrete und mich dort an einen Tisch setze, schaue ich vorher auf die Uhr. Der intensive Weingeruch, die flamboyante Phalanx der Flaschen, die dämmrige Dunkelheit – wann, frage ich mich, werde ich aus diesem unterirdischen Paradies wieder hinausfinden?!

Hier, im *Ambassade de Bourgogne*, lässt man mich, ob ich nun im Erdgeschoss (und dort am besten direkt am Fenster) sitze oder in den Keller gehe, in Ruhe. Niemand drängt mich, etwas zu bestellen, und wenn mich die Lust auf ein perlendes *Badoit rouge* überfällt, holt man mir eine kleine Flasche von nebenan, damit ich mich vom Weintrinken erholen kann.

Was aber tue ich? Ich lese in den Aufzeichnungen von Adrienne Monnier, und ich versuche, mich in die Zeiten zu versetzen, in denen ihre Buchhandlung noch bestand. In einem ihrer Essays erzählt sie davon, wie aufgeregt sie bei Eröffnung ihres Buchladens war. Sie hatte sich entschlossen, neben dem Verkauf der Bücher eine Leihbücherei zu betreiben und vor allem moderne Bücher in ihr Sortiment aufzunehmen. Die zum Teil antiquarischen Bestände mussten auch draußen, auf dem Bürgersteig, angeboten werden, was sie jedes Mal in einige Verlegenheit versetzte, da sie sich nicht gern unter den Passanten im Freien aufhielt.

Ihr eigentliches Reich war der kleine Raum der Buchhandlung selbst, in dem sie so stark von der Magie der Bücher infiziert wurde, dass diese Magie sie manchmal sogar zum Schreiben drängte: *An so manchen Morgen, wenn ich allein war in der Buchhandlung, einzig umgeben von den in Regalen angeordneten Büchern, verharrte ich lange Zeit in ihre Betrachtung versunken; sie fixierend, nahm ich nach einer gewissen Zeit nur mehr die Begrenzung der Buchrücken, die vertikalen und schrägen Linien wahr, artige Linien auf grauer Mauer, Striche wie von Schülerhand gezogen. Vor dieser elementaren Erscheinung, die eine aus sämtlichen Ideen und Bildern zusammengesetzte Seele auflädt, wurde ich von so machtvoller Erregung ergriffen, daß mir bisweilen schien, nur die Schrift, der Ausdruck könnte mir Erleichterung verschaffen; aber in dem Augenblick, da ich nach Papier und Feder suchte … trat jemand ein, andere folgten, und die Gestalten des Tages sogen den großen, morgendlichen Elan auf.* (Adrienne Monnier: *Aufzeichnungen aus der Rue de l'Odéon*, S. 168/169)

Die Passage zeigt eindringlich, wie nahe Adrienne Monnier den Büchern war. Sie lebte so unmittelbar mit und in ihnen, dass sie ihr wie Lebewesen erschienen, die nach Gesprächen, Fixierung und Weitergabe verlangten. Diese Impulse waren derart stark, dass sie die Tätigkeiten einer Buchhändlerin erheblich erweiterten. Statt Bücher nur zu verkaufen oder auszuleihen, ging es Adrienne Monnier um deren Präsenz in den Köpfen der Leser. Was sie von diesen Lesern zu hören bekam, notierte sie und verglich es mit ihren eigenen, ebenfalls schriftlich fixierten Eindrücken.

So entwickelte sich ihre Buchhandlung zu einem Salon, in dem es immer um die neusten Titel und die Tendenzen des aktuellen literarischen Lebens ging. Um davon so viel wie möglich zu erfahren, waren die vielen Autorinnen und Autoren von großer Bedeutung, die alle paar Tage bei ihr erschienen. Gefragt war deren Urteil über gerade erschienene Titel, daneben aber auch die vielen persönlichen Mitteilungen, die Adrienne Monnier ein genaues Gespür dafür, warum und wie bestimmte Texte eigentlich entstanden, vermittelten.

Liest man ihre Porträts solcher eng mit der Buchhandlung verbundener Autoren, so erkennt man in ihr eine exakt und empirisch beobachtende Psychologin, der viel an der Durchdringung des jeweiligen literarischen Charakters gelegen war: *Valéry ist ein Plauderer. Er zielt weder auf Wirkung ab, noch will er geistreich sein; aber was er sagt, belebt und fesselt. Er besitzt die Gabe, den Zuhörer auf seine Stufe zu heben, er macht ihn immer, und ohne dass dieser es mitbekäme, zu seinem Schüler. Auf liebenswürdige Weise bringt er die Früchte der Intelligenz in seine Reichweite, seine Stimme jedoch bereitet Tantalusqualen …*

Die Stimme erscheint in Adrienne Monniers Texten häufig als ein besonders aufschlussreiches Charakterindiz. Viele dieser Stimmenformate bekam sie auch während der zahlreichen Lesungen mit, die sie in ihrer Buchhandlung organisierte. Die Studie der Stimme des Dichters Paul Claudel (1868-1955) ist ein besonders meisterhafter Versuch, die Klanglichkeit eines Menschen wie ein akustisches Ereignis zu deuten: *Man kann sie nur mit der Handlung der Nahrungsaufnahme vergleichen. Sie weidet sich an den Worten, prüft ihren Geschmack und verleibt sich ihre Substanz ein; sie läßt sie nicht auf der Zunge vergehen, sondern genießt sie auf kraftvolle Weise; sie sucht weniger die subtilen, der Intelligenz gewährten Genüsse als die zutiefst organische Befriedigung; sie zerdrückt die Vokale und zermalmt die Konsonanten; sie gleicht dem Schlingen des Löwen. Es gibt nichts Flüssiges in ihrer Rede; alle Speichelflüssigkeit wird vom Brot des Wortes aufgesogen, das sich darin nicht auflöst, sondern sie der eigenen Festigkeit einverleibt.* (Adrienne Monnier: *Aufzeichnungen aus der Rue de l'Odéon*, S. 217/218)

Daneben erhält man eine sehr lebendige Vorstellung von den Treffen und Begegnungen mit den Autoren. Meist beginnen die Porträts mit der detaillierten Schilderung der physischen

Erscheinung eines Autors und Bildern von seiner Anwesenheit nach Betreten der Buchhandlung. Als Leser glaubt man, diese Begegnungen direkt mitzuerleben: die ersten Beobachtungen, die Begrüßung, die Einbeziehung in die gerade laufenden Gespräche, die Hinwendung zu bestimmten Themen, deren Auswahl und Konkretisierung.

Berühmt geworden ist Adrienne Monniers Porträt des jüdischen Schriftstellers Walter Benjamin (1892-1940), den sie Anfang der dreißiger Jahre in ihrer Buchhandlung kennenlernte. Der Essay beginnt mit einer langen Studie von Benjamins Gesicht (ein *Gesicht in Verteidigungsstellung*) und verfolgt dabei jede Einzelheit, von den Augen über den Mund, das Kinn, bis hin zur Stirn und den Haaren (*auf dem gesamten Haupt loderten die Haare empor wie die Flammen eines brennenden Dornbuschs*).

An solche physiognomischen Studien schließt sich dann erst die Charakteristik der Themen und Empfehlungen an, die in den Gesprächen mit Walter Benjamin zur Sprache kamen: *Ich verdanke ihm große Freuden auf metaphysischem Gebiet; er hat mich mit Bachofen und Scheerbart bekannt gemacht, vor allem aber verdanke ich ihm die Gegenwart Diotimas, gab er mir doch das* Gastmahl *zu lesen. Der schönste Bereich unseres Einvernehmens jedoch war die Poesie, denn er war ein Dichter und liebte, was äußerst selten ist, die Poesie um ihrer selbst willen, mit einer Selbstlosigkeit, die bis zum Selbstvergessen gehen konnte.* (Adrienne Monnier: *Aufzeichnungen aus der Rue de l'Odéon.*, S. 243ff.)

Solche Texte dort zu lesen, wo sie auch entstanden sind, ist ein besonderer Genuss. Ich sitze zwar in einer Weinhandlung mit Weinen aus dem Burgund, fühle mich aber der früheren Buchhandlung von Adrienne Monnier sehr nahe. Da sie derart direkt, konkret und lebendig von Begegnungen und Büchern erzählt, blendet man die Gegenwart bald aus, und es ergeht einem so, wie es auch ihr oft ergangen ist. Man hört prägnante Stimmen und Stimmlagen, man erinnert sich an das Gesicht bestimmter Autoren und an Buchtitel, die man längst vergessen hatte.

Schon bald empfindet man sich als spätes Mitglied der früheren literarischen Zirkel, jedes genannte Buch möchte man in die Hand nehmen und sofort lesen, und jede unauffällige Andeutung versteht man als einen Wink, alle anderen Vorhaben zu ignorieren und zu einem Dauerleser zu werden.

Warum, zum Teufel, kenne ich die großen Oden Paul Claudels noch nicht? Und warum habe ich noch nie von der Autorin Raymonde Linossier gehört oder gelesen, die einen Roman mit dem Titel *Bibi-la-Bibiste* geschrieben haben soll? Was bedeutet dieser wunderbare Titel, und warum kenne ich von Adrienne Monniers bevorzugtem Dichterfreund Léon-Paul Fargue (1876-1947) zwar die Essaysammlung *Der Wanderer durch Paris*, aber kein einziges seiner vielen Gedichte?

Nach einer Weile bin ich derart in den Lesekosmos Adrienne Monniers eingebunden, dass ich handeln muss. Ich hole mein kleines Notizbuch aus der Tasche und beginne (ganz in ihrem Sinn und nach ihrer Methode) Listen anzulegen. Ich notiere Namen von Autorinnen und Autoren, füge kurze Charakteristiken hinzu und erweitere die biographischen Skizzen um Titelangaben. Welche Bücher spielen eine Hauptrolle und werden häufig genannt? Welche sind Kuriosa, deren Lektüre mich in irgendeiner Hinsicht überraschen wird? Und welche sind Geheimtipps, die nur wenigen Lesern bekannt waren, in deren Leben aber eine bedeutende Rolle spielten?

Ich trinke ein Glas *Nuits-Saint-Georges* und esse dazu (sehr langsam) einen Salat von Auberginen und Champignons, den mir die Sommelière dringend empfohlen hat. In den Lesepausen schaue ich mir Fotos von Adrienne Monnier und ihrer Buchhandlung an. Auf einem Gemälde von Paul-Émile Bécat aus dem Jahr 1921 trägt sie einen schweren, eleganten Mantel, lässig über die Schultern geworfen, akzentuiert von den leuchtendweißen Bahnen eines nicht allzu breiten Schals.

Manchmal taucht sie auch in großer Gesellschaft auf, als Zuhörerin in einer Lesung, als Diskutantin in einer Redaktionssitzung einer literarischen Zeitschrift, als Organisatorin eines kleinen Festes zu Ehren von James Joyce. Sie liebte es, Büchermenschen um sich zu versammeln, und sie verstand diese Runden als Treffen eines geheimen Bundes, für den Léon-Paul Fargue einen Namen gefunden hatte. Er nannte die Freunde des Hauses und der Buchhandlung von Adrienne Monnier *Potassons: Eine Spielart der menschlichen Spezies, welche sich auszeichnet durch Freundlichkeit und Sinn für das Leben. Der potasson bewertet das Vergnügen positiv: er ist auf der Höhe der Zeit, gutmütig und hat Schneid. Wenn mehrere potassons zusammenkommen, verlaufen die Dinge zu aller Zufriedenheit, mühelos werden Mittel und Wege gefunden, man vergnügt sich, die Welt ist hell und man durchquert sie von einem Ende zum andern, von den Riesentieren der Urzeit – man war dort, man hat sie gesehen – bis hin zum Ende aller Zeiten, wo alles von neuem beginnt; und dies stets gutgelaunt und mit gesegnetem Appetit.* (Adrienne Monnier: *Aufzeichnungen aus der Rue de l'Odéon*, S. 18)

Die Charakteristik des *Potasson*-Zirkels ist typisch für die Kreise, die uns nun im *Quartier Latin* begegnen werden. Sie unterscheiden sich stark von jenen Zirkeln und »Familien«, die wir im *Quartier Saint-Germain* vorgefunden haben. Zunächst einmal sind sie geheimnisvoller und stiller. Sie kultivieren das poetische, innere, nicht das ausgestellte, vehemente Vergnügen. Sie dramatisieren und spielen auch nicht großes Theater, sondern inszenieren Kammerspiele rund um das Buch. Alle Motive, Themen und Stoffe der Unterhaltungen sind mit der Literatur oder der Philosophie verbunden. Und wenn man sich begegnet und trifft, nimmt die Welt einen freundlichen, zugewandten Charakter an, als wäre sie eine märchenhafte Kulisse, die das sanfte Treiben beruhigend rahmt und umgibt.

Das verrät viel über den Geist des *Quartier Latin*. Es ist ein spiritueller, in Buchhandlungen und Bibliotheken geschulter. Wer sich ihm zugehörig fühlt, ist zunächst einmal ein unermüdlicher, besessener Leser, der Listen mit favorisierten Büchern unterschiedlicher Kategorien mit sich führt. Anfänglich spricht er gedämpft und sinnierend. Gedanklich folgt er verstreuten Pfaden der Buchkultur. Er glaubt an Geheimnisse und Mysterien, und er lebt selbst, als wäre er sich seiner keineswegs sicher, sondern auch für sich selbst ein Geheimnis. (Ist Walter Benjamin nicht geradezu ein Prototyp dieser Besessenen? Und kann man sich diesen Schriftsteller und Dichter als eine Figur von *Saint-Germain-des Prés* vorstellen? Nein, ausgeschlossen.)

Ich leere mein Glas mit rotem Burgunder, ich will weiterziehen und mich noch etwas in der *Rue de l'Odéon* umschauen.

Auf einigen Fotografien ist Adrienne Monnier zusammen mit einer anderen Buchhändlerin zu erkennen: Sylvia Beach (1887-1962) war Amerikanerin und mit ihren Eltern in noch jugendlichem Alter nach Paris gekommen. Im November 1919 gründete sie in der *Rue Dupuytren Nr. 8* (nahe der *Rue de l'Odéon*) die erste Buchhandlung und Leihbücherei für englischsprachige Literatur: *Shakespeare & Company.* Zwei Jahre später zog sie in die *Rue de l'Odéon Nr. 12* um, so dass die beiden Buchhandlungen genau gegenüberlagen.

In ihren Erinnerungen hat Sylvia Beach ihre spätere Lebensgefährtin anlässlich des ersten Zusammentreffens in deren Buchladen porträtiert – und sie tut es auf eine Weise, die der Porträtkunst von Adrienne Monnier sehr ähnelt. Sylvia Beach erzählt, dass sie bei dieser Begegnung einen spanischen Mantel und Hut getragen habe, von Adrienne Monnier aber sofort als Amerikanerin identifiziert worden sei. Ein Windstoß soll ihr den spanischen Hut vom Kopf auf die Straße geblasen haben, und Adrienne Monnier muss dem Hut hinterhergestürzt sein. Sie habe, erzählt Sylvia Beach weiter, den Hut gerettet und gereinigt, und erst als das gemeinsame Lachen über dieses Entrée einer Begegnung sich wieder gelegt hatte, habe sie Zeit gefunden, ihr Gegenüber genauer zu studieren: *Adrienne Monnier war stämmig gebaut, ihr Teint fast so hell wie der einer Skandinavierin, mit rosigen Wangen, das Haar trug sie ganz gerade von ihrer schönen Stirn zurückgebürstet. Am auffallendsten waren ihre Augen; sie waren blau-grau, traten leicht hervor und erinnerten mich an die Augen von William Blake. Sie sah ungemein lebendig aus. Ihre Kleidung, deren Stil genau zu ihr paßte, beschrieb jemand einmal als eine Kreuzung zwischen dem Gewand einer Nonne und einer Bäuerin: ein langer, weiter Rock, der bis zu den Füßen reichte, und eine Art enganliegende Samtweste über einer weißen Seidenbluse. Das Grau und Weiß ihres Buchladens wiederholte sich in ihrer Kleidung. Ihre Stimme klang ziemlich laut – Adrienne stammte von Bergbewohnern ab, die wahrscheinlich gewöhnt waren, sich von Gipfel zu Gipfel zu begrüßen. Adrienne Monnier und ich setzten uns und sprachen natürlich über Bücher.* (Sylvia Beach: *Shakespeare and Company*, S. 19)

Auch diese Passage atmet den Geist des *Quartier Latin.* Sie spielt mit kleinen Zeichen (einem Mantel, einem Hut – einem Rock, Samtweste und Seidenbluse), und sie fügt diese Zeichen so zusammen, dass sich zwei Menschen während des Spiels mit schlafwandlerischer Sicherheit näherkommen. Die spanische Kleidung der einen ist ebenso dezente Symbolik wie die grau-weiße Kleidung der anderen, die mit der Kulisse der Farben des Buchladens kommuniziert. Hier die Abenteuerin, die von weither (Spanien, Amerika) kommt, dort die Nonne und Bäuerin, die sich kaum von ihrer Herkunft entfernt zu haben scheint. Aus versteckt gehaltenen und nirgends betonten Kontrasten entsteht eine fast märchenhafte Szene, die man nicht anders als »poetisch« nennen mag. Ihr Empfinden ist durch und durch »lyrisch« (und eben nicht »dramatisch«), und ihre Schilderung dreht das Geheimnisvolle des Kennenlernens hin zu den Gegenständen, die »alles bedeuten«: den Büchern.

Sylvia Beachs Buchhandlung *Shakespeare & Company* ist heutzutage weitaus bekannter als die Buchhandlung von Adrienne Monnier. Sie wurde zwar nach dem Ende des Zweiten Weltkriegs geschlossen, lebt aber noch heute an anderer Stelle weiter. Ein amerikanischer Buchhändler übernahm den Namen und benannte seine Filiale in der *Rue de la Bûcherie Nr. 37*, nahe der Seine und der Kathedrale von Notre-Dame, nach dem verehrten Vorbild.

Bekannt geblieben ist *Shakespeare & Company* aber nicht nur deshalb, weil es diese Kopie gibt. Sylvia Beachs Buchhandlung ist vielmehr mit zwei berühmten Autoren eng verbunden, die ihren Ruf und ihre Geschichte begründet und festgehalten haben.

In der *Rue de l'Odéon* erinnere ich mich vor der Nr. 12 daran, dass dies das Haus ist, in dem James Joyce' Roman *Ulysses* zum ersten Mal ausgestellt und verkauft wurde. Sylvia Beach war die Verlegerin dieses Buches, von Anfang an war sie von dem Manuskript so überzeugt wie keiner der vielen Verleger, denen Joyce es zum Druck angeboten hatte.

Zunächst war er nur ein sehr häufiger Besucher des Buchladens und bald der Mittelpunkt der amerikanischen Schriftsteller gewesen, die sich dort regelmäßig trafen: *Joyce war natürlich ihr Gott, aber sie benahmen sich ihm gegenüber eher freundschaftlich als ehrerbietig. Joyce selbst behandelte jedermann unfehlbar als seinesgleichen, ob es sich um Schriftsteller, Kinder, Prinzessinnen oder Putzfrauen handelte. Ihn interessierte alles, was einer zu sagen hatte, er erklärte mir einmal, er habe niemals einen langweiligen Menschen getroffen. Manchmal fand ich ihn im Laden, wie er, während er auf mich wartete, aufmerksam eine lange Geschichte anhörte, die ihm meine Hausmeisterin erzählte. Kam er in einem Taxi an, so stieg er nicht aus, ehe der Chauffeur zu Ende gesprochen hatte. Joyce selbst übte auf jeden eine ungeheure Anziehungskraft aus, niemand konnte seinem Charme widerstehen.* (Sylvia Beach: *Shakespeare & Company*, S. 49)

Als mutige Verlegerin des *Ulysses* erinnerte sich Sylvia Beach später noch genau an alle Details des Erscheinens. Die ersten beiden Exemplare kamen am 1. Februar 1922 direkt von einer Druckerei aus Dijon gegen sieben Uhr früh per Expresssendung auf einem Pariser Bahnhof an. Sylvia Beach nahm das Paket selbst in höchster Aufregung entgegen. Einen Tag später konnte sie das Erstexemplar dem Autor an seinem Geburtstag überreichen. Als sie das zweite und damit ihr eigenes Exemplar ins Schaubfenster ihrer Buchhandlung stellte, standen die Subskribenten bald Schlange.

Der Roman hatte siebenhundertzweiunddreißig Seiten und erschien »vollständig und ungekürzt«. Auf einem Zettel hatte der Drucker entschuldigend vermerkt, dass sich auf jeder Seite bis zu einem halben Dutzend Druckfehler befinden könnten. Das Buch mit seiner griechischblauen Hülle wog ein Kilo und fünfhundertfünfzig Gramm, und als die weiteren Exemplare endlich eingetroffen waren, musste die schwere Ladung zum Postamt geschleppt und in alle Welt an Subskribenten und Freunde verschickt werden.

Ist das nicht eine typische Geschichte für die Atmosphären und Kulturen des *Quartier Latin*? Sie erzählt von einem verarmten Schriftsteller, der den Menschen in seiner Umgebung zuhörte wie kein anderer. Er sog sich voll mit den fremden Stimmen, er war vernarrt in ihre Melodien und Ausdrucksweisen, und er versuchte, seinen Roman als ein derartiges Stimmenklingen zu begreifen und anzulegen.

Im Buchladen von Adrienne Monnier trat er mit ersten Lesungen aus diesem Roman auf und wurde gefeiert. Alle Zuhörer und Beobachter begriffen sofort, dass etwas Unerhörtes, Großes, Neues entstanden war, das den Geist des *Quartier Latin* wie kaum ein anderes Buch atmete. Und dann erschien dieses Werk der Weltliteratur im Verlag einer zugezogenen amerikanischen Buchhändlerin und polterte ihr mit seinen ersten Exemplaren auf einem Pariser Bahnhof in die offenen Hände! Griechischblau mit weißen Druckbuchstaben! Schwer! Und voller Druckfehler, deretwegen man einem hilflosen, aber fleißigen französischen Drucker aus Dijon nicht gram sein konnte!

Der andere Schriftsteller, der den Ruhm von Sylvia Beach und *Shakespeare & Company* begründet hat, war niemand anderes als Ernest Hemingway, den sie in ihrem Erinnerungsbuch so liebevoll wie keinen anderen Autor als ihren »besten Kunden« porträtiert.

Er selbst hat ihr und der Buchhandlung in seinen Erinnerungen an die zwanziger Jahre in Paris, in denen er mit seiner jungen Frau nicht weit entfernt im *Quartier Latin* wohnte, ein berühmt gewordenes Kapitel gewidmet. Es beginnt so: *In jenen Tagen gab es kein Geld für Bücher. Bücher lieh man sich in der Leihbibliothek Shakespeare & Company, das war die Bibliothek und Buchhandlung von Sylvia Beach in der rue de l'Odéon 12. In einer kalten, windgepeitschten Straße war dies im Winter ein reizender, warmer, heiterer Ort mit einem großen Ofen, Tischen und Regalen voller Bücher, neuen Büchern im Schaufenster und Fotografien von bekannten toten und lebenden Schriftstellern an der Wand. Die Fotografien sahen alle aus wie Schnappschüsse, und sogar die toten Schriftsteller sahen aus, als hätten sie wirklich gelebt. Sylvia hatte ein lebhaftes, sehr scharf geschnittenes Gesicht, braune Augen, so lebendig wie die eines kleinen Tieres und so munter wie die eines jungen Mädchens, und gewelltes, braunes Haar, das von ihrer feinen Stirn nach hinten gebürstet und unter den Ohren und an der Kragenkante ihrer braunen Samtjacke stumpf abgeschnitten war. Sie hatte hübsche Beine, und sie war freundlich, fröhlich und interessiert und scherzte und tratschte gern. Niemand, den ich je gekannt habe, war netter zu mir.* (Ernest Hemingway: *Paris, ein Fest fürs Leben*, S. 30)

Diese leuchtende und wunderbare Passage stammt aus den fünfziger Jahren, als Hemingway sich daranmachte, frühere Skizzen zu kleinen Erzählungen über das Pariser Leben auszuarbeiten. Sind aber auch diese späteren Sätze eines amerikanischen Autors, weit entfernt von Paris in den USA entstanden, nicht noch immer Sätze eines *Potasson*?

Die Art und Weise, wie sie einen Raum und einen einzelnen Menschen vorstellen und porträtieren, hat jedenfalls viel von der Weltfreundlichkeit, zu der sich die *Potassons* bekannten. Reizend, warm und heiter ist der Ort der vielen Begegnungen – und die Augen der jungen Buchhändlerin haben etwas von animalischer wie kindlicher Lebendigkeit. Hier scheint es nichts Fremdes zu geben, keine Widerstände, keine Konkurrenzen. Das gegenseitige Verständnis ist vom ersten Moment des Kennenlernens so stark, dass ihm nichts jemals etwas wird anhaben können.

Adrienne Monnier und Sylvia Beach haben beide in ihren Erinnerungsbüchern davon erzählt, wie sie Ernest Hemingway in den Tagen der Libération auf geradezu abenteuerliche Weise wieder begegnet sind. Damals, in den letzten Pariser Kriegstagen des Jahres 1945, war er mit einem Trupp französischer Résistancekämpfer und amerikanischer Soldaten in Paris angekommen. Noch immer befanden sich in der *Rue de l'Odéon* deutsche Heckenschützen auf den Dächern und schossen auf die Bewohner.

Adrienne Monnier hörte Hemingways »Sylvia!«-Rufe, die aus der leeren Straße zu ihr herüberschallten, als Erste. Und Sylvia Beach lief dem damals längst weltbekannten Schriftsteller, der wie ein Soldat und als ein Befreier unterwegs war, entgegen: *Ich flog die Stiege hinunter, wir krachten zusammen, er hob mich hoch, schwang mich herum und küßte mich, während die Leute auf der Straße und in den Fenstern uns zujubelten. Wir gingen in Adriennes Wohnung und schoben Hemingway auf einen Stuhl. Er war in Felduniform, schmutzig und blutig. Eine Maschinenpistole klirrte auf den Boden. Er bat Adrienne um Seife, und sie gab ihm ihr letztes Stück. Er wollte wissen, ob er irgend etwas für uns tun könne. Wir fragten, ob er in der Lage sei, etwas gegen die Nazi-Schützen zu unternehmen, die oben auf den Dächern in unserer Straße saßen, besonders gegen die auf Adriennes Dach. Er holte seine Kompanie aus den Jeeps und führte sie aufs Dach. Wir hörten zum letzten Mal in der Rue de L'Odéon schießen.* (Sylvia Beach: *Shakespeare & Company*, S. 242)

Rue Racine

Die *Rue de l'Odéon* mündet auf die halbkreisförmige *Place de l'Odéon* mit Blick auf das *Odéon*-Theater. Es ist ein schöner, ruhiger Platz, von dem man sich nicht so schnell trennen möchte. Im Sommer stehen die Sonnenschirme, Tische und Stühle des *Café de l'Odéon*, das für seine guten, kleinen Gerichte und das vielfältige Getränkeangebot bekannt ist, draußen im Freien bereit. In kälteren Jahreszeiten ziehen sich die Gäste ins Innere des Theaters zurück, wo man sich in prunkvollen Räumen zum Beispiel an Sonn- und Feiertagen (bis 16 Uhr) an einem langen Büffet zum Brunch treffen kann.

Will man aber festlich speisen, so kann man das im Restaurant *La Méditerranée* (*2 Place de l'Odéon*) tun, das sich seit seiner Eröffnung im Jahr 1942 auf Fisch und Meeresfrüchte spezialisiert hat. Hier kann man als Entrée zum Beispiel einen vorzüglichen Oktopus-Salat und als Hauptgericht eine exzellente *Bouillabaisse* wählen. Die im weichen Polsterrot der Stühle und Bänke vor sich hinträumenden Salonräume, in denen man ausgesprochen bequem (und das meint: in einiger Entfernung vom Nachbartisch) speisen kann, ziehen viel Prominenz mit Begleitung an, darauf sollte man gefasst sein.

Manche Senatoren kommen fast jeden Mittag mit Freunden und Gästen aus dem nahen Senatsgebäude, dem *Palais du Luxembourg*, Regisseure und Schauspieler des *Odéon*-Theaters haben es ebenfalls nicht weit. Das Gästebuch enthält Eintragungen und Skizzen von Jane Birkin, Jodie Foster, Steven Spielberg, Lauren Bacall und vielen anderen Berühmtheiten, und das ältere Personal berichtet gern davon, dass der Filmregisseur Orson Welles (1915-1985) dieses Restaurant besonders häufig aufsuchte und hier nach dem Verzehr mehrerer Vorspeisen meist einen ganzen frischen Hummer bestellte, den er dann zu reichlich Wein in kleiner Runde eigenhändig zerlegte.

Das Restaurant *La Méditerranée* ist also nicht unbedingt ein Restaurant, in dem man allein oder zu zweit speisend glücklich wird. Hierher laden die Gäste einen Kreis von Mitessenden ein, um irgendeinen besonderen Anlass zu begehen oder ein kleines Fest zu feiern. Alles zielt auf Präsentation der Mahlzeit in einem repräsentativen Ambiente, so dass der normale Gast, der dieses Restaurant aus purer Neugierde aufsucht, sich nicht selten fehl am Platz fühlt.

Will man jedoch seinen Pariser Freundinnen und Freunden das Vergnügen einer Mahlzeit an einem so bekannten Ort gönnen, zeigen sie sich von einem solchen Vorschlag sehr angetan. Unter Schauspielerinnen, Regisseuren und Musikern zu speisen, die man vielleicht sogar noch wenig später im *Odéon*-Theater in Aktion sehen wird – das finden sie äußerst attraktiv und interessant, die Politiker aus dem Senat lassen sich schließlich leicht übersehen und stören deshalb nicht.

Vom *Place de l'Odéon* führt der weitere Weg ins *Quartier Latin* durch die stille *Rue Racine.* Es ist eine der seltsamsten und verblüffendsten Straßen von *Paris*, *links der Seine*, denn hinter ihrem ganz und gar unauffälligen und beinahe faden Ambiente verstecken sich lauter Geschäfte und Läden, deren Besitzer in ihrem Metier wahre Meister oder Künstler sind. Über jedes dieser Etablissements, die einen ganz eigenen Charakter haben, würde ich gerne ausführlicher schreiben, das ist aber nicht möglich. Deshalb durchstreife ich die *Rue Racine*, für die allein man sich einen ganzen Tag Zeit lassen könnte, in einer

Folge von kurzen Stationen, bei deren Beschreibung ich mich mit Andeutungen bescheide.

Ich beginne mit der Nr. 19, in dem sich der Blumenladen von Stanislas Draber befindet. Ein Blumenladen? Kann ein Blumenladen etwas Besonderes sein?! Stanislas Draber versteht sich – mit dem Geist des *Quartier Latin* nicht nur eng verbunden, sondern geradezu eine seiner überzeugendsten Verkörperungen – als ein Fleurist, der die Farben und die Symbolik der Blumen als eine poetische Sprache eigener Art begreift.

In dem verschwenderisch eingerichteten Verkaufsraum mit einem Meer von frischen Blumen und Bouquets stößt man auf jene Bücher, denen der Meister die Inspirationen für eine solche Sprache entnimmt. Es sind Gedichte von Rainer Maria Rilke oder Charles Baudelaire (*Les Fleurs du Mal*!), deren Zeilen und Verweise auch an den Wänden auf weißen Blättern, begleitet von Zeichnungen, erscheinen.

So geht es in diesem himmlisch duftenden Reich nicht um profane Blumen, sondern (wie Draber sagt) darum, »die Blumen sprechen zu lassen«. Diese Sprache entsteht, wenn man Blumen in bestimmte Kontexte versetzt: in Beziehung zu einem Gedicht, einem Gemälde, einer Musik oder auch einfach nur in Beziehung zu den Garten- und Blumenkompositionen bekannter Fleuristen, die ihre Kunst an besonderen Orten entwickelt und auf diese Orte bezogen haben.

Die früheren königlichen Hofgärtner und die Gartenarchitekten von Versailles, die Blumenfetischisten der Land- und Bauerngärten entlang der Seine, die von vielen impressionistischen Malern aufgesucht und porträtiert wurden (Wallraf im Fokus 3: *Mit den Impressionisten entlang der Seine.*) – sie sind Vorbilder für Stanislas Draber, der so viele Blumengedichte aus-

SCOTTO

THON ROUGE
DORADE GRISE
BARBUE
DAURADE ROYALE
PÊCHE EN MER
ATLANTIQUE
NORD-EST
Oursin
Bouquet français

wendig weiß, dass er ein Publikum mit ihrer Rezitation einen ganzen Abend lang unterhalten könnte.

Es reicht fürs Erste aber auch, sich mit ihm selbst zu unterhalten. Schon nach wenigen Minuten ist einem klar, dass man noch nie so gründlich und interessant wie Stanislas Draber über Blumen nachgedacht hat. Jede seiner Bouquet-Kompositionen erhält eine Interpretation, und man versteht, dass ein Blumenbouquet und ein Gedicht eng miteinander verwandt sind.

Bin ich weder im *Café de l'Odéon* noch im Restaurant *Le Méditerranée* eingekehrt, könnte ich nun ein einfaches Bistro aufsuchen, das den Anforderungen an ein gutes Bistro, wie ich sie bereits beim Besuch des *Le Petit Saint Benoît* beschrieben habe, gerecht wird. Ich meine das Bistro *Les Racines*, das sich gleich an der nächsten Straßenecke (*22 Rue Monsieur le Prince*) befindet. Hat man die oft etwas rauen Begrüßungsformeln der Wirtsleute überstanden, kann man zum Beispiel das *Bœuf Bourguignon* und andere typische Bistro-Klassiker zu einem Landwein durchaus genießen.

An der Straßenecke gleich gegenüber (*39 Rue Monsieur le Prince*) liegt jedoch der ultimative Geheimtipp der *Rue Racine.* Es ist die Weinhandlung *Les caves du Polidor*, in der über achthundert Weine aller bedeutenden französischen Anbaugebiete angeboten werden. Ein Gang durch die dunklen Räume, begleitet von Yves, dem fachkundigen Weinhändler, versetzt einen aus der poetischsten Blumenhandlung von Paris in die poetischste Weinhandlung der Stadt.

Das fängt schon mit dem Zitat an, das Yves zu Beginn seiner kleinen Führung ins Spiel bringt. Es ist von Paul Claudel, und ich bin ausnahmsweise nicht überrascht, da ich ja kurz zuvor der Stimme des Dichters Paul Claudel in einem Aufsatz von Adrienne Monnier begegnet bin. Das Zitat preist den Wein so, dass ich mit jeder Silbe nicht nur einverstanden bin, sondern mir den Satz sofort einpräge: *Le vin est un professeur de goût, il est le libérateur de l'esprit et l'illuminateur de l'intelligence.*

Als bescherte dieser begeisternde Weinladen nicht schon Freude genug, tut sich hinter seinen Pforten noch ein Restaurant auf, das es an dieser Stelle seit 1845 gibt (*Restaurant Polidor*). Victor Hugo, Paul Verlaine und Arthur Rimbaud sollen seine Gäste gewesen sein – und auch Ernest Hemingway soll sich hier zu einer guten Mittagsmahlzeit eingefunden haben.

Hinreißend ist bereits der große Speiseraum mit den alten Holztischen, den Holzstühlen, dem Keramikboden und den an der Längs- und Querseite entlang verlaufenden hoch gezogenen Fensterreihen. Ich liebe diesen Raum sehr, in meinen Augen ist er einer der schönsten Speiseräume der ganzen Stadt.

Hat man hier einen Platz gefunden, möchte man lange verweilen. Es gibt sehr gute Menus mit angemessenen, nicht zu hohen Preisen und natürlich eine Weinkarte, wie sie man so schnell in keinem anderen Restaurant findet. Nehme ich kein Menu, fällt die Entscheidung schwer. Was soll ich diesmal zum Entrée bestellen? Die Sellerie-Remoulade? Die zwölf besonders großen Weinbergschnecken? Den Krabbensalat mit Madras-Curry?

Eine gute Flasche Weißwein oder einen Rosé erhalte ich hier schon ab 16 Euro, und wenn er zum Entrée richtig gekühlt auf dem Tisch steht, stellen sich die weiteren Fragen. Das *Polidor* ist für seine exzellenten Gerichte mit gegrilltem Fleisch bekannt, der Besitzer hat eigens einen offenen Brief (auf der

Homepage *www.polidor.com*) verfasst, in dem er die Herkunft und die Besonderheit des dafür ausgesuchten und verwendeten Fleischs wortreich erläutert. Also: Ein Kalbs- oder ein Rindersteak oder doch lieber eine Andouillette (alles vom Grill)? Oder ein Kalbsragout und das Beste vom Huhn mit Morcheln? Als Dessert wähle ich (um den Zitronen treu zu bleiben) eine *Tarte citron* oder drei Sorbetkugeln nach Wahl (unter denen sich natürlich auch ein Zitronensorbet befindet).

Nach dem Verlassen des *Polidor* gehen die Überraschungen auf der *Rue Racine* munter weiter. In Nr. 15 treffe ich wieder auf einen ganz und gar ungewöhnlichen Laden: Die *Coutellerie Ceccaldi*. Verkauft werden hier handgefertigte Klappmesser, Tischmesser oder Küchenmesser aus ursprünglich korsischen Werkstätten. Die Messer der Familie Ceccaldi, die von dort kommt und zum Teil noch in Korsika lebt, zählen seit Ende der siebziger Jahre zu den besten, die in guten Küchen verwendet werden.

Auch die *Coutellerie* kommt ohne eine eigene poetische Sprache, wie sie das *Quartier Latin* für seine besten Läden und Werkstätten einfordert, nicht aus. Ein kleines Klappmesser heißt *Curnicculu*, ein anderes (mit einem besonders schönen Handgriff aus Olivenholz) *Vendetta*, und ein drittes (mit einem Widderhorngriff) wurde *Zoza* getauft. Besonders elegant sind die Tischmesser (*Euclide*) mit Ebenholz- oder Wacholdergriffen. Damit all diese Schönheiten jederzeit zum Einsatz kommen können, benötigt der Messerfetischist noch ein Schneidebrett aus Nussbaum, einige Schärfsteine für die regelmäßige Schärfung des Stahls sowie ein spezielles Öl, um die Holzgriffe ebenfalls regelmäßig einzuölen.

Neben der *Coutellerie* gibt es in Nr. 13 einen Schmuckladen (*Bijoux Cocktails*) mit einer großen Auswahl an Art-Déco-Schmuck, bevor ich in Nr. 9 (*hollington*) wieder einem der Meister eines Gewerbes begegne.

Denn dort erlebe ich in einer Folge von mehreren hintereinander gestaffelten Verkaufsräumen die Herrenmode von Patrick Hollington, der dieses Geschäft mit Kleidungsstücken seiner eigenen Marke seit 1974 betreibt. Immer wenn ich an diesen hoch ästhetisch und puristisch eingerichteten Räumen vorbeigehen will, erlebe ich dasselbe. Meine Schritte verlangsamen sich immer mehr, ich gehe vor den hohen Fensterfronten hin und her, ich bleibe stehen und versuche, einen Blick durch das Glas auf die neuen Kollektionen zu werfen, ich zögere, schaue ein zweites und drittes Mal – und trete endlich ein.

Von diesem Moment an ergeht es mir aber kaum anders als im *Restaurant Polidor*. Denn auch hier, im *hollington*, stellt das Angebot sofort viele Fragen, und da ich nicht endlos bleiben kann, muss ich mich rasch entscheiden. Was also soll ich anprobieren?

Ich gebe zu, dass ich fast immer Kleidung anprobiere, die mir sehr gefällt, von der ich jedoch bereits während des Anprobierens weiß, dass ich nicht den Mut haben werde, sie zu tragen. Warum probiere ich sie dann aber überhaupt an? Weil ich wenigstens für einige Minuten der Illusion erliegen will, mich zumindest äußerlich in einen ganz anderen Menschen verwandeln zu können.

Fort also mit den in Deutschland erworbenen grauen, schwarzen oder blauen Langweilerkleidungsstücken – im *hollington* geht es um das avantgardistische Experiment und damit um Kunst aus dem Geist des *Quartier Latin*! Um dieses

Experiment zu bestehen, muss ich eine wiederum andere *Rue Racine*-Sprache lernen, diesmal ist es die poetische der *hollington*-Mode.

Als Erstes entscheide ich mich für ein Jackett. Es ist ein leichtes, luftiges Jackett in leuchtendem, warmem Burgunderrot aus Baumwoll-Leinen mit kleinen Waben und mit einem Mao-Kragen. Als ich es überziehe, verwandle ich mich in einen Galeristen, der dieses Jackett bei der nächsten Vernissage seiner Galerie tragen und darin einen einführenden Vortrag über die Werke der ausgestellten Künstlerin (mit einem Thema in der Art von *Rote Paradoxa im Werk von Camille Murmure*) halten wird.

Das burgunderrote Jackett ist wirklich außergewöhnlich und stark, eine Spur eleganter aber ist ein noch leichteres, es ist außen navyblau und hat innen ein Futter aus weiß-pinken Mustern. Der Kragen ist diesmal, wie ich lerne, kein Mao-, sondern ein Nehru-Kragen, das Ganze ist von einer britisch zurückhaltenden und doch vornehmen Dezenz, so dass ich mir durchaus vorstellen kann, in einem solch feinen Jackett selbst in einer möglichen Audienz bei der Queen bestehen zu können.

Besonders schön sind auch die Hemden, fast alle mit Mao-Kragen (wie es auch sein sollte), ganz zu schweigen von den bequemen Hosen aus Baumwoll-Stretch (sagt man so?). »Baumwoll-Stretch«, sagt mir persönlich durchaus etwas, denn ich spüre ja, dass die Baumwolle dieser Hose sich eng und dicht an die Beine schmiegt. Was allerdings damit gemeint ist, dass sie über eine *twill slim-fit flat-front* verfügt, ahne ich nicht, hier entzieht sich die *hollington*-Poesie eindeutig dem bemühten Verstehen.

Bleiben noch die Westen – doch hier habe ich es einfach,

denn ich habe Westen jeder Art noch nie gemocht. Also: Keine anprobieren? Nein, keine. Auch nicht die aus demselben Baumwoll-Leinen mit Waben in Burgunderrot wie das Jackett? Nein, danke, muss nicht sein.

Ein einziges Mal in meinem Leben habe ich bei *hollington* wahrhaftig eine Jacke, ein Hemd und eine Hose gekauft. Zu diesem Experiment kam es, weil mir der freundliche Verkäufer vorgeschlagen hatte, die von mir hoch geschätzte Kleidung doch zumindest für kurze Zeit (einige Stunden) zur Probe zu tragen.

Zuvor hatte ich ihm gestanden, dass ich mich nicht trauen würde, die Kleidungsstücke in die profane Welt auszuführen, worauf er empfahl, draußen ein paar Schritte weiterzugehen, um mich mit meiner Kleidung im *Bouillon Racine* zu präsentieren. Dort nämlich werde ich keineswegs auffallen, sondern mich zu einem Ambiente gesellen, das in diesem Restaurant die dominante Rolle spiele und selbst einem Gast mit der extravagantesten Kleidung höchstens eine kleine Nebenrolle zugestehe.

Damals kannte ich das Restaurant *Bouillon Racine* (*3 Rue* Racine) noch nicht. Ich wusste nur, dass es sich bei den *Bouillons* um eine Erfindung aus der Mitte des neunzehnten Jahrhunderts handelte. Damals hatten in Paris kleine Lokale eröffnet, in denen Arbeiter, Marktleute oder Handwerker zu einem geringen Preis eine heiße Fleischbrühe und danach ein Stück gekochtes Fleisch erhielten. Die *Bouillon* war als stärkende Mahlzeit erfunden und trat ihren Siegeszug durch die Pariser *Quartiers* an.

Ende des Jahrhunderts eröffneten die Brüder Chartier dann Etablissements, die sie ebenfalls *Bouillons* nannten, obwohl sie mit den kleinen Verköstigungsstuben der Vergangenheit kaum noch etwas gemein hatten. Die Chartier-*Bouillons* waren vielmehr Restaurants im Stil der neusten Mode – und damit hohe, luxuriös eingerichtete Säle des Jugendstils. Von diesen *Bouillons* haben sich nur zwei im alten Ambiente erhalten – und eines davon ist das *Bouillon Racine*, das 1906 eröffnet wurde und heute auf zwei Etagen noch viele der traditionellen Speisen aus der Zeit der Jahrhundertwende anbietet.

In meiner *hollington*-Kleidung war ich dort, wie ich sofort bemerkte, ein auf den ersten Blick geachteter Gast. Während der Kellner mich eine kurvige Treppe in den ersten Stock hinaufführte, konnte ich die Räumlichkeiten bewundern. Den großen Tresen gleich rechts nach dem Eingang, die hohen Spiegel, eingepasst in Blumenmuster aus Holzrahmungen, all die geradezu ekstatisch geschwungenen Linien, denen man an so vielen Stellen begegnete: an den Wänden, an den Rückenlehnen der Stühle, auf dem Boden, wo die Linien in bunten Schlingpflanzenformationen aufgingen.

Die beherrschenden Farbtöne waren ein schimmerndes Grün und ein helles Blau, das Licht flutete geradezu durch die hohen Fensterfronten hinein und brach sich in den Spiegeln, die aus dem ganzen Etablissement zusammen mit den Jugendstillampen ein leuchtendes, hohes Aquarium machten, in dem sich die Gäste wie mehr oder minder muntere Fische langsam, mit schweren Augen, oder neugierig, mit wachen Blicken, umherbewegten.

Ich war im neunzehnten Jahrhundert angelangt, in der Welt der großen Esser und dicken Bäuche, in denen das Essen in Paris zu einer zentralen Disziplin wurde und für ganz Europa Maßstäbe setzte, die bis heute gelten.

Im *Bouillon Racine* hatte ich die verschiedensten Typen dieser großen Pariser Leidenschaft vor mir: den einsamen Esser, den Vielfraß, den Kenner, den Unterhalter: *Der Esser ist Semiologe: Er entwirrt die Zeichen und ihre notwendigen Beziehungen – die Zusammenstellung der Gerichte, die Verteilung von Stille und Gespräch bei Tisch, die Art, wie man sich zu trinken einschenkt, in diesem Augenblick und nicht in jenem, ein Gläschen guten Wein … Der Esser ist nicht nur Praktiker, sondern er weiß auch alles über die Kunst, die Saucen, die Zubereitungsformen, die Gewürze. Zwischen dem Küchenchef und ihm entsteht eine enge Komplizenschaft. Daher sein umfassender Blick und, bei Gelegenheit, sein gebieterischer Wille … Der Esser ist Soziologe, zusammen mit Ärzten und hohen Beamten der Initiator der französischen Sozialwissenschaften; er ist Geograph, der die Städte durch Kraftlinien und zweckmäßige Segregationen unterteilt: Die Gastronomie hat ihre Stadtviertel wie die Tischlerei oder die Eisenverarbeitung, sie wechselt den Standort im Zuge des Städtewachstums. Der Esser ist auch Ökonom; er stöbert auf den Märkten herum, er berauscht sich an Marktberichten und liefert über Glanz und Elend von Paris instruktivere Bilanzen als die Untersuchungen der Handelskammer oder die Archive der Wohlfahrtsorganisationen.* (Jean-Paul Aron: *Der Club der Bäuche*, S. 205/206)

In meiner *hollington*-Kleidung wurde ich im ersten Stock des *Bouillon Racine* allein an einen Zweiertisch am Fenster gesetzt. Dort hatte ich das ganze Ensemble der leidenschaftlichen Esser in ihren verschiedenen Ausprägungen direkt vor mir. Der Kellner überreichte mir die Speisekarte und begann mit seinen Empfehlungen. Natürlich müsse ich eine *Bouillon* des Hauses probieren, es gebe eine gute Hühnerbouillon als Entrée, als Hauptgericht könne ich einen exzellenten *Pot au feu* erhalten, beides hintereinander zu nehmen sei auch nicht falsch, obwohl er in diesem Fall raten würde, mit noch einem weiteren Hauptgericht weiterzumachen: mit einem Viertel gegrillter Ente zum Beispiel oder mit einem Portweinkalbsragout. Als Dessert empfehle er ein Ananas-, Mango- und Passionsfruchttatar.

Ich zog mein neues Jackett aus und hängte es über die Rückenlehne, jetzt saß ich in einem seltsam wohlriechenden weißen Hemd mit Mao-Kragen fast etwas schutzlos da und begriff sofort, wofür Westen eigentlich gedacht waren. Man sollte sie bei einem solchen Essen tragen, dann wäre man das aufwändige und störende Jackett los und säße doch nicht im bloßen Hemd da. Ich verdrängte diese Gedanken und bestellte der Einfachheit halber das *Menu Bouillon Racine*, das die Spezialitäten des Hauses hintereinander präsentieren würde, und dazu einen leichten Weißwein, zur Feier des neunzehnten Jahrhunderts.

Ich erinnerte mich an die Romane und Erzählungen der großen Romanciers. Sie alle waren begeisterte Esser gewesen, Balzac an erster Stelle, aber auch Flaubert hatte von seiner *obsession alimentaire* geschrieben, während Zola in den Skizzen und Vorstudien für seinen Roman über den Bauch von Paris (*Le Ventre de Paris*) das Gelände der Pariser Markthallen bis in die kleinste Kaffeetassennuance studiert hatte (Émile Zola: *Frankreich. Mosaik einer Gesellschaft*).

Die *grande cuisine* hatte mit ihren namentlich bekannten und hoch angesehenen Köchen auch in den Romanen selbst eine bedeutende Rolle erhalten. Viele ihrer Szenen spielten in Restaurants und beschrieben die Rituale der Mahlzeiten bis hin zur Handhabung des Essbestecks und dem genau kalkulierten Einsatz der verschiedenen Nahrungsmittel.

Daneben war aber auch im Genre der Zeitschriften (und damit der Traktate und Essays) eine gastrosophische Fachliteratur (*littérature gourmande*) entstanden, durch die sich eine Kennerschaft ausbildete, die Frühformen der Ess- und Restaurantkritik ausbildete. (Karin Becker: *Der Gourmand, der Bourgeois und der Romancier. Die französische Eßkultur in Literatur und Gesellschaft des bürgerlichen Zeitalters.*)

Die Mahlzeit im *Bouillon Racine* beschert eine nostalgische Teilhabe an einer solchen Literatur. Man ist Teil eines gastrosophisch inspirierten großen Romans, erlebt die ganze Palette der Esser sowie ihre sehr individuellen Eigenheiten und verbringt etwa zwei Stunden in einem Ambiente, das einen aus der schnöden Gegenwart allmählich hinüber in Welten zieht, in denen die »Suche nach der verlorenen Zeit« bedeutsamer war als alles nur Gegenwärtige.

Nach dem letzten Schluck Wein und einem Kaffee schlenderte ich nach meiner ersten Mahlzeit im *Bouillon Racine* wieder zurück in die strengen Verkaufsräume von *hollington.* Ich war der gegenwärtigen Welt so abhandengekommen, dass ich die neue Kleidung wirklich kaufte. Ich trug sie an diesem Tag weiter bis zum Abend, und ich schleppte die früheren Kleidungsstücke in einer großen Tüte mit mir herum, wo sie nach meinem Eindruck bedenklich rasch welkten und den Ausdruck von Altkleidung annahmen.

Ich bin am Ende der *Rue Racine* angekommen. Dort, wo sie auf den *Boulevard Saint-Michel* trifft, wird sie von den großen Gebäuden des Buchhandlungsriesen *Gibert* gerahmt. Sie haben nichts Poetisches mehr, sondern dienen dem eiligen Einkauf und beliefern die nahen Universitäten mit frischer Ware.

Ich überquere den *Boulevard* und biege in die *Rue des Écoles* ein. Gleich zur Rechten zweigt die schmale *Rue Champollion* mit ihren vielen Programmkinos ab, in denen ich in meinen Studienjahren viel Zeit verbracht habe. Jedes Mal, wenn ich dort die Filmprogramme studiere, entdecke ich einen älteren sehenswerten Film und bin verlockt, mich wieder in eines der kleinen Kinos zu setzen. Der bittere Geruch von schwarzen Zigaretten und Alkohol, die plötzliche Kühle, das scharfe, schneidende, pathetisch erscheinende Dunkel – der Film kann beginnen.

Spätestens in der *Rue Champollion* bin ich wieder in den Milieus und Atmosphären meiner Pariser Studienjahre angekommen.

Rue des Écoles

Die *Rue des Écoles* ist die Straße der universitären Gebäude, aber auch die Straße der kleineren Buchhandlungen und Antiquariate, denen man hier in großer Dichte hintereinander begegnet.

Auf ihrer rechten Seite ist das *Restaurant Balzar* (*49 Rue des Écoles*) den ganzen Tag über geöffnet. Hier treffen sich Professoren, Assistenten und Studenten nicht nur, um ihren Hunger zu stillen, sondern auch zum Zweck eines Meinungsaustauschs außerhalb des Lehrbetriebs.

Ich gehe hinein und entdecke Arlette, die junge Kunststudentin. Als ich ihr ein Zeichen des Wiedererkennens und dem Kellner gleichzeitig zu verstehen gebe, dass Arlette auf mich wartet, begleitet er mich an ihren Tisch. Es ist ein Zweiertisch am Fenster, eine gute Platzierung. Ich nicke kurz und zustimmend, worauf mich der Kellner begrüßt: *Bonjour, monsieur le professeur!*

Als Arlette das hört, macht sie das Spiel sofort mit und erkundigt sich nach dem Wohlbefinden des *professeurs*. Sie tut so, als wäre sie meine Studentin, und so sitzen wir einander gegenüber wie viele Paare im *Balzar*, wo oft ein älterer Mensch mit einem jüngeren an einem Zweiertisch sitzt und die Kombination Lehrer-Schüler sofort erkennbar ist.

Arlette ist sehr guter Laune und erzählt, dass viele Studenten an der *Sorbonne* wirklich noch den einzelnen Lehrer im Blick hätten und bestimmten Lehrern fast während ihres ganzen Studiums die Treue hielten. Man treffe sich auch privat mehrmals in der Woche, und das Leben dieser Universitätslehrer ähnele in manchen Fällen dem von Priestern oder Pfarrern, die ja ebenfalls allein und zurückgezogen lebten und ihr sonstiges Leben der Fürsorge für eine Gemeinde widmeten.

Ich frage, ob das an der *École des Beaux-Arts* anders sei, und sie erklärt, dass die Studenten dort keine Lehrer im strengen Sinne hätten. Der jeweils für eine Klasse zuständige Künstler betreue als *professeur* nur einen kleinen Kreis von Studenten und widme sich jedem möglichst in derselben Manier und Frequenz. Private Treffen gebe es so gut wie gar nicht, im Gegenteil, man wahre Distanz, denn man lebe schließlich nicht in der gemeinsamen Welt einer Wissenschaft, sondern in der Welt der Kunst, wo es keine Gemeinsamkeiten geben dürfe.

Das *Balzar* hat zwei Seiten, die sich seiner Geschichte verdanken. Es ist einerseits eine bodenständige *Brasserie*, die um 1890 gegründet wurde und den vielen Angestellten der nahen Universitäten frisch gezapftes Bier und dazu passende Gerichte präsentierte. Und andererseits ist es ein gehobenes Bistro, das

Jahrzehnte später von den Besitzern der *Brasserie Lipp* übernommen und im Art-déco-Stil renoviert wurde.

Beide Traditionen spielen im Charakter und auf der Speisekarte des *Balzar* noch eine starke Rolle. Zu bestimmten Zeiten ähnelt es einer schlichten *Brasserie*, in der man als Hauptgericht das berühmte *Balzar Sauerkraut* oder eine deftige, hervorragende *Andouillette* bestellt, am hohen Mittag (13 Uhr) oder am späteren Abend (21 Uhr) dominiert dagegen die vornehmere und anspruchsvolle Seite, und die zahlreichen, munter plaudernden Gäste bestellen zum Beispiel als Entrée Krabbenfleisch mit einem Avocadotatar und als Hauptgericht Seezunge mit einem konzentrierten, buttrigen Kartoffelpüree.

Arlette und ich – wir bestellen ebenfalls, Arlette wählt die feine Variante (Seezunge), ich die *Brasserie*-Note (*Andouillette*).

Und dann ist es so weit, und Arlette verlangt von mir die Absolvierung der längst ins Auge gefassten Übung: Konversation, zweiter Grad, ein passionierter, leidenschaftlicher Monolog über ein Thema meiner Wahl. Nichts allzu Persönliches oder Dramatisches, kein Kernstück meiner Biographie, aber doch ein mich lebenslang begleitendes Thema oder Motiv.

Nun gut. Ich plaudere noch einige Minuten über meinen Weg durch die *Rue Racine*, dann aber konzentriere ich mich auf *Paris*, meine frühsten Aufenthalte im Allgemeinen und meine *Paris*-Lehrer im Besonderen. Zuvor noch etwas Wasser und ein Glas Weißwein, dann aber lege ich los: *Das erste Mal war ich 1965 zusammen mit meinem Vater in Paris. In den Jahren zuvor bin ich mit ihm bereits mehrmals in eine bestimmte Region oder Stadt gereist. Wir sind zu zweit die Mosel von Koblenz bis Trier entlanggewandert, und wir haben Berlin besucht, wo meine Eltern von 1939-1945 gelebt hatten. Während unserer Reisen machte ich mir alle paar*

Stunden kurze Notizen, und wenn wir wieder zu Hause waren, arbeitete ich diese Notizen zu einem ausführlichen Reisetagebuch um, das ich meinem Vater dann schenkte. In den Jahren seit meinem achten Lebensjahr hat er mir in täglichem, unermüdlichem Unterricht das Schreiben beigebracht. Dieser Unterricht war keine Spielerei, sondern notwendig und sogar lebenswichtig – warum, das verschweige ich jetzt, denn ich übe mich ja nicht in Konversation der dritten, persönlichen Kategorie, sondern vorläufig nur in der zweiten. Jedenfalls hatte ich damals, 1965, im Schreiben schon eine jahrelange Erfahrung und glaubte zu wissen, wie ich bei meinen Notizen und Aufzeichnungen zu verfahren hatte.

In Paris kam jedoch alles anders. Denn wenige Wochen vor unserer Reise hatte mir mein Vater das Buch eines amerikanischen Schriftstellers über seine frühen Pariser Jahre geschenkt, dessen Lektüre ich mir für den Parisaufenthalt und damit für eine Lektüre vor Ort aufheben sollte. Es war das Buch Paris – ein Fest fürs Leben *von Ernest Hemingway.*

Vater und Sohn wohnten in einer kleinen Pension im Quartier Latin, gar nicht weit entfernt von der ersten Pariser Wohnung Hemingways in den zwanziger Jahren. Zu Beginn unseres Aufenthalts frühstückten wir beide frühmorgens auf einem Platz in der Nähe unserer Pension, und als ich nach dem Frühstück wirklich mit der Lektüre von Hemingways Pariser Erzählungen loslegte, stellte ich fest, dass wir genau auf demselben Platz frühstückten, wo die erste Erzählung des Buches begann.

Ich hatte noch nie ein Buch gelesen, bei dessen Lektüre ich geradezu elektrisiert wahrnahm, dass ich mich in genau jenen Räumen aufhielt, die gerade im Buch vorkamen. Ich las nicht wie bisher eine Erzählung, die in weiter räumlicher oder zeitlicher Ferne spielte, sondern ich konnte das Gelesene Wort für Wort auf meine unmittelbare Umgebung beziehen. Daher blieb ich stur und wie benebelt auf dem ovalen Platz sitzen und las immer weiter, während mein Vater sich verabschiedete und seine eigenen Pariser Gefilde aufsuchte.

Es war ein seltsamer Aufenthalt, denn zum ersten Mal waren wir auf einer gemeinsamen Reise nicht ununterbrochen zusammen, sondern erlebten Paris während der folgenden Tage getrennt. Mein Vater war vom Métrofahren begeistert und ihm geradezu verfallen, und so fuhr er tagelang durch fast alle Quartiers der Stadt bis zu den Endbahnhöfen. Ich aber las eine Hemingway-Erzählung nach der anderen und suchte genau die Wege, Straßen und Orte auf, wo diese Erzählungen spielten. Mein Vater machte also die Métro-Tour, ich dagegen machte die Hemingway-Tour.

An den Abenden trafen wir uns wieder und erzählten uns die Neuigkeiten vom Tage. Wie bereits auf den früheren Reisen hatte ich Notizen und Aufzeichnungen gemacht. Diesmal jedoch hatten sie schon nach kurzer Zeit einen Ton angenommen, der von Hemingways Prosastil stark beeinflusst war. Ich drückte mich nicht so unbekümmert wie vorher aus, sondern ahmte, ohne es eigentlich zu wollen, den trockenen, kernigen Ton Hemingways nach. Als mein Vater das bemerkte, wurde er skeptisch. War es gut und richtig, dass ich weiter Hemingway las und wie sein verzauberter Schüler ausschließlich durch das Hemingway-Paris lief? Oder sollte ich das Buch eine Weile zur Seite legen, um, wie mein Vater sagte, »schnell wieder normal zu werden«?

1965 bin ich zunächst nicht wieder normal geworden, und nach meiner Rückkehr habe ich auch viele andere Bücher von Hemingway gelesen und kam eine Weile von seinem Prosastil nicht mehr los. Hemingway war also nach meinem Vater mein zweiter, großer Lehrer, und viel später erkannte ich, dass es zwischen meinem Vater und dem Schriftsteller Ernest Hemingway (es klingt unglaubhaft, ist aber wahr) sogar sehr viele Gemeinsamkeiten gab.

Ich habe in einem Anlauf erzählt, aber mir ist aufgefallen, dass ich Arlette während dieser Erzählung nicht anschauen konnte. Das Anschauen und Fixieren hätten mich abgelenkt, und so habe ich die ganze Zeit auf die Straße gestarrt, von ihr aber nicht mehr mitbekommen als das flüchtige Vorbeigleiten vieler, vor allem junger Passanten.

Ich höre auf zu erzählen, und schon ist mir die Erzählung ein wenig peinlich. Warum erzähle ich das alles Arlette, die ich nicht genauer kenne? Will sie das überhaupt hören? Und – soll sie das hören?

Ich schaue sie an, und mir fällt erst jetzt auf, dass sie während meiner Erzählung die ganze Zeit über geschwiegen hat. Sie hat geschwiegen, mich aber anscheinend ununterbrochen fixiert. Woher aber weiß ich das? Keine Ahnung, ich weiß es, und ich glaube es sogar ganz sicher zu wissen. Mir fällt jedoch noch mehr auf: Arlette hat die Lippen gut erkennbar fest zusammengepresst, als habe sie sich zwingen wollen, nichts zu sagen. Sie behält diese Mimik sogar bei. Es sieht seltsam aus, als wäre sie gerührt oder als könne oder wolle sie jetzt nichts zu einem Gespräch beisteuern.

Ich überlege: Ich habe diesen Monolog nur halten können, indem ich selbst ein beliebiges Detail der nahen Umgebung fixiert habe. Ich habe ihn andererseits aber auch nur halten können, indem ich selbst von jemand anderem fixiert und während des Sprechens von dieser beharrlichen Fixierung begleitet worden bin.

Erst durch diese beiden, aufeinander bezogenen Momente entsteht die Stabilität des Monologs. In Wahrheit richtet er sich nicht an eine bestimmte Person und ist deshalb auch nicht für sie gedacht, er ist vielmehr freie Rede, deren Fluss durch Fixierung am Leben gehalten wird. Das Gegenüber schweigt, es ist nur als stumme Gestalt gefordert, die selbst ihre Emotionen verbergen muss, um die Rede nicht abzulenken oder zu hemmen.

GUESS
seeing Paris
24
Hop On
Hop Off

So ist das also, ich habe verstanden. Nur weiß ich nicht, wie ich fortfahren oder mich jetzt verhalten soll, deshalb flüchte ich auf die Toilette. Ich schaue in den Spiegel und sehe mein erhitztes Gesicht. Vielleicht habe ich mich etwas übernommen, und vielleicht bin ich nun doch von der zweiten Schwierigkeitsstufe der Konversation unversehens in die dritte, intimere, geraten. Ich wasche mir die Hände und kühle das Gesicht mit viel kaltem Wasser.

Dann gehe ich wieder zurück an den Tisch. Der Kellner steht neben Arlette, anscheinend hat sie gerade mit ihm gesprochen. Als ich wieder Platz genommen habe, sagt sie, dass sie den Kellner gebeten habe, das Essen noch nicht zu servieren. Später werde sie ihm ein Zeichen geben, jetzt aber habe sie keinen Appetit. Sie wolle vielmehr noch mehr von mir hören, mehr von *Paris*, mehr von meinen Lehrern.

Die Situation ist merkwürdig. Ich sitze in einem Pariser Restaurant des *Quartier Latin* und werde von den Kellnern für einen *professeur* gehalten. Dieser angebliche Lehrer monologisiert vor einer Studentin oder Schülerin und erzählt von seinem Vater und Ernest Hemingway, die nun wiederum seine eigenen ersten Lehrer waren. Dabei habe ich noch gar nicht von einem dritten Lehrer erzählt, der jahrzehntelang in Paris lebte und mich nicht (wie Hemingway) aus einer fernen Vorzeit heraus und mit Hilfe eines Buchs, sondern wahrhaftig als realer und beobachteter Lehrer beeindruckt hat.

Arlette wartet auf meine Fortsetzung, ich sehe es genau. Und unsere Mahlzeiten müssen in der Küche des *Balzar* darauf warten, endlich serviert zu werden. Ein Monolog, während dem gegessen wird – das kann es nicht geben. Also mache ich weiter: *In den sechziger und siebziger Jahren bin ich – zunächst als*

Schüler, später als Student – unzählige Male für eher kurze Aufenthalte nach Paris gefahren. Ich habe die andere Stadt, die Stadt rund um die Hemingway-Wege, kennengelernt.

1973 habe ich dann aber ernst gemacht und einige Zeit an der Sorbonne studiert. Ich habe versucht, mein Französisch zu verbessern, und ich habe im Zuge meines Studiums viele französische Studenten kennengelernt, von denen einige auch direkte Schüler von Roland Barthes waren. In dieser Zeit habe ich zum ersten Mal eines seiner Bücher und dann fast alle erreichbaren gelesen.

Er lehrte damals an der École Pratique des Hautes Études, und ich sah ihn oft, wie er, anscheinend vom Place Saint-Sulpice herkommend, in einem hellgrauen Straßenmantel in Richtung seiner Lehrstätte unterwegs war. Viele solcher starken Erinnerungsbilder habe ich noch im Kopf. Eines davon ist ein Bild aus dem Balzar: Roland Barthes sitzt mit einem Schüler hier am Fenster und raucht. Ich sehe ihn noch ganz deutlich rauchen, denn er hält die Zigarette hoch in der angehobenen rechten Hand. Er schaut sehr ruhig und spricht nicht viel, er lässt den Schüler sprechen.

Von den Bildern seiner Gegenwart ging damals für mich eine starke Faszination aus. Ich glaubte in Barthes nicht nur einen Lehrer zu erkennen, der sich passioniert mit seinen Schülern unterhielt und ihnen konzentrierte Monologe entlockte, sondern ich vermutete auch, dass ich viele Passionen mit ihm teilte. Notierte und schrieb er nicht ganz ähnlich wie ich Tag für Tag seine Beobachtungen mit der Hand auf postkartengroße Karteikarten? Liebte er nicht bestimmte Fotografien und Bilder aus ganz ähnlichen Gründen wie ich?

Sein Lieblingskomponist war Robert Schumann, der auch mein Lieblingskomponist ist. Barthes hat Schumanns Stücke auf dem Klavier gespielt, wie ich ebenfalls Schumann auf dem Klavier gespielt habe. Es sagt viel über einen Menschen, wenn er Robert Schumann als seinen Lieblingskomponisten bezeichnet, und es sagt noch mehr, wenn man weiß, dass ein solcher Mensch jahrzehntelang Stücke von Robert Schu-

mann auf dem Klavier gespielt hat. Sie gehören zum Intimsten, was es an Klavierliteratur gibt, es sind Stücke, in denen die einander nächsten Menschen – Mutter, Vater, Kind und später die Geliebte, der Geliebte – sich in den verschiedensten Stimmen im Raum eines imaginären, als familiär empfundenen Gehäuses begegnen. Ich kann darüber nicht mehr sagen, denn solche Mitteilungen gehören wohl in die dritte Übungskategorie der Konversation, die private.

1977 hielt Roland Barthes seine Antrittsvorlesung im Collège de France, *kaum zweihundert Meter von hier, und 1980 ist er kaum zweihundert Meter von hier von einem Lastwagen auf der* Rue des Écoles *überfahren worden und kurze Zeit später an den Folgen dieses Unfalls gestorben. Ich habe ihn nach 1973 nie mehr gesehen, aber immer, wenn eines seiner Bücher erschien, habe ich es sofort gelesen. Bis weit in die achtziger Jahre hinein war er mein wichtigster Lehrer.*

Zum jetzigem Zeitpunkt aber ist von Bedeutung, dass Roland Barthes ein Lehrer war, der auf einzigartige Weise die Kulturen von Saint-Germain-des-Prés *und* Quartier Latin *miteinander verbunden hat. Er schrieb über Philosophie, Literatur, Musik, Kunst und Theater, aber eben auch über Mode, Fotografie und Sport. Und er war ein Leben lang als einer der ganz wenigen Schriftsteller in beiden Kontinenten von* Paris, links der Seine *unterwegs: als täglicher Besucher der Cafés am* Boulevard Saint-Germain *und als Spaziergänger in den Straßen nahe der Seine – sowie als täglich das* Quartier Latin *im Kreis seiner treuen Schüler durchstreifender Lehrer. In meinen Augen ist er die zentrale Gestalt von* Paris, links der Seine, *die alle Motive, Sujets und Themen dieses einzigartigen Terrains erkundet und umkreist hat. Er ist der Magier, unvergleichlich in seiner Besessenheit und der Vielfalt seiner Beobachtungen und Schriften.*

In diesem Augenblick ist es mir klar: auf niemand anderen als Roland Barthes laufen meine Wege zu. Im Vorfeld habe ich mich schon einmal auf Barthes' Spuren bewegt, jetzt aber habe ich diese Wege erweitert und ausgedehnt und den ganzen Kosmos zu durchkreisen versucht, den er wie kein anderer erlebt und beherrscht hat.

Ich schaue Arlette wieder an, und ich höre, wie sie eine Frage stellt, die auf meine kleine Übung auf überraschende Weise reagiert. Arlette fragt nämlich plötzlich und unerwartet, ob ich ein Schriftsteller sei, und als ich die Frage bejahe, will sie wissen, ob ich ein Buch über *Paris, links der Seine* schreiben werde.

Ich antworte, dass sie dem Kellner jetzt ein Zeichen geben könne und meine Übung in der zweiten Schwierigkeitsstufe der Konversation hiermit beendet sei. Sie folgt meinem Vorschlag, und ich bestätige, dass ich in der Tat ein Buch über *Paris, links der Seine* schreiben, im Folgenden aber keineswegs eine Übung im dritten Schwierigkeitsgrad der Pariser Konversation, dem extrem privaten Metier, absolvieren werde.

In diesem Punkt sind wir uns einig. Kurz darauf wird das Essen serviert. Etwa eine Stunde später trennen sich *Monsieur le professeur* und die junge Kunststudentin Arlette, nachdem sie vereinbart haben, sich nach Erscheinen meines Paris-Buches in Berlin wiederzusehen.

Ich setze meine Wege auf der *Rue des Écoles* fort. Rechts liegt das große Gebäude der *Sorbonne*, und auf der linken Straßenseite begegne ich dem Philosophen Michel de Montaigne (1533-1592) in Gestalt eines Denkmals. Montaigne sitzt genau gegenüber dem Haupteingang der *Sorbonne*, er hat das rechte Bein bequem über das linke geschlagen und stützt die überkreuzten Arme auf das rechte Knie. Dabei blickt er den möglichen Betrachter direkt und mit einem feinen Lächeln an.

Er wirkt besonnen, ruhig und ein wenig altersweise, als habe er vor, bald einen der Essays von jener konzentriert reflektierenden Art zu schreiben, in denen er sich mit sich selbst über seine zentralen Lebensthemen verständigt hat. In seinen Altersjahren versuchte er, auf diese Art sein eigener Lehrer zu werden, und indem er sein eigener Lehrer wurde, ist er in den Jahrhunderten nach seinem Tod zu einem Lehrer all derer geworden, die über ihr eigenes Leben und die Kunst, dieses Leben einzurichten und zu führen, nachgedacht haben (Michel de Montaigne: *Von der Kunst, das Leben zu lieben*).

Das Denkmal von Denis Diderot im *Quartier Saint-Germain* zeigte den Urahnen der dortigen Szenen und Kulturen: nach vorn gebeugt, erregt, im Gestus einer plötzlichen Inspiration, die ihn gepackt hatte und nach einer raschen Formulierung verlangte. Das Denkmal von Michel de Montaigne dagegen zeigt den Urahnen der Szenen und Kulturen des *Quartier Latin*: gelassen, in sich ruhend, im Gestus des stillen Durchdenkens von Überlegungen, die er erst nach einiger Zeit aufschreiben wird.

Auf den monumentalen Gebäudekomplex der *Sorbonne* folgen nun zur Rechten die Bauten des *Collège de France*, in denen Roland Barthes seit 1977 meist am Wochenende jeweils eine einstündige Vorlesung und/oder ein Seminar gehalten hat.

Ich betrete das *Collège* durch eine schmale Pforte und werde am Eingang einer kurzen Kontrolle unterzogen. Nein, ich habe in meiner kleinen Tasche nichts Gefährliches, nur Notizbücher, Stifte, ein Fernglas und ein Smartphone. Einen Ausweis wollen die Kontrolleure nicht sehen. Man drückt mir vielmehr das Programmheft des *Collège* in die Hand und zeigt mir, wo in den nächsten Stunden Vorlesungen und Seminare stattfinden.

Solche Veranstaltungen können von jedermann besucht werden. Man braucht sich nirgends anzumelden, sondern erscheint einfach in einem der modernen, großen Vorlesungssäle oder einem der weniger modernen Seminarräume, die an Schulräume erinnern.

Die Professoren und Gastprofessoren des *Collège* gehören zu den Besten ihrer Fachgebiete und tragen ihre neusten Forschungsergebnisse hier einer interessierten Öffentlichkeit vor. Sie sind nicht – wie an den Universitäten sonst üblich – Lehrer, die viele Studenten betreuen, Prüfungen abnehmen und in den Gremien der jeweiligen Institute aktiv sind. Was sie lehren und worüber sie nachdenken, bleibt ihnen selbst überlassen.

Damit bildet das *Collège*, dessen Konzeption auf das sechzehnte Jahrhundert und die Gründungsidee eines königlichen Bibliothekars unter König Franz I. zurückgeht, eine Elite-Schule eigener Art, die sich von Anfang an der traditionellen Lehre an den alten Universitäten entzog. Was dort etwa an Theologie und Philosophie unterrichtet wurde, hatte noch mittelalterliche Wurzeln und orthodoxen Charakter. Die Professoren des *Collège* konnten sich dieser althergebrachten Lehre entziehen und Erkenntniswege einschlagen, die noch ganz unbekannt oder unerprobt waren.

Während meiner Pariser Studienzeit habe ich das *Collège de France* regelmäßig besucht, weniger seiner Professoren und deren Themen als der besonders eleganten Weise wegen, in der die meisten Französisch sprachen. Nirgends habe ich ein so prononciertes, verständliches und pointiertes Französisch gehört, und noch heute durchstöbere ich die Homepage des *Collège* (*www.collège-de-france.fr*) häufig mit dem Blick auf die

Audio- oder Video-Aufnahmen der dort gerade gehaltenen Vorlesungen.

Meinen Lehrer Roland Barthes habe ich dort leider nicht sprechen gehört. Das macht aber nichts, denn seine Vorlesungen am *Collège* sind – von seiner Antrittsvorlesung am 7. Januar 1977 an – als Audioaufnahmen gut zugänglich und von der ersten bis zur letzten Minute zu verfolgen (*www.roland-barthes.org/archives.html*). Barthes hat – wie Adrienne Monnier – viel über die menschliche Stimme nachgedacht und geschrieben. Wie hätte er seine eigene wohl charakterisiert?

Sie versetzt die dahinfließenden Sätze in musikalische Schwingungen eines einzigen, geduldigen und ruhigen Temperaments. Durchgehend in mittlerer, gleichmäßiger Lautstärke, ohne exaltierte Höhen und Tiefen, führt sie einen wohltemperierten Monolog des Wissens vor: nach langem Nachdenken miteinander verbundene Bausteine, die sorgfältig von allen Seiten gemustert, sortiert und zusammengesetzt werden. Eine Bariton-Stimme, wie ein melodiöser Sprechgesang, von starker Magie.

Ich gebe zu, dass mich kaum ein Gang so bewegt wie der durch die *Rue des Écoles*. Neben dem großen Roland Barthes hatte ich während meiner Studienjahre in Paris noch viele weitere Lehrer. Sie unterrichteten französische Grammatik oder Stilistik in verschiedenen Schwierigkeitsstufen, oder sie hielten Vorlesungen zu Themen der Gegenwartsphilosophie. Mit meinen Freunden habe ich in den Pausen zwischen den Unterrichtsstunden oft in einem *Square* an dieser Straße gesessen, in dem schmalen, mit exotischen Blumen bepflanzten hinter dem Montaigne-Denkmal oder in dem abschüssigen vor dem *Collège de France*.

All diese Lehrer, mochten es nun große Meister wie Roland Barthes oder bescheidenere Kleinmeister der Nebenfächer sein, gaben sich größte Mühe, ihr Wissen in wohlgesetzter monologischer Rede zu vermitteln. Selbst in jenen Seminaren, in denen ich aus meiner Kenntnis von Seminaren an deutschen Universitäten Debatten und Dispute zwischen Dozenten und Studenten erwartet hätte, stand der rhetorisch ausgefeilte Monolog eines Lehrenden immer im Vordergrund. Als Student durfte man dann und wann kurze Nachfragen stellen, keineswegs aber *reden*.

Die Rede, der Monolog, die Zelebrierung des Wissens – das war immer auch ein libidinöser Akt. Verliebt in die artifiziellen, aber durchaus auch in die redundant erscheinenden Wendungen der französischen Sprache, bestand die Unterrichtsstunde aus einem Vortrag, den man im besten Fall sofort hätte drucken und veröffentlichen können. Kein Stocken, kein »ähm« – selbst eine kurze Pause galt bereits als ein kleines Versagen. Die Rede sollte fließen, spielerisch leicht, nicht zu heftig oder abrupt.

So bildeten die Universitäten und Kollegien aller Art das französische, an den uralten Regeln der Rhetorik geschulte Sprechen und Monologisieren aus. Die geduldigen Schülerinnen und Schüler hatten dieses Sprechen nicht nur aufzusaugen und zu inhalieren, sie sollten es auch im Alltag anwenden und weiterentwickeln. Folgten sie diesen Ansprüchen, integrierten sie den Monolog auch in das private Sprechen. Noch heute wird daher von jeder Sprecherin und jedem Sprecher verlangt, dass er sein Wissen und seine Erfahrungen monologisch darstellen und zelebrieren kann.

Ich sitze wie zu alten Zeiten in dem *Square* hinter dem Montaigne-Denkmal. Dass ich in den siebziger Jahren den französischen Monolog zumindest ein wenig beherrschte, habe ich in einigen Abschlussprüfungen beweisen können. Damals haben die Lehrenden keineswegs mein Wissen oder bestimmte Kenntnisse in einem Fach geprüft, sondern mir nur zwei, drei Fragen gestellt – um mich danach ausführlich *reden* zu lassen. Jedes gestische Moment und jede Veränderung meiner Stimme sind ihnen aufgefallen, und nachdem ich ausgeredet hatte, haben sie einige meiner Sätze noch einmal wiederholt: vollständiger, ausgefeilter, eleganter, in ihrem besten Dozentenfranzösisch.

Plötzlich sind alle diese Erinnerungen wieder lebendig. Und als wollte ich nicht von ihnen lassen, gehe ich in einen *Tabac*-Laden an der Ecke und kaufe noch einmal eine Packung *Gitanes*, ohne Filter. Seit Jahrzehnten habe ich diese Zigaretten nicht mehr geraucht, aber jetzt muss es sein. Sie verstärken meinen Erinnerungsrausch, und sie lassen mich an die junge Arlette denken, die mir, ohne es zu ahnen, die schöne Gelegenheit verschafft hat, noch einmal einen libidinösen Monolog zu halten: über bewegende Szenen von früher, über ehemalige Lehrer und den hilflosen und nicht selten hochgradig verträumten Studenten, der ich einmal war.

Der Aufstieg zur Höhe des Wissens

Ich gehe noch etwas auf der *Rue des Écoles* entlang, rechts steigen die Wege jetzt bergauf, bis zum *Pantheon*, das ich zu Beginn meiner Streifzüge von der Höhe der Türme der Kathedrale *Notre-Dame* aus als eines meiner fernen Ziele erkannt und ausgemacht habe.

Der Aufstieg, der nun vor mir liegt, führt mich auf die einundsechzig Meter hohe *Montagne Sainte-Geneviève*, die nach der Schutzheiligen von Paris, der heiligen Genoveva, benannt ist. Um 422 in Nanterre geboren, soll sie bereits in kindlichem Alter in strenger Askese für den Glauben gelebt haben. Nach ihrer Übersiedlung nach Paris hat sie sich, dem Ideal der christlichen Nächstenliebe entsprechend, den Kranken und Armen gewidmet. In ganz Frankreich bekannt wurde sie dadurch, dass sie die Eroberung von Paris durch den Hunnenkönig Attila durch ihre Gebete und Fürbitten verhinderte. Auch auf die merowingischen Herrscher soll sie einen starken Einfluss gehabt und sie angehalten haben, sich zum christlichen Glauben zu bekennen.

Auf der Spitze des Berges errichtete man ihr nach ihrem Tod im Jahr 502 eine Kirche, in der wenig später auch König Chlodwig I. (ca. 482-511) beigesetzt wurde. Diese Kirche verfiel mit den Jahrhunderten, und es gelang lange Zeit nicht, an ihrer Stelle einen Kirchenbau zu errichten, der dem Anlass, Grabstätte einer Schutzheiligen zu sein, hätte gerecht werden können.

Erst sehr spät, Ende des achtzehnten Jahrhunderts, ist dort eine Kirche eingeweiht worden, deren Bau nach der Französischen Revolution *Panthéon* genannt wurde und noch heute eine Art Ruhmeshalle für verstorbene Schriftsteller, Philosophen, Künstler und Wissenschaftler ist.

So gesehen, ist dies ein Aufstieg zu den Höhen des Wissens und damit zu jenem Gebäude, dessen Kuppel von fast jedem Punkt in Paris aus sichtbar ist. In der Umgebung des *Panthéon* werde ich auf weitere Räume des Lehrens und Lernens treffen, und zum Abschluss meiner Wege werde ich mich dem Allerheiligsten nähern, jenem Platz, auf dem ich zum ersten Mal

in meinem Leben eine Paris-Erzählung von Ernest Hemingway gelesen habe.

Das *Collège de France* war die Stätte der innovativen Lehre, die Universitäten und Kollegien in seiner Nähe dagegen waren seit dem Mittelalter die Unterrichtsstätten von Lehrern und Meistern in den Fächern Theologie und Philosophie, die in ganz Europa die höchste Anerkennung genossen.

Bevor ich meinen allmählichen Aufstieg beginne, möchte ich jedoch auch den großen Lehrern des Mittelalters meine Reverenz erweisen und mich in ihre Texte vertiefen. Aber wo ist so etwas noch möglich?

Ich biege von der *Rue des Écoles* nach links in die *Rue de Poissy* ab. Nach wenigen Metern stehe ich vor einem der schönsten mittelalterlichen Lehrgebäude des alten Paris, dem *Collège des Bernhardins* (*20 Rue de Poissy*). Erst vor kurzem wurde es aufwändig restauriert und beherbergt heute eine der beeindruckendsten Raumfluchten des *Quartier Latin*.

Das *Collège* ist eine Gründung des Zisterzienserordens aus der Mitte des dreizehnten Jahrhunderts und sollte damals junge Studenten aufnehmen, die in Paris Theologie studieren wollten. Heute ist von dem in früheren Zeiten sehr großen Gelände nur noch ein Teil erhalten, der jedem, der ihn sieht, schon nach den ersten Blicken die Sprache verschlägt.

Betritt man das *Collège* nämlich durch die moderne, gläserne Pforte, steht man im siebzig Meter langen, vierzehn Meter breiten und sechs Meter hohen Refektorium, dessen Kreuzrippengewölbe von sechzehn schmalen Säulen getragen wird.

Die Länge der dreischiffigen Anlage, die elegante Wölbung

der Decke, die Flucht der Säulen – das alles bildet ein sprachlos machendes Ensemble von grandioser Einfachheit und farbloser Strenge. Darunter befindet sich noch ein Untergeschoss mit zweiunddreißig ebenfalls sehr schönen Säulen, das die Mönche früher zugeschüttet hatten, um die Stabilität des darüber liegenden Refektoriums zu gewährleisten.

Jetzt beherbergt dieses Untergeschoss eine moderne, große Bibliothek, und unter dem Dach, im Obergeschoss über dem Refektorium, gibt es ein Auditorium für die Vorlesungen, Vorträge, Lesungen und Konzerte, die hier nun wieder regelmäßig stattfinden (*www.collegedesbernardins.fr*).

Trifft man hier zur Mittagszeit ein, so kann man sich an die *Table des Bernardins* setzen. Das kleine Café verwandelt sich dann in ein Restaurant und serviert seinen Gästen in einem der großzügigsten ehemaligen Speisesäle von Paris ein Tagesgericht mit Entrée oder Dessert für sage und schreibe zehn (!) Euro.

Mir gefällt auch der kleine Klostergarten, den man vom Refektorium aus betreten kann. Ich ruhe mich dort ein wenig aus und vertiefe mich in eine Schrift des großen Theologen Thomas von Aquin (1225-1274), der genau in den Jahren der Gründung des Kollegs in Paris studierte. Thomas war kein Zisterzienser-, sondern ein Dominikaner-Mönch, und als er nach Studienjahren in Köln wieder nach Paris zurückkehrte, begann er dort mit eigener Lehre.

Über deren Aufgaben und ihren Sinn dachte er in seinen Reflexionen über die Aufgaben des Lehrers (*De magistro*) nach, durch deren Lektüre ich den Faden fortspinne, den ich im *Balzar* aufgegriffen habe.

Thomas beginnt seine Überlegungen mit einfachen Unterscheidungen, die dann die Richtung vorgeben. Er will zeigen, dass es dem Lehrer nicht darum gehen sollte, Kenntnisse zu vermitteln, sondern darum, den Schüler zum selbständigen Denken anzuregen. Dazu bedarf der Schüler vieler Anstöße durch den Lehrer, letztlich führen diese Anstöße aber nicht zu etwas Neuem, sondern initiieren im Schüler die Freilegung und das Hervortreten des Wissens. Dieses Wissen ist kein menschliches und damit von Menschen geschaffenes, es ist vielmehr das von Gott geschenkte, göttliche Wissen.

In der didaktisch ausholenden und die Gedankengänge Schritt für Schritt kontrollierenden Sprache des Thomas erscheint dieser Entwurf von Lehrer und Lehre dann so: *Lehren heißt nichts anderes, als in einem anderen auf irgendeine Weise Wissen verursachen. Der Träger des Wissens aber ist der Verstand. Die sinnenfälligen Zeichen aber, durch die ausschließlich ein Mensch lehren zu können scheint, gelangen nicht bis zum Bereich des Verstandes, sondern bleiben beim Sinnesvermögen stehen. Also scheint ein Mensch von einem anderen nicht unterwiesen zu werden können … Wenn Wissen immer von einem anderen verursacht wird, dann war es entweder schon im Lernenden vorhanden oder nicht. Wenn es nicht in ihm war und also von keinem verursacht wird, dann erschafft ein Mensch in einem anderen Wissen; das ist aber unmöglich. Wenn es zuvor aber vorhanden war, dann war es entweder in ihm voll und ganz, und so kann es gar nicht verursacht werden, da das, was ist, nicht wird; oder es war in ihm keimhaft angelegt: Derartige keimhafte Anfangsgründe aber können durch keine geschaffene Kraft in die Wirklichkeit geführt werden, sondern sie werden allein von Gott der Natur eingepflanzt, wie Augustinus in Super Genesim ad litteram sagt; also ergibt sich, daß kein Mensch einen anderen auf irgendeine Weise lehren könne.* (Thomas von Aquin: *Über den Lehrer / De Magistro*, S. 5-7)

Ich versuche, die Gedanken des Thomas von Aquin zur Lehre in meine eigenen Fallbeispiele zu übersetzen: Roland Barthes hat mich nicht eigentlich etwas »gelehrt«, er hat mir vielmehr nur dazu verholfen, zum Beispiel Details an Robert Schumanns Kompositionen zu erkennen, die ich längst wahrgenommen, mir aber noch nicht deutlich genug bewusstgemacht hatte. Las ich Barthes' Texte über Schumanns Musik, fiel es mir »wie Schuppen von den Augen«, und ich reagierte wie einer, der plötzlich glasklar erkannte, was er doch längst schon gespürt, empfunden, aber noch nicht in aller Klarheit auf Begriffe und in einen textuellen Zusammenhang gebracht hatte.

Die gute Lehre ist also nach Thomas kein Eintrichtern von Neuem, nicht Gewusstem, sondern die Freilegung des bereits keimartig Vorhandenem. Sie nimmt dem jungen Schüler eine Blindheit, die von seiner Jugend herrührt, und sie führt ihn Stufe für Stufe höher hinauf in Regionen, in denen das Angestoßene und Gedachte sich dann immer rascher, freier und selbständiger entfaltet.

Mit der Thomas von Aquin-Lektüre im stillen Klostergarten des *Collège des Bernardins* beende ich meine mittelalterlichen Exerzitien. Von hier gehe ich zurück zur *Rue des Écoles* und biege dann links in die *Rue du Cardinal-Lemoine* ein.

So strebe ich weiter zu den Höhen des Wissens hinauf, und es passt dazu sehr gut, dass diese steil ansteigende Straße nach Jean Lemoine (1250-1313) benannt ist, der in der Mitte des dreizehnten Jahrhunderts zur Welt kam und später einer der bedeutendsten Bischöfe und Kardinäle Frankreichs war. In Paris hat er sogar ein Kolleg gegründet, das nach ihm benannt wurde.

Schon bald zweigt die *Rue Clovis* nach rechts ab. Sie führt nun geradewegs zu jenen Gebäuden, die zu den zentralen von Lehre, Unterricht und damit verbundener Lektüre im *Quartier Latin* gehören. Zunächst komme ich am *Lycée Henri IV* (23 *Rue Clovis*) vorbei, einer der bedeutendsten Eliteschulen von Paris, wo die Schüler vier Jahre lang im *Collège* (Mittelstufe) unterrichtet werden. Die besten von ihnen können dann ins dreijährige *Lycée* (Oberstufe) wechseln, und die wiederum aus diesem Unterricht hervorgehenden Besten können sich in den berüchtigten *Classes préparatoires* darauf vorbereiten, die Aufnahmeprüfungen für die *Grandes Écoles* (wie zum Beispiel die *École Normale Supérieure* in Paris) zu bestehen.

Das *Lycée Henri IV* war ein im sechsten Jahrhundert gegründetes Kloster und besaß bereits im Mittelalter eine große Bibliothek und ein eigenes Skriptorium. Sie blieb bis ins neunzehnte Jahrhundert erhalten und war dann der Grundstock für die große *Bibliothèque Sainte-Geneviève*, auf die ich nun an der *Place du Panthéon* (Nr. 10) zugehe.

Diese Bibliothek war in Frankreich die erste, die nicht mehr in ein Kloster oder eine profane Anlage integriert war. Sie war und ist seit ihren Anfängen eine Präsenzbibliothek, in der die Leser den ganzen Tag in Ruhe jene Bücher und Medien konsultieren können, die sie interessieren. Dieses Angebot nutzen seit den frühen Morgenstunden ganze Scharen, die zum Teil nicht nur der einfachen Zugänglichkeit der Bücher wegen kommen, sondern auch, weil sie diese Bücher im schönsten Lesesaal von Paris lesen wollen.

Lange Zeit war es mein Traum, mich in diesem Lesesaal zu einem Zeitpunkt aufhalten zu können, an dem die großen Scharen ihn noch nicht besetzt haben. Auf die vermittelnde

Anfrage eines Freundes hin ist mir das wirklich einmal gelungen. So stand ich mit ihm zusammen vor den Pforten des mächtigen Baus, und wir wurden von einer jungen Bibliothekarin noch vor Öffnung der Bibliothek in den Lesesaal geführt, der bereits in aller Pracht erstrahlte.

Schaut man von einer der in diesem Saal umlaufenden erhöhten Galerien hinab auf die braunen, lang gestreckten Tische mit Hunderten von Leselampen aus hellgrünem Glas, möchte man sich nirgendwo sonst in Paris mehr in ausgiebige Lektüren vertiefen. Man vergisst die Stadt und ihre Reize sofort, denn dieser Saal entführt in einen geschlossenen, Intensität ausstrahlenden Kosmos, in dem sich die Gedanken frei entfalten können.

Dass so etwas gelingt, ist die geniale Leistung des Architekten Henri Labrouste (1801-1875), nach dessen Plänen die gesamte Anlage erbaut wurde. Labrouste verwendete für den achtzig Meter langen, siebzehn Meter breiten und fünfzehn Meter hohen Lesesaal Eisenkonstruktionen, wie man sie bisher noch nie so deutlich, unverhohlen, ja geradezu ausgestellt und betont gesehen hatte.

In der Mitte des Lesesaals verläuft nämlich eine lange Phalanx von achtzehn schlanken Eisenpfeilern, die auf steinernen Sockeln stehen und die Saaldecke tragen. Diese besteht aus zwei Tonnengewölben, die an den vier Seiten des Lesesaals von schweren Wandpfeilern gestützt werden. Durch die hohen Seitenfenster zwischen diesen Pfeilern fällt von überall das Licht ein, und der Leser hat einen Ausblick zu den Himmelsformationen: der Sonne, den ziehenden Wolken oder der Kuppel des *Panthéon.*

Die offenen Bücherbestände reichen ringsum vom Fußboden bis zu den Fenstern, was die Geschlossenheit des Saales verstärkt. Der Leser hat es mit einem ruhigen, an allen vier Seiten gleichen Ensemble von Büchern, Galerien, Pfeilern, Fenstern und Licht zu tun, und er sitzt auf kleinen, niedrigen Stühlen, die Henri Labrouste zusammen mit den Leselampen ebenfalls entworfen hat.

Der von den Eisenträgern und dem Stein gestützte und zugleich auch gerahmte Saal lässt einem durch seine Höhe, seine Helligkeit und die Unaufdringlichkeit seiner Holzfarben im Parterre viel Luft. Nirgends kann in einer solchen Bibliothek ein Gefühl der Beengung oder Bedrückung entstehen, so dass die Lektüren in einer Atmosphäre verlaufen, in der man den Kopf einerseits auf das von den Leselampen erhellte Papier senkt und ihn andererseits hebt, um den Kontakt mit den weiten Himmeln nicht zu verlieren.

So zieht einen die Lektüre zusammen (sie konzentriert), und so gibt sie nach und gewährt Freiheiten (sie öffnet sich). Lesevorgänge solcher Art sind dem Atmen vergleichbar. Sie überfordern nicht, sondern geben den Lesern das Gefühl, in einem klug durchdachten und dazu noch hoch ästhetischen Ambiente einer der schönsten Beschäftigungen des Lebens nachgehen zu können.

Eigentlich sollte ich die Besteigung der *Montagne Sainte-Geneviève* jetzt mit einem Besuch des *Panthéon* krönen und abschließen. Ich habe diesem im späten achtzehnten Jahrhundert fertig gestellten Bau jedoch nie viel abgewinnen können. Man merkt ihm bis in jede Fuge an, dass er keine Kirche geworden, sondern in seltsam pathetischer, kühler und den Besucher auf Distanz haltender Feierlichkeit erstarrt ist. In seinen Kellern trifft man zwar auf die Gräber von Voltaire, Rousseau oder Victor Hugo, aber auch diese Grablegen lösen keinerlei Emotionen aus und tragen nichts dazu bei, die Verehrung für solche großen Philosophen und Schriftsteller an dieser Stelle noch einmal aufflammen zu lassen.

Nicht das *Panthéon*, sondern ein kleiner, ovaler Platz ganz in der Nähe ist das letzte Ziel meiner Wege durch *Paris*, *links der Seine.* Ich möchte diese Wege, ganz dem Geist des *Quartier Latin* entsprechend, mit einer erneuten Lektüre beenden und mich zum Schluss in einen stillen Leser verwandeln. Ein Platz auf der Höhe der *Montagne Sainte-Geneviève*, ein Leser mit einem einzigen, ihm viel bedeutenden Buch sowie die Geschichte dieser Lektüre – in dieser Konstellation sollen die vielen Linien meiner Wege noch einmal andeutungsweise erscheinen, aufleuchten und schließlich zum Stillstand kommen.

Ich gehe die *Rue Clovis* noch einmal bis zur *Rue Cardinal-Lemoine* zurück und nähere mich so allmählich der *Place Contrescarpe.* Wenige Meter, bevor ich sie endgültig erreiche, stehe ich vor dem Haus, in dem Ernest Hemingway zusammen mit seiner damaligen Frau Hadley eine erste Wohnung in Paris hatte (*74 Rue Cardinal-Lemoine*). In dieser bescheidenen Behausung arbeitete er seit 1921 als Reporter für kanadische und amerikanische Zeitungen und Zeitschriften und schrieb daneben seine ersten Erzählungen. *74 Rue Cardinal-Lemoine* ist also der Ort, wo aus dem noch jungen Reporter und Journalisten allmählich ein Schriftsteller wurde.

Ich löse mich von dem Haus und erreiche die *Place Contrescarpe.* Zwei Café-Restaurants liegen hier einander gegenüber, das *Café Delmas* und das *Café Contrescarpe.* Ich setze mich auf die

Terrasse des letzteren und bestelle einen frisch ausgepressten Zitronensaft und ein Mineralwasser. Es ist früher Abend, ich bin angekommen.

Alles endet damit, dass ich auf diesem Platz sitze und das alte Buch aus dem Jahr 1965 noch einmal hervorhole. *Paris – ein Fest fürs Leben* liegt inzwischen längst in einer anderen Ausgabe und in neuer Übersetzung vor. Ich aber halte mich in diesem Moment noch einmal an die mir vertraute, alte Edition. Der Umschlag mit den gelben Buchstaben von Autorennamen und Titel ist leicht angerissen, und wenn ich das Buch öffne, erkenne ich meinen Namen, den ich damals noch mit der Hand in jedes neu erworbene Buch schrieb.

1965 war ich ein Oberstufenschüler, der bereits viel notiert und geschrieben hatte, ohne daran zu denken, jemals ein Schriftsteller zu werden. Vorläufig verschwendete ich keinen einzigen Gedanken an diese Idee, denn ich spielte damals noch wie besessen Klavier und hoffte darauf, ein guter Pianist werden zu können.

Hemingways Pariser Geschichten, die davon handelten, wie aus einem jungen Beobachter, Notat- und Skizzenschreiber ein Geschichtenerzähler wurde, trafen mich damals aber dennoch sehr direkt. Ich konnte den Sprung vom dilettierenden zum professionellen Schreiben gut nachvollziehen, und ich spürte die Nähe zu diesen Erzählungen sogar so stark, dass etwas in mir ebenfalls auf bisher unbekannte, neue Art zu schreiben begann.

Die Hemingway-Coda, Place Contrescarpe

Ich sitze mit meinem Vater im Alter von vierzehn Jahren auf der Terrasse des *Café Contrescarpe.* Vater trinkt ein belgisches Bier, und ich trinke frisch ausgepressten Zitronensaft und Mineralwasser. Auf dem runden Tisch vor uns liegt eine Paris-Karte, die Vater bis in jedes Detail aufmerksam studiert. Er liebt Karten, denn er ist von Beruf Geodät und hat fast täglich mit exakten Karten zu tun. Auf der Paris-Karte verfolgt er mit dem rechten Zeigefinder die *Métro*-Linien, er möchte *Métro* fahren und die Züge und Bahnhöfe kennenlernen, die bekannten Besichtigungsziele der Touristen dagegen interessieren ihn nicht.

Vor unserer Reise hat er mir ein Buch von Ernest Hemingway geschenkt, es heißt *Paris – ein Fest fürs Leben.* Während Vater die *Métro*-Linien auf der großen Paris-Karte sucht und sich mit einem Bleistift dazu Notizen in einen kleinen Block macht, habe ich Zeit, mit dem Lesen des Buches anzufangen. Es begann (in der damaligen ersten Übersetzung) so: *Dann war das schlechte Wetter da. Wenn der Herbst vorbei war, würde es von einem Tag zum anderen kommen. Nachts mußten wir die Fenster wegen des Regens schließen, und der kalte Wind würde die Blätter von den Bäumen der place Contrescarpe abstreifen.*

Die Bäume der *place Contrescarpe*? Das waren genau die Bäume, auf die ich gerade schaute. Hemingway begann also sein Paris-Buch mit einer Schilderung seines ersten Wohnraums. Und wie weiter?

LES ARTS
BURGERS

Coca-Cola
Fumer nuit à
vos poumons

Die Blätter lagen durchweicht im Regen, und der Wind trieb den Regen gegen den grünen Autobus an der Endstation, und das Café des Amateurs *war gedrängt voll, und von der Hitze und dem Rauch drinnen beschlugen die Fenster.*

Das *Café des Amateurs*? Welches Café war damit gemeint? Ich konnte kein Café mit diesem Namen auf der *Place Contrescarpe* ausmachen.

Es war ein trauriges, schlecht geführtes Café, in dem sich die Säufer des Viertels zusammenfanden, und ich hielt mich wegen des Geruchs von schmutzigen Körpern und dem säuerlichen Geruch von Betrunkenen von ihm fern. (Ernest Hemingway: *Paris – ein Fest fürs Leben.* S. 9/10)

Ich lese weiter und weiter, und ich glaube schließlich, dass es sich bei dem *Café des Amateurs* um das gegenüberliegende Café handelt, denn ich möchte nicht gern in einem Café sitzen, das Hemingway früher gemieden hat. Und so bilde ich mir ein, das gegenüberliegende Café sei das *Café des Amateurs* gewesen, während ich mit Vater in einem Café sitze, in dem Hemingway sehr häufig und gerne gesessen hat. Ich sage Vater aber nichts davon, ich bin zu sehr ins Lesen vertieft, und so schrecke ich erst wieder auf, als er bezahlen und mich mit auf seine *Métro*-Exkursionen nehmen will.

Ich sage ihm, dass ich am liebsten noch einige Zeit auf der *Place Contrescarpe* sitzen bleiben und in Hemingways Erzählungen lesen würde. Und ich sage auch, dass die erste Erzählung in diesem Buch genau auf diesem Platz spielt, und es sehr spannend zu lesen ist, wie Hemingway den Platz und seine Umgebung beschreibt.

Vater und ich – wir besprechen uns kurz, und dann entscheiden wir uns dafür, getrennte Wege zu gehen. Ich bleibe also auf der *Place Contrescarpe* sitzen, und Vater geht zur nächsten *Métro*-Station. Am frühen Abend wollen wir uns in unserer Pension wiedersehen, sie liegt ganz in der Nähe. Wir umarmen uns kurz, und ich erhalte ein wenig Geld, damit ich mir während des Tages etwas zu essen und zu trinken kaufen kann. Und dann geht mein Vater winkend davon, und ich winke ebenfalls, bleibe aber auf meinem Platz sitzen. Als Vater fort ist, kommt der Kellner zu mir und fragt, ob ich noch etwas zu trinken wünsche, aber ich schüttle nur stumm den Kopf, obwohl ich es gerne einmal gewagt hätte, ein kleines Glas belgisches Bier zu bestellen. Ich bin zwar erst vierzehn Jahre, aber beinahe schon ein Meter achtzig groß, deshalb halten mich viele Menschen für erheblich älter und könnten durchaus auf die Idee kommen, mir ein Bier zu servieren.

Ich lese die erste Geschichte in Hemingways Paris-Buch (*Ein gutes Café auf der place St-Michel*) und dann noch die zweite (*Miss Stein belehrt*), und danach weiß ich, was ich als Nächstes vorhaben werde. Ich stehe auf und verabschiede mich von dem Kellner und gehe die steil abfallende *Rue du Cardinal-Lemoine* hinunter bis zum Ufer der Seine und dann weiter an der Seine entlang bis zum *Boulevard Saint-Michel.*

Durch meine Lektüre der ersten Erzählung in Hemingways Buch weiß ich, dass Hemingway früher denselben Weg gegangen ist. Am *Boulevard Saint-Michel* hat er statt des schmutzigen *Café des Amateurs* ein gutes und sauberes Café aufgesucht. Er hat sich in dieses Café gesetzt, und er hat mitten in diesem Café mit dem Notieren und Schreiben begonnen. Ich brauche keinen Augenblick zu überlegen, sondern ich suche ebenfalls nach einem guten, sauberen Café, und als ich ein sehr großes finde, gehe ich hinein, ziehe meinen Schreibblock heraus und beginne zu schreiben.

Der Kellner kommt, aber ich wage es noch immer nicht, ein belgisches Bier zu bestellen, und so bestelle ich einen *Café crème*, von dem ich genau weiß, dass er mir nicht schmecken wird. Hemingway hat jedoch auch zunächst einen *Café crème* und erst später einen herben Weißwein bestellt. Den herben Weißwein werde ich ganz sicher nicht bestellen, höchstens für ein Glas Wasser wird mein Geld reichen. Aber das macht nichts, ich sitze jedenfalls nun in genau dem richtigen, guten und sauberen Café und schreibe darüber, wie ich eben noch auf der *Place Contrescarpe* saß und danach die *Rue Cardinal-Lemoine* hinunter bis zur Seine gegangen bin.

Am linken Ufer der Seine habe ich mir einige Details eigens zum späteren Aufschreiben gemerkt. Ich habe mir die Stände der Bouquinisten angeschaut, und ich habe die Kathedrale *Notre-Dame* von hinten, der Seite und von vorne betrachtet. Ich habe sie mit einem gewaltigen Insekt verglichen, das bald von der Insel in den Fluss springen wird, und ich bin stolz auf solche Vergleiche gewesen, die ich für treffende und dazu noch seltene Vergleiche hielt. Im Café am *Boulevard Saint-Michel* schreibe ich so lange, bis ich meinen ganzen Weg von der *Place Contrescarpe* bis zu meinem Ziel beschrieben habe. Ich lasse kein Detail aus, und als ich den ganzen Text am Ende noch einmal von vorn lese, halte ich ihn für eine gar nicht so üble Erzählung über einen jungen Mann, der allein durch Paris geht, die Augen aufmacht und sich vieles merkt. Es ist noch nicht einmal Mittag, und so kann ich noch eine zweite Hemingway-Lektion angehen. Sie hat mit der zweiten Erzählung in seinem Paris-Buch zu tun, und sie spielt vor allem in der Atelierwohnung von Miss Stein in der *Rue de Fleurus* (Nr. 27).

Von Miss Stein habe ich bisher noch nie etwas gehört oder

gelesen, das wundert mich, denn Hemingway beschreibt sie als seine wichtigste Lehrerin und als eine Frau, die einen großen Salon hatte und mit den bedeutendsten Malern und Schriftstellern befreundet war. Er besuchte diesen Salon oft, und er unterhielt sich mit den anderen Schriftstellern und den Malern, und er lernte von Miss Stein, wie man kurze und wahre Sätze schreibt und die anderen Schriftsteller und Maler besser einschätzt und versteht.

Von der *Place Saint-Michel* gehe ich später den leicht ansteigenden *Boulevard Saint-Michel* hinauf und durchquere zum ersten Mal in meinem Leben den *Jardin du Luxembourg*. Alles dort gefällt mir, und ich bleibe an vielen Punkten stehen und schaue den Schach- und Boulespielern zu. Dann setze ich mich auf eine der Bänke und tanke die nächsten Hemingway-Erzählungen, und ich nehme meinen Notizblock heraus und schreibe mir auf, wohin ich an den nächsten Tagen gehen werde: in die *Rue de l'Odéon* und in dieser Straße dann dahin, wo sich einmal die Buchhandlung von Sylvia Beach (*Shakespeare & Company*) befand.

Und während ich im *Jardin du Luxembourg* sitze, lese und dazu notiere, verstehe ich plötzlich, was der merkwürdige Titel von Hemingways Buch bedeutet. In Paris zu sein und zu leben, bedeutet er, ist eine nie dagewesene, große Freude. Ich spüre diese große Freude in diesem Moment selbst, und sie ist ein so starkes Gefühl, dass ich durchatmen muss. Etwas steigt vom Herz aus hinauf durch die Brust bis zum Hals, und genau das ist die Freude, und sie ist manchmal sehr heftig, aber auch in gedämpfter Form immerzu spürbar.

Die Freude hat auch damit zu tun, dass ich jetzt einen Plan habe. Ich laufe nicht einfach ohne Ideen und Gedanken durch diese gewaltige Stadt, sondern ich folge Ernest Hemingway, der mir seine Stadt zeigt. So lerne ich nicht dies oder das, sondern etwas gut Ausgesuchtes kennen und kann seine Beschreibungen mit meinen mäßigen, schülerhaften Beschreibungen vergleichen. Es macht Freude, sich auf den Spuren eines so idealen Lehrers zu bewegen, und es ist genau das Richtige für mich.

Später verlasse ich den *Jardin du Luxembourg* und finde auf meinem kleinen Stadtplan auch die *Rue de Fleurus*, wo Gertrude Stein (1874-1946) ihren Salon gehabt haben muss. Ich stehe vor einem prächtigen Wohnhaus und schaue durch das Eingangstor in einen Durchgang, hinter dem sich ein kleiner Garten auftut, und ich stelle mir vor, dass die Freundinnen und Freunde von Miss Stein sich dort versammelt und ihre Gespräche später in den Salonräumen fortgesetzt haben.

Von der *Rue de Fleurus* gehe ich dann zum *Boulevard Raspail* und ihn eine Weile entlang. In der Nähe der *Métro*-Station *Vavin* stoße ich auf das große Balzac-Denkmal von Auguste Rodin und bleibe davor lange stehen, um mir später dazu viele Notizen machen zu können.

In unmittelbarer Nähe zu diesem Denkmal entdecke ich dann ein Café oder Restaurant nach dem andern, in dem Hemingway sich mit seinen Freundinnen und Freunden getroffen hat, und ich gehe in jedes hinein. Zunächst besuche ich *La Rotonde*, dann *Le Dôme* gegenüber, dann *La Coupole*. Schließlich gehe ich den *Boulevard Montparnasse* noch etwas weiter entlang und finde auch das Café-Restaurant *Closerie des Lilas*. Dort hat sich Hemingway anscheinend besonders häufig aufgehalten, und zwar in der Zeit, in der er nicht mehr in der *Rue Cardinal-Lemoine*, sondern in seiner zweiten Pariser Wohnung (*Rue Notre-Dame-des-Champs*) wohnte. Ich gehe zwar in jedes dieser Café-Restaurants hinein und drehe in jedem meine Runden, aber ich kann in keinem von ihnen Platz nehmen, weil ich nicht genug Geld für eine Bestellung habe. Eindrücke von diesen Café-Restaurants habe ich später dennoch viele im Kopf, und dann kehre ich einfach wieder zurück in den großen *Jardin Du Luxembourg* und setze mich dort erneut auf eine Bank. Ich notiere, was mir in der *Rue de Fleurus* aufgefallen ist, und ich schreibe ausführlich über die Café-Restaurants, von denen ich weiß, dass sie alle im *Quartier Montparnasse* liegen.

Später, als es allmählich Zeit und Abend wird, gehe ich hinauf zum *Panthéon* und komme wieder auf der *Place de Contrescarpe* an. Ich setze mich auf die Terrasse des Cafés, wo mein Vater sich am Morgen von mir getrennt hat. Der Kellner erkennt mich und kommt zu mir und fragt, ob ich einen frisch ausgepressten Zitronensaft trinken wolle, ich aber sage nein und bestelle ein kleines Glas belgisches Bier. Bis das Bier serviert wird, verschwinde ich unten im Keller, in der Toilette des Cafés. Ich wasche mir das Gesicht mit kaltem Wasser und blicke in den uralten Spiegel, und ich habe plötzlich das Gefühl, dass ich verändert aussehe. Ich weiß aber nicht, woran es liegen könnte, und so gehe ich wieder hinauf und sehe, dass der Kellner mir wirklich ein kleines Glas Bier serviert hat. Ich habe noch nie ein Bier getrunken, ich wäre gestern nicht einmal auf den Gedanken gekommen, eins zu bestellen. Aber jetzt muss es sein, denn Hemingway trinkt auch den halben Tag Wein oder Bier, denn Wein und Bier scheinen die Pariser Freude, die ich nun bereits kennengelernt habe, noch mächtig zu steigern.

Ich nehme einen vorsichtigen Schluck und dann noch einen, und dann setze ich das Glas ab.

Zunächst spüre ich überhaupt nichts, und ich bin etwas enttäuscht, und dann trinke ich das Glas aus Enttäuschung rasch leer und spüre nach dem letzten Schluck plötzlich, wie die Freude in mir wieder lebendig zu werden beginnt. Sie ist klein wie ein Wiesel und hüpft in meiner Brust, und dann macht sie kurze Sprünge und bringt das Herz zum Klopfen.

Ich habe so etwas noch nie erlebt, und ich bin sehr aufgeregt und habe Angst, dass mit mir etwas nicht stimmt. Ich habe das Gefühl, diese starke Freude gar nicht allein aushalten zu können, und ich denke, dass es jetzt nicht schlecht wäre, jemanden in der Nähe sehr fest zu umarmen und die Freude mit ihm zu teilen. Ich sitze also auf der Terrasse der *Place Contrescarpe* und habe ein Gefühl zum Zerspringen. Und dann sehe ich meinen Vater, wie er aus der Ferne, und zwar aus der Straße, in der Hemingway einmal gewohnt hat, auf den ovalen Platz kommt. Er überquert diesen Platz und sieht mich längst, und er winkt mir zu, wie er mir früher in der Kindheit immer bei seinem abendlichen Nachhausekommen von einem großen, ovalen Platz in der Domstadt Köln aus zugewinkt hat. Einen Moment denke ich, dass es ein Wunder ist, dass Papa jetzt erscheint, dabei waren wir doch fest verabredet, und sein Erscheinen ist keineswegs ein Wunder. Ich stehe auf und laufe ihm entgegen. Und dann umarme ich ihn mitten auf dem ovalen Platz fest und sage, dass ich mich freue, ihn endlich wiederzusehen.

Paris, Herbst 2015 bis Frühjahr 2017 –
en mémoire de mon père et de notre voyage ensemble à Paris
en l'an 1965

Literatur- und Quellennachweise

Guillaume Apollinaire: Alkohol. Gedichte. Aus dem Französischen von Johannes Hübner und Lothar Klünner. Luchterhand Verlag, Darmstadt und Neuwied 1976

Guillaume Apollinaire: Flaneur in Paris. Aus dem Französischen übersetzt und hrsg. von Gernot Krämer. Friedenauer Presse, Berlin 2011

Louis Aragon: Der Pariser Bauer. Aus dem Französischen von Lydia Babilas. Suhrkamp Verlag Frankfurt am Main 1996

Jean-Paul Aron: Der Club der Bäuche. Ein gastronomischer Führer durch das Paris des 19. Jahrhunderts. Aus dem Französischen von Susanne Lüdemann. Klett-Cotta, Stuttgart 1993

Marc Augé: Das Pariser Bistro. Aus dem Französischen von Felix Kurz. Verlag Matthes & Seitz, Berlin 2016

Sarah Bakewell: Das Café der Existenzialisten. Aus dem Englischen von Rita Seuß. München 2016

Honoré de Balzac: Das unbekannte Meisterwerk. Übersetzt von Anne Hoffmann. Stuttgart 1947

Honoré de Balzac: Cousin Pons oder Die beiden Musiker. Roman. Aus dem Französischen von Otto Flake. Diogenes Verlag, Zürich 2009

Sylvia Beach: Shakespeare and Company. Aus dem Amerikanischen von Lilly v. Sauter. Suhrkamp Verlag Frankfurt am Main 1982

Simone de Beauvoir: Die Mandarins von Paris. Deutsche Übersetzung von Ruth Ücker-Lutz, Fritz Montfort. Copyright © 1955 by Rowohlt Verlag GmbH, Hamburg

Simone de Beauvoir: In den besten Jahren. Deutsche Übs. von Rolf Söllner. Copyright © 1961 Rowohlt Verlag GmbH, Reinbek bei Hamburg

Simone de Beauvoir: Memoiren einer Tochter aus gutem Hause. Deutsche Übersetzung von Eva Rechel-Mertens. Copyright © 1960 Rowohlt Verlag GmbH, Reinbek bei Hamburg

Simone de Beauvoir: Cahiers de jeunesse 1926-1930. Paris 2008

Karin Becker: Der Gourmand, der Bourgeois und der Romancier. Die französische Eßkultur in Literatur und Gesellschaft des bürgerlichen Zeitalters. Vittorio Klostermann Verlag, Frankfurt am Main 2000

Christiane Blot-Labarrère: Album Marguerite Duras. Paris 2014

Brassaï: Gespräche mit Picasso. Copyright für die deutsche Übersetzung von Edmond Lutrand. © 1966 Rowohlt Taschenbuch Verlag GmbH, Reinbek bei Hamburg

Anne Cartier-Bresson: Dans l'atelier du photographe. Paris 2012

Colette: Claudine in Paris. Aus dem Französischen von Lida Winiewicz. © Paul Zsolnay Verlag, Wien 1957

Robert J. Courtine: Simenon und Maigret bitten zu Tisch. Aus dem Französischen von Pierre F. Sommer. Zürich 1997

Eugène Delacroix: Briefe und Tagebücher. Ausgewählt, übersetzt und kommentiert von Elise Guignard. Deutscher Kunstverlag, München 1990 © Deutscher Kunstverlag GmbH Berlin München

Denis Diderot: Schriften zur Kunst. Ausgewählt und mit einem Nachwort von Peter Bexte. Übersetzt von Friedrich Bassenge und Theodor Lücke. Philo & Philo Fine Arts, Berlin/Hamburg 2005

Christian Dior: Das kleine Buch der Mode. Übersetzt aus dem Englischen von Marion Oechsler. Eden Books, Hamburg 2014

Robert Doisneau: Gestohlene Blicke. Erinnerungen eines Bilderdiebes. Aus dem Französischen von Giò Waeckerlin Induni. Verlag Schirmer Graf, München 2004

Robert Doisneau: Mein Paris. Verlag Schirmer Mosel, München 2010

John von Düffel: KL. Gespräch über die Unendlichkeit. DuMont Buchverlag, Köln 2015

Marguerite Duras: Hefte aus Kriegszeiten. Hrsg. von Sophie Bogaert und Olivier Corpet. Aus dem Französischen von Anne Weber. Suhrkamp Verlag Frankfurt am Main 2007

Léon-Paul Fargue: Der Wanderer durch Paris. Aus dem Französischen von Katharina Spann. Insel Verlag Frankfurt am Main 2012

Janet Flanner: Pariser Tagebuch. 1945-1965. Aus dem Amerikanischen von Gerhard Vorkamp. © 1967 Claassen Verlag in der Ullstein Buchverlage GmbH, Berlin

Juliette Gréco: Ich bin, die ich bin. Erinnerungen. Aus dem Französischen von Anette Lallemand. Scherz Verlag, Bern 1983. © für die Übersetzung: Anette Lallemand

Ernest Hemingway: Paris, ein Fest fürs Leben. Aus dem Englischen von Werner Schmitz. Rowohlt Verlag, Reinbek bei Hamburg 2011

Ernest Hemingway: Paris – ein Fest fürs Leben. Deutsche Übersetzung von

Annemarie Horschitz-Horst. Copyright © 1965, 1977 by Rowohlt Verlag GmbH, Reinbek bei Hamburg

Victor Hugo: Der Glöckner von Notre-Dame. Roman. Übersetzung aus dem Französischen und Nachwort von Hugo Meier. Manesse Verlag, Zürich 1986. Die Rechte an der deutschen Übersetzung von Hugo Meier liegen beim Manesse Verlag, Zürich, in der Verlagsgruppe Random House GmbH. Abdruck mit freundlicher Genehmigung

Erich Kästner: Herz auf Taille. Atrium Verlag, Zürich 1928

François Ladame: Un psychanalyste chez Guy Savoy. Paris 2007

Herbert Molderings: Atelier Man Ray. © 2009 Herbert Molderings und Verlag der Buchhandlung Walther König, Köln

Adrienne Monnier: Aufzeichnungen aus der Rue de l'Odéon. Aus dem Französischen von Nicolaus Bornholm. Insel Verlag Frankfurt am Main 1995

Michel de Montaigne: Von der Kunst, das Leben zu lieben. Hrsg., übersetzt und mit einem Nachwort von Hans Stilett. Frankfurt am Main 2005

Jean-Luc Moreau: Le Paris de Jean-Paul Sartre et de Simone de Beauvoir. Paris 2001

Henri Murger: Boheme. Szenen aus dem Pariser Leben. Aus dem Französischen von Inge Linden. Steidl Verlag, Göttingen 2001

Gérard de Nerval: Œuvres. Band I. Gallimard Paris 1966 (Übersetzung von Monika Schmid. In: Poetischer Paris-Führer. Zusammengestellt, eingeleitet und mit Kommentaren versehen von Mona Wodsak. Wissenschaftliche Buchgesellschaft. Darmstadt 1994, S. 109)

Isolde Ohlbaum: Bilder des literarischen Lebens. München 2008

Hanns-Josef Ortheil: Die Pariser Abende des Roland Barthes. Mainz 2015

Hanns-Josef Ortheil: Der Zitronensafttrinker, i. Vorb.

Pariser Lehrjahre. Ein Lexikon zur Ausbildung deutscher Maler in der französischen Hauptstadt (2 Bde.). Hrsg. v. France Nerlich, Berlin 2013, 2015

Anton Pauels: Abbo von Saint-Germain-des-Prés, Bella Parisiacae urbis, Buch I. Lateinischer Text, deutsche Übersetzung und sprachliche Bemerkungen. Peter Lang Verlag, Frankfurt am Main 1984

Georges Perec: Versuch, einen Platz in Paris zu erfassen. Aus dem Französischen und mit einer Nachbemerkung von Tobias Scheffel. Libelle, Lengwil 2010

Henri Philippon: Die Heiligen Stätten. Aus: Paris 1944-1962. Dichter und Denker auf der Straße. Copyright: Elster Verlag, Bühl Moos – Elster Verlagsbuchhandlung, Zürich 2017

Pierre Pinon/Bertrand Le Boudec: Le plans de Paris. Paris 2004
Francis Ponge: Im Namen der Dinge. Aus dem Französischen übersetzt von Gerd Henninger. Suhrkamp Verlag Frankfurt am Main 1973
Jacques Prévert: Gedichte und Chansons. Copyright für die deutsche Übersetzung von Kurt Kusenberg. © 1962 Rowohlt Taschenbuch Verlag GmbH, Reinbek bei Hamburg
Album Jacques Prévert: Iconographie. Choisie et commentée par André Heinrich. Paris 1992
Rainer Maria Rilke: Die Aufzeichnungen des Malte Laurids Brigge. In: Sämtliche Werke. Sechster Band. Insel Verlag Frankfurt am Main 1966
Rainer Maria Rilke: Die schönsten Gedichte. Insel Verlag Berlin 2011
Jéromine Savignon: Le studio d'Yves Saint Laurent. Miroir et Secrets. Arles 2014
Guy Savoy: Desserts. Comme à la maison, comme au restaurant. Paris 2013
Andrée Sfeir-Semler: Die Maler am Pariser Salon (1791-1880). Frankfurt/Main 1992
Georges Simenon: Maigrets Frankreich. Diogenes Verlag, Zürich 2014
Georges Simenon: Maigret gerät in Wut. Aus dem Französischen von Wolfram Schäfer. Diogenes Verlag, Zürich 2009
Chantal Thomas: Die Kunst der Konversation. Aus dem Französischen von Tobias Scheffel und Claudia Steinitz. Göttingen 2012
Thomas von Aquin: Über den Lehrer. De magistro (Philosophische Bibliothek 412). Lateinisch-deutsch. Hrsg., übersetzt und kommentiert von G. Jüssen, G. Krieger, J. H. J. Schneider. © 1988 Felix Meiner Verlag (Hamburg)
Klaus Völker: Boris Vian. Der Prinz von Saint-Germain. Berlin 1989
Wallraf im Fokus 3: Mit den Impressionisten entlang der Seine. Köln 2015
Frank Wedekind: Gesammelte Briefe. Bd. 1. Hrsg. von Fritz Strich. Müller Verlag, München 1924
Émile Zola: Frankreich. Mosaik einer Gesellschaft. Unveröffentlichte Skizzen und Vorstudien. Hrsg. und kommentiert von Henri Mitterand. Wien 1990

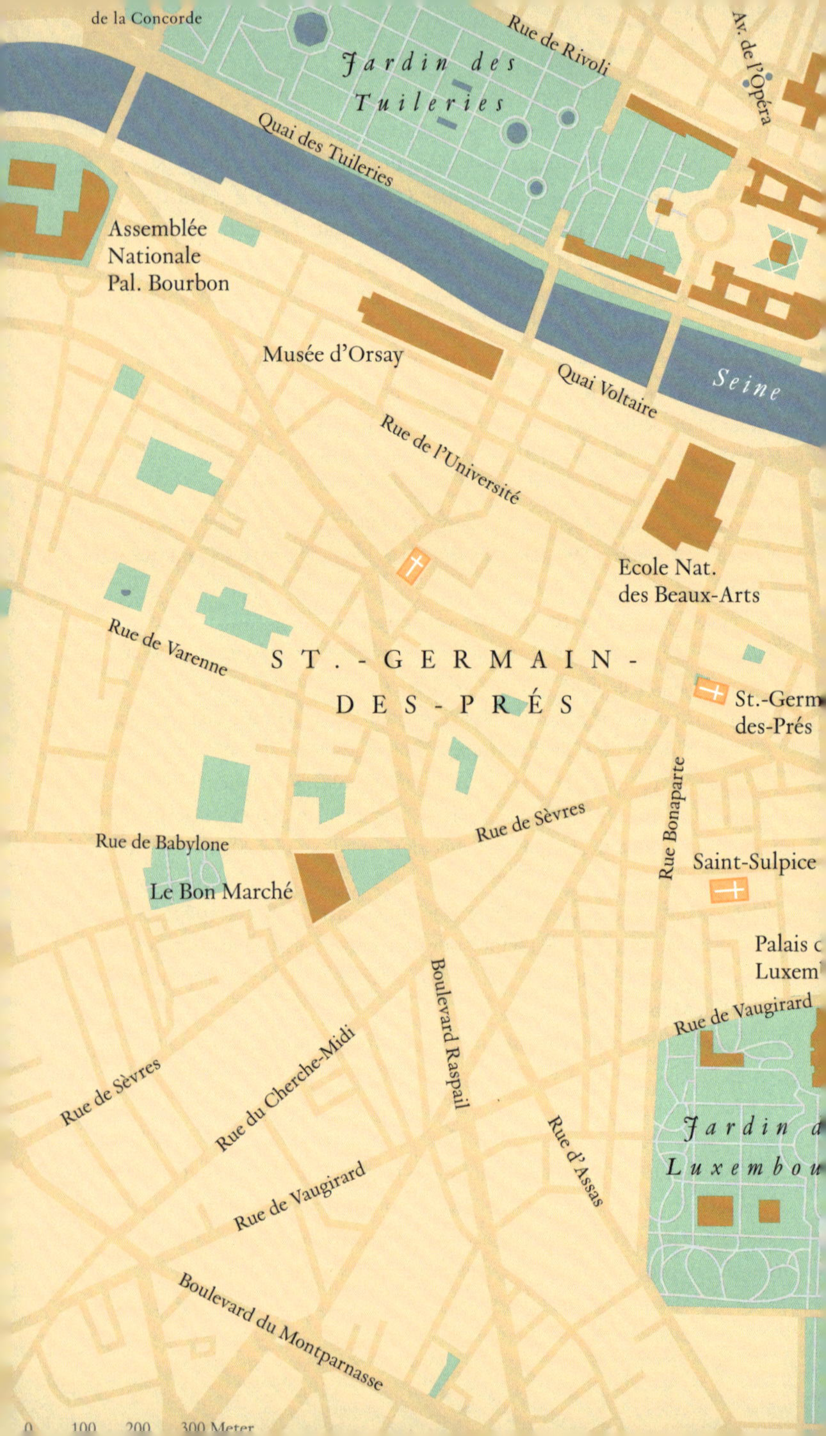

de la Concorde
Jardin des Tuileries
Rue de Rivoli
Av. de l'Opéra
Quai des Tuileries
Assemblée
Nationale
Pal. Bourbon
Musée d'Orsay
Quai Voltaire
Seine
Rue de l'Université
Ecole Nat.
des Beaux-Arts
Rue de Varenne
ST.-GERMAIN-
DES-PRÉS
St.-Germ
des-Prés
Rue Bonaparte
Rue de Sèvres
Rue de Babylone
Le Bon Marché
Saint-Sulpice
Palais c
Luxem
Rue de Vaugirard
Boulevard Raspail
Rue de Sèvres
Rue du Cherche-Midi
Rue d'Assas
Jardin d
Luxembou
Rue de Vaugirard
Boulevard du Montparnasse
0 100 200 300 Meter

Banque de France
Rue de Turbigo
St.-Eustache
Rue du Louvre
Boulevard de Sébastopol
Rue Beaubourg
N
W
O
S
Rue des Archives
Forum des Halles
Centre Pompidou
usée du Louvre
MARAIS
Hôtel de Ville
Justizpalast
Rue de Rivoli
Quai de l'Hôtel de Ville
ÎLE DE LA CITÉ
Notre-Dame
Saint-Michel
Boulevard Saint-Germain
Quai de la Tournelle
Boulevard
Sorbonne
Rue des Écoles
Quai Saint-Bernard
QUARTIER LATIN
d Saint-Michel
Rue Saint-Jacques
Panthéon
Rue Linné
Jardin des Plantes

Inhalt